◆中国学校教育探索丛书·北京好教育系列◆

森林里的学校

五育并举构建和融课程生态体系

马万成　主编

SENLINLI

DE

XUEXIAO

北京师范大学出版集团
BEIJING NORMAL UNIVERSITY PUBLISHING GROUP
北京师范大学出版社

图书在版编目(CIP)数据

森林里的学校：五育并举构建和融课程生态体系/马万成主编.—北京：北京师范大学出版社，2021.3(2026.1 重印)

ISBN 978-7-303-26801-6

Ⅰ.森… Ⅱ.①马… Ⅲ.①小学教育—教育研究
Ⅳ.①G622.0

中国版本图书馆 CIP 数据核字(2021)第 024295 号

SENLINLI DE XUEXIAO WUYU BINGJU GOUJIAN HERONG KECHENG SHENGTAI TIXI

出版发行：北京师范大学出版社 https://www.bnupg.com
北京市西城区新街口外大街 12-3 号
邮政编码：100088

印　刷：河北虎彩印刷有限公司
经　销：全国新华书店
开　本：710mm×1000 mm　1/16
印　张：17.75
字　数：253 千字
版　次：2021 年 3 月第 1 版
印　次：2026 年 1 月第 2 次印刷
定　价：58.00 元

策划编辑：冯谦益　责任编辑：祁传华　郭　珍
美术编辑：李向昕　装帧设计：李向昕
责任校对：张亚丽　责任印制：马　洁
封面插图：邓书鸿

本书编委会

前言

《中共中央 国务院关于深化教育教学改革全面提高义务教育质量的意见》中指出，要坚持“五育”并举，全面发展素质教育。从“突出德育实效”“提升智育水平”“强化体育锻炼”“增强美育熏陶”“加强劳动教育”五个方面提出了指导意见。

2014 年 5 月 30 日，在“六一”儿童节来临之际，习近平总书记走进民族小学，参加了学校的少先队活动，总书记对孩子们提出了十六个字的要求：记住要求，心有榜样，从小做起，接受帮助。这引发我们对教育的更深层次的思考，办学思路有了进一步的转变，由关注教书到更加注重立德树人，由关注学习成绩到更加重视每个孩子的特色发展，由关注小学阶段的教育到更加注重孩子一生的发展和成长。为了实现这样的目标我们在努力探索和实践，以构建学校“五育”并举的“和融”课程生态体系。

“和融”课程生态体系最大限度地开拓学生的身心发展，满足学生的成长需要。民族小学希望把学校建设成一个森林，不只是自然生态的公园和园林，更是孩子自由快乐成长的“五育”并举涵养下的育人森林。在这个理念下，每个人都是一棵树，可能是幼苗，可能是小树，可能是参天大树……每个人既独立，又是森林生态体系的一部分，获得着自己成长需要的养分和阳光，向着自身最好、最高的那个方向茁壮成长。

在国家课程指导的引领下，结合学校的办学理念和特色，民族小学将“五育”融入学校的“三级课程”体系中，形成了“基础课程重实践，融合课程重全面，拓展课程重特长”的课程体系。同时，民族小学提出“学习中华优秀传统文化，蕴底气；知晓少数民族文化，铸和气；了解世界多元文化，成大气”的“三气精神”。民族小学在“和融”课程框架下，在基础素养类课程、多元实践类课程、个性拓展类课程中植入并弘扬“三气精神”。

民族小学坚持“将有意义的事情做得有意思，让有意思的事情变得有意义”。

将有意义的事情做得有意思，就是遵循孩子的成长规律，尊重孩子的天性，让他们在快乐的氛围中学习成长，如古诗文诵读闯关活动、有趣的假期实践作业等。把有意思的事情变得有意义，就是生活中处处是教育，将孩子们喜欢的事情赋予教育意义，让孩子们在游戏中、在生活中受到潜移默化的教育，如七彩乐园、用餐自助等。

德智体美劳“五育”各有内容，但又是一个整体，在教育实施上不可分割，相互交融。教育的关键在于人的发展与成长，教育者眼中要有人，要把学生作为一个整体，要关注学生成长的方方面面。

教育绝不仅仅是学校的任务，家庭、社会在教育中也扮演着重要的角色，特别是家庭。民族小学提出了“直面社会关切，建设城市新型学校”的办学目标，在提升内部实力的同时，加强外部力量的合作。积极挖掘整合校内外一切育人资源，以开放的姿态，为师生、家长、友邻单位搭建起一个个平台，让老师、学生、家长三者角色相互体验与转换，自发自愿地组建起生命成长共同体，营造“共建、共享、共赢”的良好氛围，努力打造以学校为中心，家庭、社区、友邻单位共同参与的教育超级社区，完善“五育”并举“和融”课程生态体系。

学校因学生而存在，民族小学因学生成长而发展。民族小学始终坚持把学生健康成长、全面发展放在首位，坚持“五育”并举，努力培育未来社会合格的公民，努力办好人民满意的教育。

本书第一章、第七章由于佼月主笔；第二章由赵小波主笔；第三章由孙志敏、于昊主笔；第四章由杨二伟主笔；第五章由盛夏、郑钟跃主笔；第六章由时利娜主笔。衷心感谢为本书成册付出心血的所有老师！

目　录

CONTENTS

第二章　以德立人，滋养学生为人之本　/ 18

第一章　“五育”并举，“和融”课程实现学生全面发展

课程是实现教育目的的重要载体，是培养人的蓝图。学校“五育”并举要真正落到实处、起到实效，必须树立课程意识，构建能使“五育”落地的，能帮助学生终身发展、获得幸福的课程体系。基于“五育”并举的教育大背景，民族小学在课程体系构建的过程中，深入挖掘百年老校的历史底蕴、文化内涵，提出了建设以“和”为魂的文化体系，以构建一所“森林”中的城市学校为办学愿景，在“和”文化传承的基础上，构建出了体现民族小学办学特色和育人实践的“和融”课程体系。

民族小学“和融”课程体系是针对课程的性质和领域来架构的。课程的三个类别分别是：基础素养类课程、个性拓展类课程、多元实践类课程。五个领域分别是：阅读与语言、数学与科学、品德与健康、艺术与审美、劳动与技术。通过这样的多元、开放、立体、自主的课程，让每个民族小学学生体味不同课程带来的不同滋养，给予他们更多的自主选择机会和自由成长空间。

基础素养类课程是国家、地方素养类课程标准规定的统一的学习内容，旨在培养学生全面的基础素养。基础素养类课程由各学习领域体现共同基础要求的学科课程组成，是全体学生的必修课。为提升学生素养，阅读、写字和跑步成为每一位民族小学师生的必修课。在“把有意义的事情做得有意思”的理念指引下，民族小学在基础素养课程实施中开发了一系列有趣的学科实践活动，帮助学生在实践中乐学、会学。个性拓展类课程是学校提供给学生自主选择的内容，旨在培养学生的兴趣特长，满足学生的个性化学习需求。多元实践类课程强调各学科的互通性，打破学科课程的界限，融合校内外的资源，采用各种有机整合的形式，把有关联的学科及教学系统中的各要素及成分整合成为有机整体的新型实践性课程，是全体学生的限定选修课。

第一节　全面落实“五育并举”，深耕教育综合改革

2019 年 6 月 23 日，《中共中央 国务院关于深化教育教学改革全面提高义务教育质量的意见》(以下简称《意见》)要求：“坚持‘五育’并举”，强调要“突出德育实效”“提升智育水平”“强化体育锻炼”“增强美育熏陶”“加强劳动教育”，以此全面发展素质教育 。

“五育”并举的提出在中国教育史上具有一定的历史渊源。1912 年，蔡元培在《对于新教育之意见》中，首次表达了作为“教育方针”的“五育”并举的主张：“军国民教育、美感教育、实利主义教育、公民道德教育、世界观教育、美感教育皆近日之教育所不可偏废。”到如今，“五育”并举重新提出，虽然内容有差异，但基本上都涵盖了德智体美劳的内容，都是在时代转型的背景下，对教育规划提出的新要求。“五育”并举在新时代的提出，意味着以此为背景的新时代教育体系的重新构建。①

“五育”并举的提出，从目标上，回到马克思的人的全面发展理论，强调育全人。“五育”之间的关系是既有区别又紧密联系的。② 一方面，各育都有自己的教育领域、目的、内容、原则、方法和规律，各自有自己独特的功能和作用，因而各自独立、相互区别；另一方面，“五育”之间又彼此相互渗透、相互包含、相互促进、紧密相连，共同构成教育有机统一的整体，共同完成培养全面发展的社会主义新人的任务。

从内容上看，“五育”的内容不仅注重德智体美劳各自学科内容上所体现的“善”“真”“健”“美” “实”的学科素养追求，更注重“五育”之间的相互交叉、相互渗透。比如，体育学科不能仅仅强调健康知识与技能的追求，还要加强体育伦理道德、体育审美等方面的培养，通过“以体树德、以体启智、以体健美、以体促劳”的方式，能更有效地提升学科素养的整体育人效应。③ 其他各育，如德育、智育、美育与劳育的教育实施过程也是同样的道理。

学校“五育”并举要真正落到实处、起到实效，必须树立课程意识，构建能让

① 李政涛、文娟：《“五育融合”与新时代“教育新体系”的构建》，载《中国电化教育》，2020(398)。
② 王国武：《人的全面发展与“五育”教育》，载《大连党校学报》，1996(12)。
③ 宁本涛：《“五育融合”与中国基础教育生态重建》，载《中国电化教育》，2020(400)。

“五育”落地的，能帮助学生终身发展、获得幸福的课程体系。学校课程必须落实国家的教育方针，并体现学校的办学理念。在课程体系的构建过程中，将“五育”并举的理念融入学校课程体系的方式可以概括为以下三种。①

第一种类型是“某育—融合”式。即“一育引领，诸育融合”，通过在“一育”中渗透“五育”、落实“五育”，又反过来在“五育”中把握 “一育”、实现“一育”，达成“五育”的全面渗透、全面贯通。这一方式的实质是挖掘和转化“一育” 的综合育人价值。以劳动教育为例，除了要培养学生的劳动技能、劳动精神等，还要关注劳动教育对于学生品德的培养、智力的启蒙、体格的塑造、劳动的审美等素质的培养作用，充分挖掘劳动教育育全人的价值。

第二种类型是“教材—融合”式。主要是以“教材”为载体，从“五育”融合的视角，挖掘教材内容中的“五育”育人点，实行基于“五育”融合为目标的整体教材解读和教学设计。在大单元教学设计理念的引领下，以语文学科的文章《挑山工》为例，在进行教材分析的时候，要深刻挖掘教材中的育人点，将挑山工的坚毅品质、勤奋踏实的劳动精神进行提炼，转化为“五育”融合的育人点。

第三种类型是“活动—融合”式。选择某一活动为载体来融合“各育”。民族小学开展的多元实践课程是实践性的活动课程，在活动的设计中，尤其注重五育渗透。以“爱心义卖活动”为例，活动融合了数学学科的元、角、分钱币知识的同时，注重学生感恩心的培养，同时又融合语文、英语、美术等不同的学科教学内容，多样的活动方式为学生的综合素质的全面发展搭建了平台。

第二节　落实“五育”并举的“和融”课程体系的建构

课程是学校设置的学科、学校组织的课外活动和学校有意识安排的教育活动的总和，是培养人的蓝图。基于“五育”并举的教育大背景，民族小学在课程体系构建的过程中，深入挖掘百年老校的历史底蕴、文化内涵，提出了以“和”为魂的文化体系建设目标，以构建一所“森林”中的城市学校为办学愿景，在“和”文化传承的基础上，构建出了体现民族小学办学特色和育人实践的“和融”课程体系。

① 李政涛、文娟：《“五育融合”与新时代“教育新体系”的构建》，载《中国电化教育》，2020(398)。

一、追本溯源，传承文化 >>>>>>>>

民族小学是一所百年老校，在这里，百年古树掩映下的特色建筑与古色古香的校园环境相融合，铸就了民族小学独特的育人环境和文化氛围。

（一）百年老校概况

民族小学始建于 1890 年，建校初期校名为“马甸回民义学”，学校几经更名为“广育小学”“回民学院一附小”“马甸小学”，2004 年 12 月 2 日更名为“北京市海淀区民族小学”，是海淀区唯一的一所民族小学。学校百年的历史印证了时代的变迁，诉说着历代先贤办学的艰难，也给学校留下多民族融合的优良传统。

民族小学位于北京市海淀区马甸桥西北方向，地处海淀区、西城区、朝阳区三区交界处，南邻三环路，东近八达岭高速路，被马甸公园、双秀公园、元大都遗址公园三面环抱，与冠城园社区、月季园居民小区、有色金属研究院、七省市驻京办事处是近邻。便利的交通和得天独厚的地理环境为学校发展提供了巨大的空间。学校在改善办学环境、加强师资队伍建设、提升教育质量的同时，努力探索文化兴校之路，在全校师生的共同努力下，这所百年老校再度焕发出了勃勃生机。

2014 年 5 月 30 日，习近平总书记走进民族小学，对学校环境给予充分肯定，他说：“这所学校真漂亮，古色古香，文化底蕴深厚。”在座谈会上，习近平总书记还谈道，民族小学工作做得不错，教书育人，开展了很多有意义的活动，并且富有成效。习近平总书记的一席话是对民族小学的最高褒奖，也是对学校各项工作的认可。

1.“和”文化的形成

作为一所百年老校，十几年前，民族小学进入发展的低谷期，环境破败，校园内租住着几十家商户，污水遍地流。在这样环境下工作的教师队伍人心涣散，32 名教师中没有一个骨干教师。教师没有干劲，工作没有动力，更谈不上研究氛围，年轻教师也变得没有目标、没有追求。

学校新一届的领导班子为了改变学校破败的局面，秉承着持久稳健发展的战略，着手学校的文化建设，希望通过文化的引领，给学校发展注入积极向上的力量，通过文化建设所产生的效能带动学校整体的发展。民族小学提出以“和”为魂的学校文化核心价值观。希望通过“和”文化的引领，建设优美的校园环境，实现人与环境的和谐；建设一支积极向上的教师队伍，凝聚人心，帮助教师队伍重新焕发活力。通过一系列的手段和措施，民族小学将“和”的文化理念传递给学校的每一个人，使其内化于心、外化于行，推动着这所百年老校逐渐走出低谷，实现今日之复兴。

2. 办学理念的提出

学校发展内涵和特色的集中体现，是学校办学过程中产生的一系列教育思想、教育观念以及教育价值追求的总和，是学校自主构建起来的总的办学指导思想。

在“和”文化的引领下，在办学的实践过程中，经过反复的探索、修改与梳理，民族小学进一步构建出一系列的学校文化实践体系，其中包括“尊重·和谐”的管理文化、“自然·和美”的环境文化、“多元·发展”的课程文化、“自主·幸福”的教师文化、“参与·成长”的家长文化和“自律·阳光”的学生文化。“和”文化的建设唤醒了教师的潜能，惠及了学生的成长，带动了学校的现代化发展。围绕“和”文化，民族小学又进一步提出“三气”精神，引导师生学习中华优秀传统文化，蕴底气；知晓少数民族文化，铸和气；了解世界多元文化，成大气。

以“和”为魂，民族小学提出“和而不同，快乐成长”的办学理念。民族小学的学生来自不同的地域、不同的民族和不同的家庭，有着不同的文化背景、不同的性格特征，其差异显而易见，他们像一颗颗各具色彩的珍珠，有着不同的发展潜能。尊重、理解、宽容和欣赏这些差异是学校存在和发展的文化要求。因此，民族小学在“和”文化的基础上，将办学理念定位于“和而不同，快乐成长”。在这一理念的指引下，希望学校的师生都能在一种包容的、欣赏的、尊重的氛围中展示自己的个性，同时尊重他人的个性，和谐相处，健康向上，最终实现快乐成长。这个快乐成长并不是单纯指给学生减压，帮助孩子玩耍、放松等简单的快乐，而是引导学生在成长的道路上，能够有面对挫折的乐观精神，有解决问题的能力，进而实现身心的全面发展，收获成长的快乐。

3. 校训的发展和完善

为了鼓励学生在成长道路上能不断克服困难、快乐成长，民族小学发展初期，将校训定位于“做最好的我”，引导每个学生努力做最好的自己，强调的是一种自觉，一种自我的意识，一种自我推动的力量。2014 年，为进一步丰富校训的内涵，民族小学将校训改为“做最好的我，在我最好的方面”。做最好的我，是一种自我推动的力量，在我最好的方面，是自我特长的挖掘。人的发展是由内因和外因共同决定的，其中内因起着决定性作用，但也不能忽视外因。在强调自我成长的同时，学校要创造条件，挖掘每个人身上的闪光点，激发潜能，找到自己最好的方面去表现自己，在内因和外因的共同作用下，实现快乐成长。这一校训意味着民族小学的学生要在不断完善自己全面素质的前提下，发展自身亮点，这样的校训将成为每一位民族小学学子的人生座右铭，陪伴他们成长。

（二）传承“和”文化，建设城市“森林”学校

林语堂先生说：“学校应如同一片森林，学生应犹如猴子一般在其间自由跳跃，任意摘吃各种营养丰富的坚果。”这是理想学校的美好情境，不束缚孩子天性，让他们在和谐的环境中茁壮成长。民族小学努力打造都市中的“森林”学校，打造绿色生态校园，努力让孩子能够像“猴子”一样在“森林”自由跳跃，任意获取营养果实，快乐健康成长。

第一，打造绿色生态的校园环境。校园的一草一木、一景一物充分体现着民族小学的这一特色。学校独具特色的植物园、果园、动物园、儿童乐园等都从现有资源入手，在细节上求创新，打造具有特色的绿色生态文化。置身在园林式的校园里，几座教学楼静立在繁茂绿色中，时有小鸟啼啭、果实飘香，给人远离尘嚣、回归自然的感觉。在学校，随处可见一张张生动活泼的脸，随时能听到学生的欢声笑语。学校重视自然环境与人文环境的共融，更是为孩子的童年增添了一份美好的回忆。

第二，遵循自然的规律、儿童成长的规律。“森林”学校以自然主义教育思想为引领，强调“自然”二字，认为教育就要遵循儿童的自然天性，不能违背儿童的个性，教育要承认学生个体之间的差异，尊重每个学生的个性发展，并且要重视学生的体验，要遵循学生心理发展规律进而开展教育活动，在教育活动中要将学生置于主体性的地位，这是不可置疑的。

第三，树立和谐共生的生态理念。正如“和而不同，快乐成长”的办学理念所

倡导的，“森林”学校尊崇自然，让教育回归本真，从而促进师生关爱自然、尊重生命、学会共处、和谐发展，最终达到“多样、共生、和谐与发展”的教育生态理念。

第四，培育栋梁之材。从育人目标来讲，“森林”学校倡导的是立德树人的教育，是为党、为国家育才，为未来社会培养合格的幸福公民的教育。每一位学生就像一颗种子，在民族小学“五育”融合的“和融”课程育人沃土中，茁壮成长为一棵棵小树、大树，逐渐形成一片自然健康的森林。

二、明确思想，整合统筹 >>>>>>>>

民族小学在充分整合物质和人文环境、课程与教学、制度管理、教师团队等各个教育要素的基础上，围绕学校办学理念和发展主题，落实“五育”并举理念，以整合、重构原有的课程内容为突破点，构建和完善了民族小学“和融”课程体系。

(一)课程建设的指导思想

2018年的全国教育大会提出，要培养德智体美劳全面发展的社会主义建设者和接班人，努力构建德智体美劳全面培养的教育体系，形成更高水平的人才培养体系。德智体美劳全面培养，既是对人的素质定位的基本准则，也是中国特色社会主义教育的目标。

在教学实践层面，为改变学校教育重知识、轻能力，重成绩、轻育人的教育现状，课程改革将学生的知识学习与能力培养相统一，将实践活动与综合育人相统一，引导学生将知识学习的过程、实践活动的过程以及自主探究的过程相结合，在能力提升的同时，融入社会主义核心价值观的教育，最终实现能力培养与综合育人的有机统一。

(二)课程建设的原则

坚持系统性原则：确立教育目标体系，做到总体目标一以贯之，课程目标具体明确，课时目标具体到位，每堂课的小目标能够体现学校课程改革的大目标。

坚持有序性原则：对教育内容进行系列整合，做到教育进程层次清楚，教育内容循序渐进。

坚持融合性原则：将知识教育与实践活动有机融合，大力挖掘学科教学中的实践点，将知识学活、用活，使其具备提升能力和培养品德的效用。

坚持重点性原则：注重发挥不同学科的个性，充分发挥显性课程的重要价值，同时挖掘隐性课程的教育价值。

坚持示范性原则：尊重个性、培养典型，发挥典型的示范引领作用。

（三）明确课程育人目标

“和融”课程作为实现育人目标的途径，坚持立德树人，滋养学生为人之本；坚持以智启人，培育学生聪慧之脑；坚持以体塑人，促进学生健康成长；坚持以美化人，温润学生美好心灵；坚持以劳树人，培固学生幸福根基；坚持实践育人，引导学生笃行致远，最终培养学生成为有幸福感的合格公民。

（四）课程建设的路径

1. 坚持以德为先。全面落实立德树人根本任务，强化全员全过程全方位育人，把立德树人作为检验学校一切工作的根本标准。

2. 注重全面发展。把“综合协同育人”作为根本途径，构建德智体美劳全面发展的课程体系。

3. 注重因材施教。适应学生个性化、多样化的学习和发展需要，努力创造适合每一个人发展的教育，为不同性格禀赋、不同素质潜力、不同兴趣特长的学生提供丰富的课程资源。

4. 强化知行合一。以能力为重，强化实践环节，以知促行、以行促知，提高学生的创新精神和实践能力。

5. 促进教师发展。聘请专家到校指导与讲座，转变教师陈旧理念；同伴互助，发挥团队的辐射作用；自我反思，在实践中引领教师研究、反思和成长。

6. 进行资源整合。在课程设计的过程中，融合校内外资源，注重开发家长、社会资源，引导家庭、社会参与到学校教育中来，帮助学生开阔视野，增强社会阅历，帮助家长走进学校，开展深度合作。

三、“五育”融合，完善体系 >>>>>>>>

进入 21 世纪后，信息技术引发的教育新形态不断地冲击着传统的学校教育。与此同时，课堂革命、课程整体再造等呼声深入人心，“一人一张课程表”“主题式”“研究性”教学等新的教育形态不断涌现，今日之学校教育已经与倡导整齐划一的教育 2.0 时代截然不同，一个全新的学校教育 3.0 时代正在到来。课堂教学的改革绕不开学校课程的重新建构，为了在课堂上更好地落实新的课改理念，学校在“和而不同”理念的指导下，围绕着“未来合格公民”“幸福人生”的育人目标，落实“五育”并举的理念，根据每个学科的特点，提出了“和融”课程体系。

“和融”课程体系按照不同的标准，包含不同的类型。按照课程决策主体不同，可分为国家课程、地方课程和校本课程。2001 年 6 月教育部印发的《基础教育课程改革纲要》指出，学校在执行国家课程和地方课程的同时，可以结合本校的传统和优势以及学生的兴趣和需要，开发或选用适合本校的课程。按照课程功能分为基础素养课程、个性拓展课程、多元实践课程。按照课程的性质，分为必修课和选修课。

（一）“和融”课程的理论基础

加德纳“多元智能理论”告诉我们，每个孩子都有多种优势潜能，要将学生潜能开发出来，满足每名学生的发展需求。建构主义认为，学习不是知识由教师向学生的传递，而是学生自己建构知识的过程。学生不是被动的信息吸收者，而是信息的主动建构者。基于对上述理论的思考，结合民族小学的办学理念和办学文化，“和融”课程体系的构建力图最大限度地开拓学生身心发展，满足学生生命成长需要，以培养学生快乐成长作为终极目标。在课程构建和完善的过程中，坚持以国家课程校本化实施理念为核心，坚持以培养目标引领构建学校课程体系，坚持以科学评价推进学校课程生态建设良性提升。

（二）“和融”课程的框架体系

民族小学“和融”课程体系是针对课程的性质和领域来架构的。课程的三个类

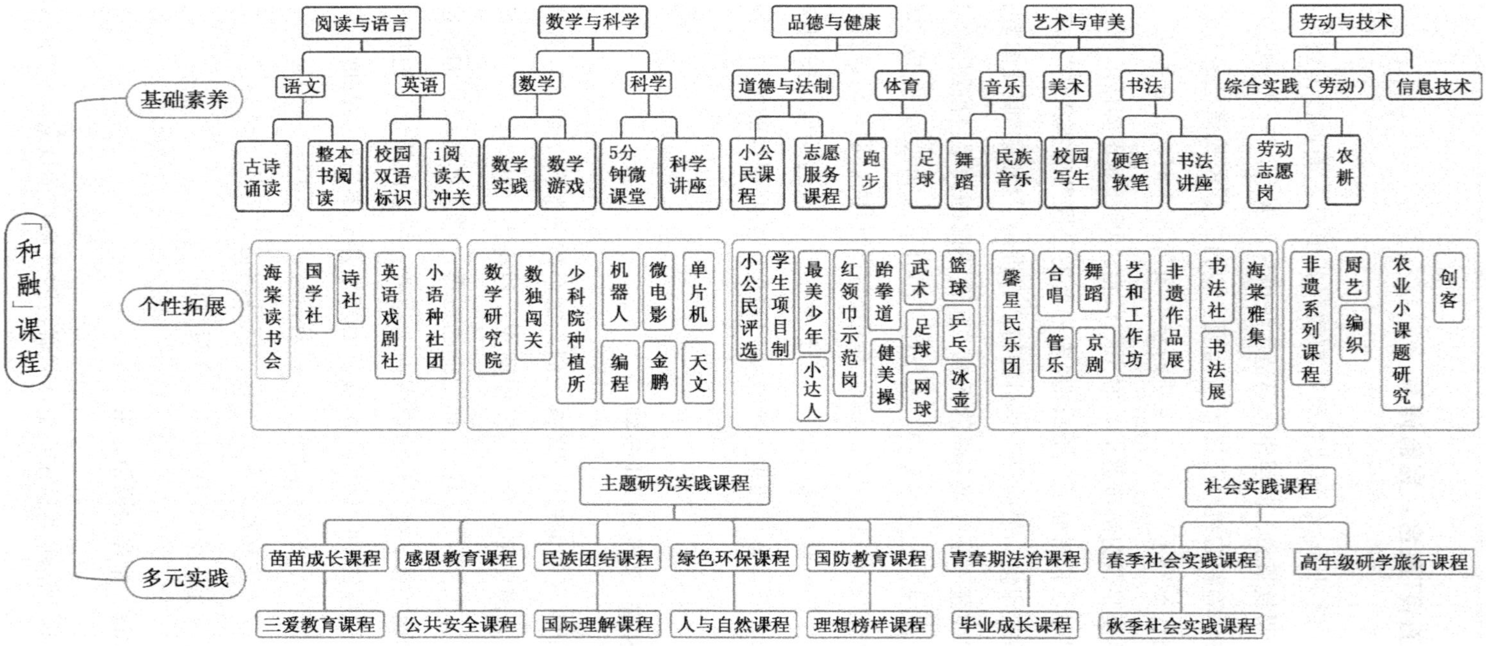

图 1-1 “和融”课程框架体系

别分别是：基础素养类课程、个性拓展类课程、多元实践类课程。五个领域分别是：阅读与语言、数学与科学、品德与健康、艺术与审美、劳动与技术。通过这样多元、开放、立体、自主的课程，让每个民族小学学生得到不同课程带来的不同滋养，给予他们更多的自主选择机会和自由成长空间。

1. 基础素养类课程——有意义且有意思

基础素养类课程包括国家、地方、校本课程标准规定的统一的学习内容，旨在培养学生全面的基础素养。基础素养类课程由各学习领域体现共同基础要求的学科课程组成，是全体学生的必修课。包括语文、数学、英语、科学、信息、综合实践、音乐、美术、体育等。

在国家级课程建设方面，民族小学突出“基础素养”的培养。在内容上，积极发掘课程内涵，落实 10%的实践活动课时，重视知识与技能的实践性运用。在形式上，民族小学倡导把有意义的事情做得有意思，让孩子乐学、会学。

表 1-1　基础素养类课程介绍

课程类型		基础素养类课程	
课程五大领域	阅读与语言	语文	古诗文闯关\整本书阅读
		英语	校园英语双语标志\I 阅读大冲关
	数学与科学	数学	数学实践\数学游戏
		科学(生活与科技)	科学讲座\五分钟微课程
	品德与健康	道德与法治	小公民课程\志愿服务课程
		体育	跑步\足球\体育节
	艺术与审美	音乐	民族音乐\舞蹈
		美术	校园写生\非物质文化遗产
		书法	硬笔软笔\书法讲座
	劳动与技术	综合实践(劳动)	劳动志愿岗\农耕
		信息技术	编程

第一，国家课程校本化实施。语文、数学以及英语学科在课程实施的过程中，特别强调挖掘学科知识的育人点，将学科知识与学生生活、实践活动相融合，把有意义的事情做得有意思。

表 1-2　语数英学科实践活动列表

<table>
<tr><td>学科</td><td colspan="3">语文</td><td colspan="2">数学</td><td colspan="3">英语</td></tr>
<tr><td>年级</td><td>活动名称</td><td>课时</td><td rowspan="15">古诗文闯关活动 10课时</td><td>活动名称</td><td>课时</td><td>活动名称</td><td>课时</td><td rowspan="15">校园双语标志我先行 10课时</td></tr>
<tr><td rowspan="3">一年级</td><td>春节实践活动</td><td>7</td><td>设计钟表</td><td>2</td><td>英语猜猜看</td><td>6</td></tr>
<tr><td>《弟子规故事》实践活动</td><td>7</td><td>思维彼岸（搭一搭）</td><td>4</td><td>英语说唱</td><td>16</td></tr>
<tr><td></td><td></td><td></td><td></td><td>英语字母操</td><td>6</td></tr>
<tr><td rowspan="2">二年级</td><td>诵读《二十四孝》</td><td>15</td><td>华容道</td><td>2</td><td>英语情景剧</td><td>16</td></tr>
<tr><td></td><td></td><td>我的作息我规划</td><td>2</td><td>英语表演秀</td><td>6</td></tr>
<tr><td rowspan="3">三年级</td><td>创编童话故事</td><td>10</td><td>校园中的测量</td><td>2</td><td>主题绘本小书制作</td><td>3</td></tr>
<tr><td></td><td></td><td>小小设计师</td><td>2</td><td>主题思维导图秀</td><td>3</td></tr>
<tr><td></td><td></td><td></td><td></td><td>英语情景剧</td><td>16</td></tr>
<tr><td rowspan="2">四年级</td><td>探秘东西方神话</td><td>10</td><td>积水成渊（滴水实验）</td><td>2</td><td>英语主题视频展</td><td>2</td></tr>
<tr><td>《论语》主题实践</td><td>10</td><td>密铺的规律</td><td>2</td><td>英语情景剧</td><td>16</td></tr>
<tr><td rowspan="2">五年级</td><td>负荆请罪课本剧</td><td>10</td><td>秋叶私语（周长和面积的测量）</td><td>2</td><td>英语情景剧</td><td>16</td></tr>
<tr><td>《三国演义》大讲堂</td><td>10</td><td>玩转长方体</td><td>10</td><td>英语挑战赛</td><td>4</td></tr>
<tr><td rowspan="2">六年级</td><td>秋天里的收获</td><td>10</td><td>实验“反弹高度”</td><td>2</td><td>感恩遇见 Thanks for meeting you</td><td>3</td></tr>
<tr><td></td><td></td><td>带你逛民族小学（绘制校园平面图）</td><td>3</td><td>英语情景剧</td><td>16</td></tr>
</table>

第二，“阅读、写字、跑步”三大基本功。民族小学坚持把阅读、写字与跑步作为每一位民族小学师生的必修功课。

好习惯好人生。阅读，可以不断丰富人的内涵，腹有诗书气自华；写字，汉字本身就是优秀的中华传统文化，字如其人，每天练字既修身又养性；跑步，可以锻炼出好身体，激发多巴胺分泌，产生好心情，让人乐观向上、精力充沛。

全员阅读成风尚。每天中午是全校师生集体阅读的时间，孩子和老师在班里安安静静地阅读，师生们展现出来的读书兴趣和成果令人惊叹。目前，读书已经成为全校师生的共同习惯，校图书馆定期举办阅读分享会和读书沙龙，各个年级都有不同的阅读主题。

师生皆为“书法家”。学校开设书法课已多年，2014 年开始，全体师生共同学习书法，在实践的过程中，师生们共同体悟到书法的诸多好处。除了每周一节书法课，学校还安排周三下午 1 小时全校习字时间，并邀请首师大书法学院的研究生们走进班里指导孩子写书法。学校每年举办一次海棠雅集活动，师生家长积极参加，同时邀请到多位书法名家亲临指导，开展笔会交流。海棠雅集逐渐成为一种传统活动，是学校书法教育的盛会。

强身健体练跑步。体育课上，老师会带着学生先跑步，再上课；冬季长跑每天坚持，即使是夏季，每周也要拿出至少两个课间操的时间全校跑步；每天，学生要达到一定的跑步量，并相互督促，做好记录；老师们也自发组成了一个个跑步团，相互鼓励，坚持运动。每天都要在操场上跑几圈，这逐渐成为民族小学师生校园生活的一种时尚活动。

2. 个性拓展类课程——满足个性发展需要

个性拓展课程是指学校提供给学生自主选择的内容，旨在培养学生的兴趣特长。拓展性课程主要满足学生的个性化学习需求，一般情况下，应由学生自己选择。

表 1-3　个性拓展课程介绍

课程类型		个性拓展课程
课程五大领域	阅读与语言	海棠读书会、国学社、诗社
		英语戏剧社、小语种社团
	数学与科学	数学研究院、数独闯关
		中国少年科学院植物所、机器人、编程、金鹏社团、微电影、单片机、天文
	品德与健康	小公民评选、最美少年推荐、学生项目制、红领巾示范岗、小达人展示
		健美操、跆拳道、足球、网球、武术、冰壶、篮球、乒乓球
	艺术与审美	馨星民族乐团、合唱团、管乐队、舞蹈队、京剧社
		艺和工作坊、非物质文化遗产作品展
		书法社团、书法展、海棠雅集
	劳动与技术	非物质文化遗产系列课程、厨艺、编织
		创客、农业小课题研究

该课程结合学校办学理念，以培养学生作为一名合格的社会公民应具备的素养而开设，体现学生的个性差异。

(1)课程设置以学生的兴趣和发展需求为出发点

在开设课程前，民族小学教师们会对学生进行问卷调查，了解学生喜欢的课程。同时结合小公民应具备的素养和技能，选择出能促进学生快乐成长、幸福生活的课程。学生的兴趣和发展需求便是课程设置的出发点。

个性拓展课程满足学生的发展需求，学生根据自己的兴趣自主选课。金鹏社团的小课题研究可以提高学生的研究能力；文化大讲堂可以开阔学生的视野，增长见识，同时也为学生搭建了展示的舞台；非物质文化遗产社团活动让学生有机会感受文化遗产的浸润，体验非物质文化遗产传人的工匠精神。

(2)活动课程突出实践性和参与性

学校设置的各类活动课程，不是机械地传授知识，而是强调调动学生的积极性，通过动手操作、亲身体验、调查研究、互动合作等方式开展，实现学生们在玩中学、学中玩，在亲身体验中获得成长。在课程教学的实施中，突出学生的主体性，学生是活动的主人，学生在课程中要获得能力和素养的提高。

(3)搭建舞台，给予学生展示的机会

学校通过体育节、艺术节、国际文化节、科技节、“小博士”杯比赛等丰富多彩的实践性活动，为学生搭建展示自己学习成果的平台。这些展示的机会将提高学生的成就感，让孩子们感受到自己在活动课程中得到成长、收获的喜悦，同时，也在一定程度上督促了学生在日常的活动课程中积极参与，提高自己的水平。

3. 多元实践类课程——有意思更有意义

多元实践类课程强调各学科的互通性，打破学科课程的界限，融合校内外的资源，采用各种有机整合的形式，把有关联的学科及教学系统中的各要素及成分整合成为有机的整体，是全体学生的限定选修课。

民族小学多元实践课程体系在“五育”融合理念地引领下，遵循学生的认知发展规律，不断在探索中发展、完善，主要包括主题研究实践课程以及社会实践课程。根据不同年级的特点，学校采取多种生动的方式，把有意思的事情做得有意义，让孩子在学习和生活中养成良好的习惯，形成健康的人格，为将来的学习与生活奠定基础。

表 1-4 多元实践类课程介绍

年级		一年级	二年级	三年级	四年级	五年级	六年级
主题研究实践课程		苗苗成长	感恩教育	民族团结课程	绿色环保课程	国防教育课程	青春法治课程
		“三爱”教育	公共安全教育	国际理解课程	人与自然课程	理想榜样课程	毕业成长课程
社会实践课程	春、秋季社会实践	野生动物园、孔庙、国子监、北京蟹岛公共安全体验馆……		紫谷青少年活动基地、南宫地热博览园、君地益木作文化传承园、蟹岛绿色生态科普教育……		红星快乐营、北京市道德与法治教育基地、中国人民革命军事博物馆……	
	高年级研学课程					徽州传统文化研学、山东传统文化研学、西安历史文化研学……	

在一年级阶段，民族小学会开设“民小苗苗成长课程”，帮助刚入学的孩子了解学校，尽快适应小学生活，学做合格的小学生；在二年级阶段，开设“感恩教育课程”，组织开展多学科融合的义卖活动，培养孩子的社会责任感和公益心；在三年级阶段开设“民族团结课程”，组织孩子们到中华民族园开展研究性学习，了解多民族的文化，培育正确的民族观；在四年级阶段开展“人与自然课程”，通过播种、培育、收获等种植活动，使孩子们了解自然、珍爱生命；在五年级阶段开设“国防教育课程”，通过军训、参观军营、了解国防科技发展等增强国防意识，培养爱国主义情怀；在六年级阶段开设“毕业成长课程”，通过“母校 24 小时体验”“我为母校做贡献”“做个合格毕业生”“中学一日初体验”等活动，帮助学生学会反思、懂得感恩、升华情感。

第三节 “和融”课程实施的成效与反思

一、“和融”课程实施的成效

（一）“和融”课程体系整合了国家、地方、学校三级课程设置、实施与安排。

从顶层设计、内容架构到课程具体安排三个阶段，完成了课程理念与模式创新，制订了课程实施方案及完整的选修课实践方案，形成了独特的落实“五育”并举的“和融”课程体系。从顶层设计到中层设计再到微观具体课程的实践，一步一步地推进了学校整体课程改革的落地。

（二）“和融”课程体系给学校发展带来了空前的活力。民族小学以“五育”贯穿课程实施的始终，将育人目标与融合教育课程内容连接起来，将教师的个性化教学与孩子的个性化成长连接起来，整合学习内容、改变学习方式，把“理想的课程”变成了富有生命气息的“实践的课程”。通过这些课程，学生走出了课堂，走出了学校，在家庭、学校、社会共同构筑的教育之网中获得了更全面的成长。

（三）“和融”课程体系建设促进了教师团队研究水平的整体飞跃。从没有方向到明确方向，从发现问题到解决问题，我们的专家、老师们始终凝聚在一起，以课堂教学研究为突破口，不断完善研究设计，不断进行经验反思，学科团队的教学风格也越来越明晰。

二、“和融”课程的实践思考 >>>>>>>>

（一）继续开展大、小课时教学探索

学校课程的改革和完善不仅体现在课程类型和内容上，在课程实施的时间上，要依据不同的课程内容设置不同的教学时间，开展大、小课时的教学探索。一些课程只需要 20 分钟左右的小课即可完成，如小讲座等，还有一些课程则需要更长的时间确保实施的效果，例如学生开展的小课题研究，对学生开展研究方法的指导课，需要集中进行讲授和培训，需要的课时相对更长。依据具体情况，合理安排大小课时，是确保课程顺利实施的重要策略。

（二）改革并完善课程评价体系

教育评价是对教育活动满足个体和社会需要的程度做出判断的活动，是对教育活动实现的或潜在的价值做出判断，以期达到教育价值增值的过程。[1] 当前的教

① 陈玉琨：《教育评价学》，7 页，北京，人民教育出版社，1999。

育评价强调从纸笔测验到观察学生的表现，从知识的考查到情感态度价值观以及学习能力的考查，评价主体逐渐走向多元化。①

1. 将评价与课程、教学和学习活动融为一体

“和融”课程的评价强调将评价融入学生学习的过程，让评价成为学生监控自我发展、认识自我优势和不足的重要手段，实现以评价促发展的目标。

2. 实现评价的多元化

“和融”课程强调评价主体的多元化，教师、学生、家长都应该参与到评价的过程中。多元评价的主体因其背景不同、思维不同，提供的评价信息将是多样的，可以对学生全面发展起到促进作用。另外评价方法也要多元化，将档案袋评价、书面测验、量表评价等多样的评价方式融入不同课程类型、不同学习阶段的过程，以保障评价的完整性和科学性。将过程性评价与结果性评价并重，不仅关注学习的效果，更关注学习过程中的动机和方式，这一切评价的理念都是回归到对学生综合素养的发展的评价。

民族小学“和融”课程体系的构建既遵循了国家有关教育的方针政策，又体现了民族小学的办学理念和特色。在“五育”并举教育理念的指引下，民族小学“和融”课程体系以“五育”内容为暗线，构建了五大领域、三个层次的课程体系，整合了国家、地方和校本三个层次的课程，完成了课程理念与模式的创新，制定了较为完整的课程实施方案。

民族小学“和融”课程体系在教育教学实施的过程中，以“五育”贯穿始终，将育人目标与融合教育课程内容连接起来，将教师的个性化教学与孩子的个性化成长连接起来，整合学习内容、改变学习方式，把“理想的课程”变成了富有生命气息的“实践的课程”。通过这些课程，学生走出了课堂，走出了学校，在家庭、学校、社会共同构筑的教育之网中获得了更全面的成长。同时，课程的实施促进了教师的专业化发展，更新了教师的知识观、课程观，引导教师更加深入地投入到课程教学的实践研究中，促进了教师队伍的专业化成长。

民族小学的“和融”课程的构建和完善将继续以课程评价为抓手，积极探索科学的评价方法和实践，将评价与课程、教学以及学生活动融为一体，让评价成为学生监控自我发展、认识自我优势和不足的重要手段，实现以评价促发展的目标。

---

① 杨培禾：《综合实践活动课程论》，200 页，北京，首都师范大学出版社，2019。

第二章 以德立人，滋养学生为人之本

重视道德修养是中国优秀传统文化的精髓，《大学》讲“自天子以至庶人，壹是皆以修身为本”。中国古代道德的宗旨在于“修己成人，修己安人，修己善群”，即“修身、齐家、治国、平天下”。新时代提出的立德树人目标是对这一中国传统教育思想的传承与发展，是中国特色社会主义教育的本质体现，是新时代贯彻党的教育方针的要求。党的十九大提出：“要全面贯彻党的教育方针，落实立德树人根本任务，发展素质教育，推进教育公平，培养德智体美劳全面发展的社会主义建设者和接班人。”

第一节 对新时代德育的理解与思考 >>>>>>>

习近平总书记在2018年全国教育大会上指出，培养什么人，是教育的首要问题。“培养什么人”对于每个国家的未来而言，尤为重要，在一个国家的不同时期，体现特定时代的要求。2018年5月，习近平总书记在北京大学师生座谈会上的重要讲话中指出：“古今中外，每个国家都是按照自己的政治要求来培养人的，世界一流大学都是在服务自己国家发展中成长起来的。我国社会主义教育就是要培养社会主义建设者和接班人。”培养社会主义建设者和接班人，是中国特色社会主义教育的一贯目的。对于新时代而言，德智体美劳全面发展的社会主义建设者和接班人还应成为“担当民族复兴大任的时代新人”。

一、新时代中小学德育工作的解读 >>>>>>>

2019年6月23日，《中共中央 国务院关于深化教育教学改革全面提高义务教育质量的意见》颁布，提出义务教育要“坚持德育为先，教育引导学生爱党、爱国、爱人民、爱社会主义”，大力开展理想信念、社会主义核心价值观、中华优秀传统文化、生态文明和心理健康教育，引导少年儿童“听党话、跟党走。加强品德修养教育，强化学生良好行为习惯和法制意识养成”。德育工作再一次被摆在首要位置。德育是树人之本，是儿童健康成长的重要根基。为深入贯彻立德树人的根本任务，切实将党和国家关于中小学德育工作的要求落细、落小、落实，着力构建方向正确、内容完善、学段衔接、载体丰富、常态开展的德育工作体系，大力促进德育工作专业化、规范化、实效化，努力形成全员育人、全程育人、全方位育人的德育工作格局，德育工作要贯彻如下指导思想。

（一）全面贯彻党的教育方针

坚持教育为人民服务，为中国共产党治国理政服务，为巩固和发展中国特色社会主义制度服务，为改革开放和社会主义现代化建设服务。中小学必须把德育摆在素质教育的首位，树立“育人为本”的思想，将“思想政治素质是最重要的素质”的要求落实到教育工作的各个环节。

（二）全面落实立德树人的任务

2013 年 9 月教育部印发的《关于建立健全中小学师德建设长效机制的意见》指出，“引导教师立德树人，为人师表，不断提升人格修养和学识修养”，教师具有立德树人理念，才能教育学生。

把立德树人作为教育的根本任务，不断提高学生的政治觉悟、思想水平、道德品质、文化修养，让学生成为德才兼备、全面发展的人才。立德树人的根本含义表明，道德是做人的前提和基础，即育人先育德。立德树人，立的是社会主义的德，目标是培养社会主义的建设者和接班人。

（三）把社会主义核心价值观融入教育全过程

社会主义核心价值观是我们党凝聚全党、全社会价值共识做出的重要论断，是中国特色社会主义的本质体现。积极培育和践行社会主义核心价值观是学校落实立德树人根本任务的核心要求。

2014 年 4 月，教育部印发的《关于培育和践行社会主义核心价值观进一步加强中小学德育工作的意见》把具体培育和践行社会主义核心价值观放在了学校德育工作的中心地位，要求“将社会主义核心价值观的内容和要求细化落实到各学科课程德育目标之中”，把社会主义核心价值观作为德育核心内容，并确保落实措施。

2014 年 5 月 30 日，习近平总书记到北京市海淀区民族小学参加少先队活动，在座谈会上对全国少年儿童提出培育和践行社会主义核心价值观的十六字要求：记住要求，心有榜样，从小做起，接受帮助。

（四）不断完善中小学德育工作长效机制

学校德育工作要从多方面、多途径承担起对学生人格进行培育的重任，要以社会主义核心价值观为核心，将学生德育作为学校的重要工作、常态工作。通过课程、文化、活动、管理等多种途径积极利用班级、学校、家庭、社区、社会等多方资源，使学生形成正确的自我认识，获得良好的人际交往能力和积极适应社会的能力。

中小学要坚持教育与生产劳动、社会实践相结合，坚持学校教育与家庭教育、社会教育相结合。学校要重视并加强家庭教育的作用，引领家长树立正确的家庭教育理念，掌握正确的教育方法，督促家长按照科学、合理的育人目标，从小培养学生养成良好的行为习惯、生活习惯，形成正确的世界观、人生观和价值观。

学校还要重视社会教育，努力争取各部门和社会各界的支持，净化社会文化环境，整治网络环境，用良好的榜样示范和社会文化氛围带动未成年学生积极践行社会主义核心价值观，引领广大青少年健康成长。

二、民族小学关于德育工作的认识 >>>>>>>>

民族小学始创于 1890 年，有着悠久的历史，历经风雨沧桑、改革创新，现在成为一所环境优美、底蕴深厚、人文气息浓郁的优质学校。近十几年来，民族小学将立德树人放在办学、育人工作的首位，校长马万成带领教师不断完善德育体系、优化德育方案、夯实德育成果，学校德育工作开展得有声有色，起到很好的引领和示范作用。

民族小学德育工作遵循育人规律，其体系的建立以隐性德育理论、主体德育论、班杜拉社会学习理论为基础，建构了具有自身特色的德育教育体系。

1. 隐性德育理论

隐性德育理论源于隐性德育课程，其最明显的特点就是认为德育的方式是间接的、潜移默化的，它的教育效果也是不可以完全预料到的。隐性德育课程主要包含三个方面。

(1) 校园的文化环境

校园的环境不仅体现了校园美，同时还蕴藏着丰富的德育内容。从校园的建设到班级文化墙的设置等，都能够传递出一所学校教育的道德观念和价值取向。苏霍姆林斯基认为，孩子在走廊里、班级文化墙上看到的一切，对他的精神面貌的形成具有重大意义。

(2)教师的人格特征

教师人格也可以理解为师德的育人价值，是通过榜样作用来体现的。教师的一言一行，一举一动都在为学生起着榜样引领的作用。教师的人格魅力从来源上分为两个方面：一为表层形象，它包括教师的仪表、举止、语言、礼仪；二为深层形象，即教师的理想信念、道德情操、扎实学识和仁爱之心。思想是行动的先导，有什么样的思想就有什么样的行动。教师树立的良好形象，可以感染和熏陶学生。“学高为师，身正为范”，教师的人格魅力对学生思想品德的形成起着奠基作用、催化作用、修正作用、完善作用。

(3)学科课堂渗透

学科德育的实施更多的是通过教学内容和教学方法来进行的，课堂中的师生交流、同伴交往以及课堂游戏共同营造了渗透性的德育教学环境。首先，小学生的教材中有很多学习内容就是德育的内容，尤其是人文学科，比如语文、道德与法治、英语、音乐、美术等，在这些学科的学习过程中，教师会引导学生分析事件、人物，提炼文章的中心思想，辨别美丑和善恶；理工类的课程，如数学、科学、信息等教材中也有一些渗透德育的内容；即便是体育学科，在教师的组织下，学生进行竞赛和游戏，其活动规则就是很好的德育渗透素材。在学校的学科教学中潜移默化地进行德育，更感性，更具体，更生动，更有生命力，在隐性德育的长期熏陶和感染中，学生更能形成正确的价值观。

2. 主体德育论

20 世纪 90 年代，在主体性教育思潮的影响之下，中国出现了主体性德育的思想，关于主体性德育理论的探讨逐渐增多。目前，学校德育中存在的问题很多都可以追溯到学生的主体价值问题。基于此，主体德育理论有以下两个主张。

第一，尊重学生的主体性差异。学生的主体性表现程度受任务性质、个体性格等多因素的影响。学生个体的独特性构成了道德教育的丰富资源，民族小学“和而不同”的教育理念就是在差异性的基础上，达成共识。尊重学生差异性的最好方式就是对话，通过对话达到彼此的理解。不同认识主体之间相互交流、彼此沟通，才能到达心灵的深处，唤醒主体的价值观。

第二，培养学生的主体性道德能力。培养学生的主体性道德能力要着重培养学生的道德判断能力和责任意识。道德判断能力绝非教师直接把所谓的价值观强加给学生，而是让学生在深度思考不同的观点后，随着经验的积累，自主做出的价值判断。另外，主体性德育理念在实现学生权利的同时，还强调学生要承担相应的责任，避免个人主体性的自我膨胀。

3. 班杜拉的社会学习理论

(1)交互决定理论

班杜拉的交互决定论在吸收了行为主义、人本主义和认知心理学的优势观点的基础上，批判地指出了它们各自的不足之处，形成了具有自己鲜明特色的理论观点。交互决定论强调个体、环境和行为三者之间存在因果关系，并且是双向沟通联系。三者的交互作用会引起个体、环境和行为方式的变化。班杜拉认为，首先，环境是决定行为的潜在因素，其次，人和环境交互决定行为，再次，行为是三者交互的相互作用，这种交互作用在实践中得以发生。

(2)观察学习

班杜拉在其理论中指出社会学习的主要形式是观察学习。观察学习就是通过观察他人的行为，个体进行内化并形成自己的新行为。观察学习要观察个体在实际生活中的行为表现，采取一定的方式对个体进行刺激，并从中获得相关行为所反馈的信息。榜样的示范作用就是个体在观察中，逐渐内化成自身的认知，并且外显出来，形成自己的行为模式。榜样的行为要对集体有贡献意义并且要求每个人只有付出一定的主客观努力才能达到；其次要细化奖励机制，不可奖励过轻从而抑制了学生模仿榜样的积极性，也不可奖励过重使学生对榜样的学习完全依赖于外部奖励的刺激。

(3)自我效能

自我效能是个体对于自身是否能在特定水平上完成相应活动时的把握和感受。一般来说，自我效能感强的人会将困难作为一种挑战，并且不断给自己设定挑战性的目标。当失败时，个体会将原因归结为自身的知识和能力不够，并且会在之后的学习、生活和工作中不断提高自身能力。影响自我效能感的因素之一就是个体自身的成败经验，一般来说，经常有成功体验的人自我效能感就高，做事更加积极；替代经验也是影响自我效能感的一个因素，通俗说就是模仿。当个体发现成功者的条件与自己十分相近时，就会提高自我效能感，认为自己也可以像榜样一样取得成功，并更可能坚定自信。自我效能感及其影响因素对德育的启示很大，搭建学生展示的舞台、树立榜样、表彰优秀行为等激励形式都存在心理理论依据。

以上理论从不同的角度阐述了德育工作的机制，为学校的德育工作带来了以下启发：首先，要特别重视环境美，不仅要重视校园环境的自然美，还要营造良好的校风、班风；其次，要关注师德的建设，发挥教师的榜样引领作用，并引导教师具备语言美、行为美；最后，要重视学生的观察学习，发挥榜样的引领作用，在学生之间开展榜样评选活动。

三、民族小学关于德育工作实施的思考 >>>>>>>

(一)遵循德育目标的层次和序列

鲁洁、王逢贤在《德育新论》中提出："所谓德育目标的层次，是指同一目标在不同级次学校班级的德育过程中，具有高低不同的要求，形成符合学校、班级实际的标准。所谓序列，是指把同一目标中的不同层次，按其高低的不同要求，顺次形成一个承前启后的体系。"[①]不同学段的学生在身心发展特点上的表现是不同的，依照学生身心发展规律，制定不同学段的德育目标，使得学生在六年的德育实践中实现目标的有效衔接和整合，从而保证德育工作的一体化、完整化、科学化。

① 鲁洁、王逢贤：《德育新论》，南京，江苏教育出版社，2002。

2017 年，教育部印发《中小学德育工作指南》，在遵循学生身心发展规律的基础上，提出当前中国的德育目标是培养学生爱党、爱国、爱人民的思想，增强国家意识和社会责任意识，教育学生理解、认同和拥护国家政治制度，了解中华优秀传统文化、革命文化、社会主义先进文化，增强中国特色社会主义道路自信、理论自信、制度自信、文化自信，引导学生准确理解和把握社会主义核心价值观的深刻内涵和实践要求，养成良好政治素质、道德品质、法治意识和行为习惯，形成积极健康的人格和良好心理品质，促进学生核心素养提升和全面发展，为学生一生成长奠定坚实的思想基础。

民族小学遵循国家德育目标的总体引领，同时也增加了自己的德育特色目标，根据学生的认知特点和发展规律按学段序列制定目标内容。

表 2-1　民族小学的德育目标

总目标	培养具有家国情怀，拥护国家制度，了解中华优秀传统文化，自觉践行社会主义核心价值观，形成良好品德、法治意识和行为习惯，具有健康之体、关爱之心、规范之行、聪慧之脑、多才之身，乐于为祖国做贡献的未来社会幸福公民
低年级目标	教育和引导学生热爱中国共产党、热爱祖国、热爱人民，初步具有民族团结意识、爱亲敬长、爱集体、爱家乡、爱学校，初步了解生活中的自然、社会常识和有关祖国的知识，保护环境，爱惜资源，养成基本的文明行为习惯和自理能力，形成自信向上、诚实勇敢、有责任心等良好品质
中高年级目标	教育和引导学生热爱中国共产党、热爱祖国、热爱人民，增强民族团结教育，了解家乡发展变化和国家历史常识，了解中华优秀传统文化和党团队的光荣革命传统，理解日常生活的道德规范和文明礼貌，初步形成规则意识和民主法治观念，养成良好的生活和行为习惯，具有保护生态环境的意识，初步树立人生目标并为之努力，形成诚实守信、友爱宽容、自尊自律、乐观向上等良好品质

（二）遵循“三全育人”的德育原则

作为中华优秀传统文化传承的《三字经》中讲道：“三才者，天、地、人。”德育应该渗透在各个方面，贯穿在任何的时间、空间以及人和物中。国家也提出了“全员育人、全程育人、全方位育人”的“三全育人”原则，每一个人、每一件事都应该体现德育内容和德育意识，发挥德育的功能。基于以上观点，民族小学的马万成校长提出“大德育观”的主张，即“无处不德育，无时不德育，无人不德育”。

1. 无处不德育

环境的育人功能不可忽视。环境是育人的隐性课程，是学校育人的一个重要组成部分。通过充满育人氛围和元素的校园环境，对学生的精神面貌、道德认识、行为习惯等间接地产生作用和影响，使学生在耳闻目染的过程中得到润物细无声的教育。

每个学生都有自己的个性，个性的形成由先天因素决定，同时也由后天的成长环境因素所塑造，两者相互作用。学校德育工作要加强对环境德育功能的认识、重视和建设。民族小学通过精心打造，给校园赋予了五种味道，即“中国的味道、自然的味道、教育的味道、孩子的味道、家的味道”。校园里面的每一堵墙、每一块草地、每一株花木都会说话，它们营造出一种教育氛围，孩子在这样的校园中读书和游戏，会潜移默化地产生热爱祖国、认同民族文化、热爱生活、热爱自然的情感。楼道、教室、校舍建筑的名称、匾额石刻，无不体现出民族文化的博大精深、民族精神的积极向上和民族哲学的深入浅出。

充满“味道”的民族小学校园为学生们的成长提供了适宜的“土壤”，为德育的发生营造了极佳的氛围和环境。“无处不德育”就是这样在校园里处处发生的。

2. 无时不德育

小学阶段是人生的起航阶段，是打下人生底色的重要学段，在这个阶段形成正确的人生观、价值观和世界观，对一个人的成长和发展来说意义重大而深远。因此学生在学校的每时、每刻、每分、每秒都要接受健康的德育影响，低年级、中年级、高年级应该根据学生的生理和心理的发展规律，设置循序渐进的德育目标，开展适合学生认知规律的活动，时间久了便会形成相对深刻的意识，将社会主义核心价值观内化在学生头脑里，正确、健康的价值观得以形成，将来无论学生成长到哪一个阶段，学生的人生之路都会行得直、走得正，从而成长为建设社会主义的合格接班人。

学生的时间分为课内时间和课外时间。课内时间是学生在学校的主要的学习时段，分为一般学科教学中的德育和专门德育课程中的德育两个方面。课外时间包括学生的课间时间、校外活动时间、家庭生活时间。学校要充分考虑每个时间段学生的生活状态，要善于利用更多校外渗透德育的契机，调动更多的社会教育资源，如周边共建单位、实践基地等，引导学生参与更多的德育实践，从而使学生在实践中得到教育，与学校教育共同聚力，帮助学生形成正确而稳定的世界观、人生观和价值观。

3. 无人不德育

每个人都生活在群体中，不可避免地受着群体的影响。学校是一个主动并密集发挥群体影响的场所，学生在校园生活中会接触到很多性格、爱好、习惯等各不相同的学生和老师，会接受到来自外部的影响，同时也会影响周围的个体和群体。这其中，教师是主要的德育施教者，因此加强教师的道德修养和个人素养意义重大；学生之间也是互相学习，互相教育的关系，因此他们既是主要的德育被施予者，同时也是德育施予者；家长被称为“学生的第一任教师”，“家庭是孩子成长的第一所学校”，6 岁之前的儿童基本形成了对外界刺激的反应模式，性格、习惯、社交等已经不可避免地打上了原生家庭的烙印。因此学校要强调家校合作的作用和实践，通过开展家长学堂、家长会专题讲座、网络家长课堂等形式，提高家长的认识，引导家长正确地影响孩子。

德育工作的开展需要学校、家庭、社会形成合力，共同为学生营造良好的育人氛围，提供适宜的教育。单方面强调学校德育而忽略家庭和社会在孩子建立正确的品德系统过程中的作用，显然是不理想的。随着多元文化和思想对社会与家庭的渗透和冲击，很多家长对学校品德导向不甚了解，因此，学校德育与家庭和社会教育急需建立互相支撑和经常沟通的长效机制。因此，“无人不德育”即体现在了学校、家庭、社会全员教育性的发挥，三者合力实现最佳的德育效果。

（三）遵循儿童成长的规律

无论教学活动还是教育活动都要遵循学生的心理发展规律、学生成长的自然规律，采取恰到好处的方式方法，引导学生主动地学、快乐地学。小学生天生对各种事物充满好奇和兴趣，开展校园建设和校园各项活动时，要以“让有意义的事做得有意思，让有意思的事变得有意义”为指导思想，充分挖掘学校各项事物的教育意义及其承载形式的趣味性，让学生能够接受和吸收。

“让有意义的事做得有意思”，把校园的每个环境的布置、教室的每块墙面的利用、师生在校的每个活动项目都赋予教育意义，在设计和实施中时刻思考教育意义的挖掘以及落实，摒弃生搬硬套、填鸭灌输的方式，而是顺应儿童的认知发展规律和特点，把有意义的事做得让学生喜闻乐见、乐在其中，让优秀的文化思想如春雨般浸润学生的心田。

“让有意思的事变得有意义”，让有意思的事情承载更多的教育内容。小学阶段的学生尤其喜欢接触新鲜事物，爱游戏，活泼、好动，因此，学校以及教师要创造性地安排教学活动、教育活动，教育教学活动要能引发学生的兴趣及快乐情绪，同时让学生获得更多更深刻的教育，让学生在愉快的活动中得到成长。

在学校教育中，有的事有意义但缺乏趣味，有的事有趣味但是意义不大，所以深挖事情的“意义”，赋予其“趣味”，有利于学生深入地参与其中、沉浸其中，收获最大的教育效果。学校专门为低年级学生开放的七彩乐园，就体现了这一理念。

七彩乐园，见证自觉诚信(节选)

学校为学生搭建了一个有很多游戏设施的七彩乐园，里面有蹦床、跷跷板、秋千、攀岩等设施。这个乐园，是每个孩子都向往的地方。为了让他们从小就学会保护自己，懂得谦让，懂得自觉自律，学校为七彩乐园赋予了更多的含义。

首先，“七彩”乐园的得名源自乐园门口七色的知识板，从“规则”“权利”“义务”“知识”“礼仪”“制度”“安全”这七个方面对学生进行教育，每个游戏器材的安全使用和礼仪要求都通过儿歌的形式悬挂在器材旁边。孩子如果想要进来玩耍，首先要进行学习，学习七个方面的要求，学习游戏规则。只有平时自觉自律，懂得谦让的学生才能被推荐参与安全游戏的资格考核，考核通过后就可以获得七彩乐园门卡，刷卡就可以自由进出玩耍了。但是，乐园不设立老师的监督岗，而是由学生担任游戏管理员进行管理，其他同学也相互提醒和监督。总是玩危险游戏，不懂得谦让的同学，游戏管理员可以收回其游戏通行卡。只有通过自己一段时间的良好表现和为同学尽职的服务，才能再次获得通行卡。

玩秋千时，如果有同学在排队等待，小伙伴们就要商量好，用旁边放置的沙漏进行计时，时间一到，就要礼让轮换。在这个乐园里，没有老师的管理，只有同伴间的相互教育和影响。学生在游戏中懂得了遵守规则的重要性，懂得了自觉自律，懂得了谦让有礼。

我们把游戏与教育结合起来，把权利与规则结合起来，从小培养孩子守规则、讲诚信、懂自律的观念。

（供稿人：窦丽娜）

（四）重视实践的育人作用

学校教育中要认清学生通过参与实践所产生的育人效果。教育者不仅要重视自身践行德育规范的重要性，也要引导学生在“做”中履行德育规范、感悟德育要求、理解德育内容、认同德育愿景。“做中学”是美国教育家杜威提出的理论，在西方教育界发展成“研究性学习”理论，最初主要是针对科学内容的学习所倡导的教学方式。陶行知先生结合中国国情将“做中学”的理论进行了中国化，使这一理论在中国教育界得到广泛的认可和应用。概念是构建儿童认知的基石，学生在小学阶段已经有能力建立初步的对概念的认知结构，但是建立这些概念和认知结构需要从儿童原有的概念出发，通过“做中学”（动手、动脑）来进行，概念的正确建立，对概念的纠误、记忆、使用都会胜于纯粹的说教。神经教育学理论认为脑的不同部分在人的一生中呈现不同的发展规律，负责逻辑推理思维的前额皮层成熟得较晚，直到 20 岁以后才发展成熟。对于小学阶段的儿童来说，通过实践操作等直观的多种感官通路发展认知和情感，是有利于儿童心智发展的。

基于对德育实践理论的充分认识和认同，我们可以理解在德育的实施过程中，宣讲行为规范、文明礼仪、习惯养成，不如每天实实在在地去“做”。这种规范、礼仪、习惯的形成与掌握一种体育技能的过程有相似之处，都可以通过反复训练而达成。如民族小学在校园推广的“校园随手捡”“五级音量规范”“路遇教师和客人礼仪”“收集废纸箱”“爱心义卖”“我为老师画像”等活动，都体现出民族小学在实践中通过强化参与行为，将德育教育夯实在学生的亲身体验中的德育理念。实践证明这一教育理念在培养学生卫生习惯、文明礼仪、环保意识、尊师爱友、爱心奉献等方面发挥了显著的作用。

第二节　民族小学德育内容体系的构建

根据《中小学德育工作指南》的要求以及德育特色定位，民族小学深入贯彻国家对德育内容的指示，并基于学校的办学特色，突出和加强了民族团结教育板块，由此建构的民族小学的德育内容体系如图 2-1。社会主义核心价值观教育是一切德育工作的核心，在此基础上将理想信念教育、中华优秀传统文化教育、生态文明教育、心理健康教育、民族团结教育等有机融合，共同打造具有民族小学特色的德育教学内容体系。

图 2-1　民族小学德育内容体系

社会主义核心价值观是中国共产党凝聚全党全社会价值共识做出的重要论断，是中国特色社会主义的本质体现。党的十八大报告将社会主义核心价值观凝练成“富强、民主、文明、和谐，自由、平等、公正、法治，爱国、敬业、诚信、友善”二十四个字，分别从国家层面、社会层面和公民个人层面的价值取向进行了高度概括。

社会主义核心价值观就是“人生的第一粒扣子”。民族小学时刻教导学生践行社会主义核心价值观，要从现在做起、从自己做起，使社会主义核心价值观成为自己的基本遵循，并身体力行大力将其推广到全社会去。2014 年 5 月 30 日，习近平总书记来到海淀区民族小学，在这里向全国少年儿童发出号召，嘱咐孩子们要深入学习和践行社会主义核心价值观。民族小学的社会主义核心价值观教育作为学校德育工作的核心，所有的教学、教育、实践等活动都围绕这个核心主题开展，力求在学生的意识深处打上深刻的时代烙印，立正人生观、价值观和世界观，立下大志向，将来为祖国服务。正如民族小学校歌中唱到“小孩子也有大志向，好孩子就该做栋梁”。

少年儿童因为年龄特点，学习和践行社会主义核心价值观要做到记住要求、心有榜样、从小做起、接受帮助。记住要求，就是要明辨是非，记住党的要求和期望；心有榜样，就是向英雄学习，向模范学习，存上进之心；从小做起，就是从小时候做起，从小事做起；接受帮助，就是要善于听取他人意见，勇于接受他人帮助，改进不足，以求完善。在民族小学的校园文化建设中，体育馆和习思堂重点体现了“十六字要求”，学生在校园中、生活中早已对其耳熟能详，并且在少先队活动、升旗仪式、班会、项目责任制、班主任的日常教导等工作和活动中，都会引导学生，让他们感悟、理解“十六字要求”的深刻含义，知道如何在平时践行。

在社会主义核心价值观教育的引导下，民族小学通过以下几个方面来实现德育教育的目标。

一、理想信念教育

理想是人类不断创新发展的动力源泉，也是指引人生方向的明灯，信念是实现理想的信心和意志力。民族小学以“立德树人”为使命，夯实理想信念教育。小学六年的教育中，学校引导学生深刻领会实现中华民族伟大复兴是中华民族近代以来最伟大的梦想，理解中华民族的伟大复兴与自己的发展和家庭幸福生活之间的密切关系，树立作为中国人的自豪感。在小学阶段要培养学生对党的政治认同、情感认同、价值认同，建立对党、对国家和对人民军队的基本认识和亲近感，了解近现代史，学习革命烈士身上的优秀品质，树立集体意识，了解英雄模范人物的光荣事迹，知道今天的幸福生活是用烈士的鲜血换来的，树立中国人的责任感。

在民族小学，理想信念教育成为常态，教师们将这一教育融入学校的各项活动中，班会、队会、升旗、校会、课堂等都是宣传和实践的平台。民族小学在理想信念教育方面形成了一些常规做法，如通过引领学生学习英雄榜样事迹传承他们的高尚品质，通过国防军训培养学生树立报效祖国的志向，通过讴歌红色主旋律让学生坚定社会主义信念。在新冠疫情防控期间，中国人民万众一心，医护人员和志愿者做出了非凡的牺牲，民族小学在疫情防控期间先后致信学生、家长和教师，引导全校师生和家长思考个人和国家之间的关系、中国和世界之间的关系、人类和自然的关系、现在和未来的关系。这不但体现了所有民小师生的家国情怀，也为民族小学的学生的理想和信念注入了一针强心剂。以下为马万成校长写给学生们的一封信的节选。

马校长给孩子们的一封信（节选）

虽是寒冬，但是我们倍感温暖。习近平总书记对疫情给出了重要指示，国家成立了以钟南山院士为组长的专家组攻克难题。医院里灯光彻夜不息，战斗在抗击疫情前线的医生们不眠不休、争分夺秒地工作。新建的雷神山、火神山医院见证了中国速度。各行各业的叔叔阿姨们都携手共进，共担风雨。“苟利国家生死以，岂因祸福避趋之！”你们的爸爸妈妈中有的是医生、有的是警察、有的是社区工作人员……他们在疫情面前都挺身而出，坚守一线，迎“魔”而战。

现在，我们通过新闻看到的以及我们身边的那些“最美逆行者”，就是一往无前的英雄勇士，是我们这个时代当之无愧的榜样！希望未来的你们，也像他们那样心中有家国情怀，岗位上有责任、勇担当。

（供稿人：马万成）

二、中华优秀传统文化教育 >>>>>>>>

中华优秀传统文化是中国人的骄傲，中国有五千年的文化传承，前人的智慧、修养、道德、礼仪、规范经过时间的洗涤，为后人留下了宝贵的精神财富。在德育工作中，要开展家国情怀教育、社会关爱教育和人格修养教育，传承发展中华优秀传统文化，大力弘扬中华传统美德和人文精神，引导学生了解中华优秀传统文化的历史渊源、发展脉络、精神内涵，增强文化自觉和文化自信。

民族小学“三气精神”的第一条就是“学习中华优秀传统文化，蕴底气”。中国人要学习中华文化，只有思想内核是优秀的中华文化，才有做中国人的底气，民族小学在学习中华优秀传统文化上做足了功课。

1. 校本教材《乐诵经典》

民族小学推出校本教材《乐诵经典》，共六册，引导学生学习中华诗词，组织古诗闯关活动。学生在这个过程中汲取中华智慧、领略语言的优美。语文学科引导学生唱读《声律启蒙》，学习《论语》，阅读四大名著，这些都为培养学生学习中华优秀传统文化的兴趣打下了坚实的基础。

2. 非物质文化遗产课程

非物质文化遗产课程是民族小学的特色，学生画脸谱、做风筝、做景泰蓝、做扎染、捏面人，开展中国特色文化课堂活动，美在其中。

3. 书法特色

学校将书法作为民小人的必修功课之一，在翰墨书香中品味中华文化的博大精深和源远流长。

4. 民族乐团

馨星民乐团是民族小学最靓丽的名片。十年来，学生们在民乐专家的指导下，刻苦排练，提升艺术修养，取得了非凡的成绩。

5. 传统节日课程

传统节日更是很好的教育契机，春节、元宵节、清明节、端午节、中秋节、重阳节都是老百姓喜闻乐见的传统节日，与学生生活最为贴近。德育处每逢传统节日的时候都要进行宣传，并号召大家了解节日文化的历史渊源，知晓节日礼仪习惯，制作手抄报开展传统节日的教育。

三、生态文明教育

中小学生生态文明教育要引导学生认识生态文明、形成文明的自然观、形成健康文明的生活方式。

民族小学着重引导学生感悟大自然的美好，认识大自然中的动植物，认识生物的多样性，培养学生喜欢大自然、热爱大自然的情感。民族小学的校园环境建设理念有五种味道，分别是“中国的味道、自然的味道、教育的味道、孩子的味道，家的味道”。其中自然的味道体现的就是生态文明教育。校园花木错落有致，曲水成池，锦鳞游泳，自然成趣，校园中有100多种植物，光是果树就有18种之多，孩子们生活其中会知道海棠春天开满树花朵，秋天结满树果实；孩子们会知道文章里面形容秋天的柿子像“灯笼”高高地挂在枝头是那么贴切；孩子们会知道栗子的果实外面包裹着尖尖的刺，像一个个小刺猬，外壳咧嘴，栗子从里面跳出来；孩子们还会知道花生是长在土里的而不是书上，哪些毛毛虫无毒，哪些能把人拉伤……

以“和”为魂的学校文化（节选）

民族小学的校园是植物园、动物园，更是孩子们的乐园。苹果树、桃树等各种果树，蔬菜遍布于校园的角落，学生们懂得与他们和谐相处。秋天，火红的石榴悬挂于枝头，没有人去采摘。葫芦丝瓜悬挂于藤萝架下，学生们抬头欣赏，没有人去破坏美景。小动物园旁，学生们蹲在旁边，耐心地喂小兔子菜叶。他们与大自然亲密接触，用实际行动践行着人与自然的和谐之道。

（供稿人：于佼月）

民族小学注重引导学生形成文明的自然观，敬畏大自然、保护大自然，积极参加环保行动，了解家乡生态环境的问题，理解人与自然、人与人和谐共存的重要性，体会“人类只有一个地球”的含义。民族小学在升旗仪式这一教育宣传平台上，多次开展生态文明教育。

“同在地球上 共享大自然”主题教育活动（节选）

地球是我们赖以生存的家园，良好的生态环境，是我们所有人类和动物生存的最基础的条件。今天让我们一起走进自然，走进动物的世界，看看动物世界发生的故事。

伴随着主持人声情并茂的引入，一场有关动物的控诉大会开始了。白颈长尾雉、亚洲象、大熊猫、扬子鳄纷纷跑上舞台，向同学们哭诉着自己恶劣的生存环境。被随意投喂的小兔子、被虐待的小猫、被抛弃的流浪狗也处境艰难，举步维艰。

最终，四(8)班的同学们向全校的师生呼吁“关爱动物，停止杀戮”。大家都意识到了保护动物的重要性，应该让动物与我们在同一片蓝天下自由、快乐地生活。

（供稿人：武子夜）

民族小学着重引导学生形成健康文明的生活方式，了解人类自身行为对环境所产生的正面和负面影响，有忧患意识，养成节能减排的习惯，在生活中节约水、电、纸张等资源，积极践行绿色生态消费和“光盘行动”。民族小学在2019—2020学年度的第一学期，由六(7)班发出环保倡议，主题展示班会《垃圾分好类，环境更优美》，引起了全校的广泛关注。在大队部的号召下，开展了全员回收废旧纸箱的活动，学校公众号还为此做了推送广为宣传，全校师生以及家长朋友因此得到了深刻的教育。

垃圾分好类，环境更优美(节选)

六(7)班动手小达人刘欣钰同学为大家介绍了再生纸张的制作过程，让大家体验变废为宝的过程。最后六(7)班中队全体同学为大家带来的环保改编歌曲点燃了全场氛围：漂亮盒子，废旧衣服，粘上油污，不能回收，矿泉水瓶，可乐雪碧，务必喝完，才可回收……

升旗仪式后，朗朗上口的歌词在孩子们的口中传唱开来，这一次升旗仪式在每个民小孩子心中都播下了一颗“垃圾分类”的种子。绿色家园，文明社会呼吁我们要将垃圾分类再利用的环保理念落实到对学生的日常教育中。

（供稿人：杨慧）

随着国家的科技、经济迅速发展，国民素养也要跟上时代的进步，改变国民素质，提高国民的文明素养，教育的重任凸显出来。生态文明教育成为摆在所有教育工作者面前的一项重要内容，秉承学校的办学理念和目标，坚定不移地开展好生态文明教育，对社会未来的发展有重大作用。

四、心理健康教育 >>>>>>>

学校的学生大多数都是独生子女，他们的父母也多数是独生子女。独生子女的特点比较集中地体现在因为溺爱、无条件满足导致的自我为中心、不懂谦让和宽容、缺乏传统文明礼仪、执拗、抗挫能力差、情绪控制能力弱等方面，个性非常鲜明，有时我行我素，做事不考虑后果。因此老师在教育中要引导学生认识自我、尊重生命，学会人际交往与自我情绪调适，初步形成人生愿景和人生规划，学会学习与适应社会生活。

民族小学设有心理咨询室，并配有专业的心理教师，学生遇到心理问题时，可以咨询心理老师以寻求专业的解决办法。学校在校园多处设置了“心里话”信箱，学生有心理问题化解不开时，可以用书信的方式与心理老师进行沟通。每周的“心理广播”更是为同学们提供了解决问题、思考问题的另一种维度和方法。另外，班主任老师不仅仅是学科教师、班级管理者，更是学生的精神导师，他们像学生的大朋友，当学生有心理问题时，班主任老师通常会及时发现，主动解决，帮助同学们化解心理问题，教给他们解决问题的办法。

五、民族团结教育 >>>>>>>>

中国是一个多民族国家，五十六个民族像兄弟姐妹般生活在这具有悠久历史的中华大地上。民族小学自2004年更名为“海淀区民族小学”后，提出学校的目标是培养具有“三气精神”的未来社会合格公民，“三气精神”中最重要的一条就是“知晓少数民族文化，铸和气”。

民族小学的学生从三年级开始，都会积极落实学校德育课程体系学段目标，以查找资料、参加中华民族园社会实践、开展小组合作、家校互动、舞台展示等不同方式学习多民族知识，奠定牢固的民族观。

在日常生活中，为了促进民族团结教育，学校经常性地、制度性地开展民族团结教育活动，比如每周五是全校师生的民族服装日，每学期都向边远地区的少数民族儿童捐赠物资，每学年开展一次民族运动会和民族文化节游园活动等，让学生在实践中了解民族文化，增强民族团结意识。

马万成校长对民族教育的解读(节选)

北京市海淀区民族小学先后与贵州水族中心小学，青海玉树、新疆和田的学校建立“手拉手”关系。学生每年组织参与爱心义卖活动，义卖款项都捐给“手拉手”学校。他们还与少数民族地区的小伙伴建立书信往来。2015年“六一”儿童节前夕，马嘉聪同学被选为全国少先队代表大会代表，在会上介绍了她和新疆和田的一位小学生长期保持通信往来的深厚友谊。如今，民族团结的种子深深地植根在学生们的心中。

(供稿：马万成)

第三节　民族小学德育课程的建构、实施与评价 >>>>>>>>

德育工作是小学素质教育的重要组成部分，加强学校德育工作，培养学生的创新精神和实践能力，养成良好的思想品质和行为习惯，使德育工作渗透到每个教学环节之中，把学生培养成具有健全人格，全面发展的高素质人才是学校德育工作的目标。民族小学以环境为氛围、以课堂为阵地、以实践为沃土、以家校为桥梁、以制度为保障，构建了环境文化育人、学科渗透育人、实践活动育人、家校联动育人、管理制度育人的德育课程实施体系。

一、民族小学德育课程的建构 >>>>>>>>

《中共中央 国务院关于深化教育教学改革全面提高义务教育质量的意见》中强调学校德育工作要突出实效，“完善德育工作体系，认真制定德育工作方案，深化课程育人、文化育人、活动育人、实践育人、管理育人、家校协同育人”。

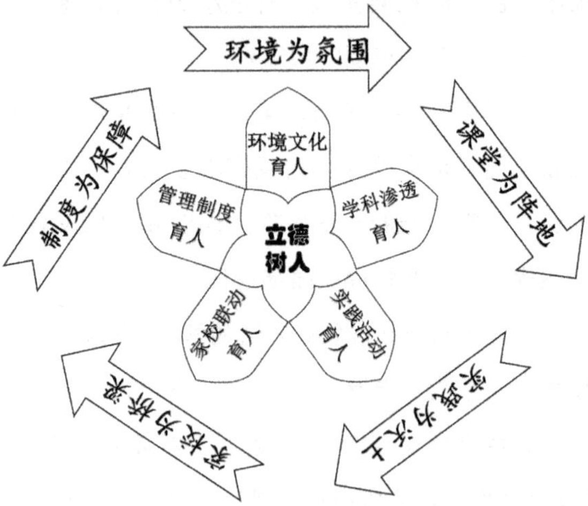

图 2-2 德育课程体系

民族小学德育工作渗透在教育教学的方方面面，校园文化建设、少先队活动、学科课堂教学、校园融合课程、家校合作等都蕴含着丰富的德育功能，在“大德育观”意识的指导下，德育课程体系逐渐完善和明确，形成以下主要脉络。

教育永远没有尽善尽美，民族小学德育工作也一直在探索之中，是一个逐步发展、逐步丰满、逐步清晰的过程，体系内容和体系框架在发展中不断改革、完善、更新。以发展的眼光，与时俱进，德育工作才能焕发出更强的生命力，才能更好地发挥教育功能。

二、民族小学德育课程的具体实施思路与案例 >>>>>>>

（一）环境文化育人

民族小学依据学校的办学理念，结合文明校园创建活动，因地制宜地开展校园文化建设，使校园秩序良好、环境优美，校园文化积极向上、格调高雅，提高校园文明水平，让校园处处成为育人场所。民族小学的校园环境充满特色，每一处设计都发挥着德育功能。

1. 以“和”为魂

学校在“和”文化的基础上，将办学理念定位于“和而不同，快乐成长”。从校园东大门向里看去，目光所及的位置矗立着校园地标性建设之一“和乐壁”。这是一座中式建筑风格的大影壁，白底红字，白壁上由当代书法家欧阳中石先生书写了“和而不同，快乐成长”八个大字。民族小学的师生们与自然营造了“和”的氛围，校园内花木很多，但很少有摘花折枝的现象，秋天果实满园，但鲜有摘果尝鲜之事。记得有一次记者采访学生时，学生说：“这些花果都是供我们认识和观赏的，如果我摘了，别人也摘，就破坏了校园环境和规矩。”我们希望学校的师生都能在一种包容的、欣赏的、尊重的氛围中展示自己的个性，同时尊重他人的个性，和谐相处、健康向上，最终实现快乐成长。

2. 以“雅”为韵

民族小学校园环境的设计上不仅鲜明地凸显办学理念，而且在风格上处处透露出“雅”的内在气质。建筑的命名文化和楹联匾额文化相得益彰，古朴风雅。如校园南教学楼叫作励学楼，北教学楼叫作谨行楼，大厅玻璃门外所挂的对联分别为“百年学府立德树人桃李满天下，三尺讲台春华秋实师道化万”和“仁义礼智信乃立世之本，琴棋书画诗诚养心清源”。校园文化长廊旁边植有竹子和葫芦，设计者匠心独运题写对联“于寻常时养大度，至凌云处自虚心”。四合院是中国特色建筑，民族小学的校园西北方向有一处四合院，名曰立人书院，这也是学生练习书法、绘画、下棋、诵读的场所，校园的屋宇命名文化和对联文化更是数不胜数。教师阅览室命名为“藏书阁”，对联为“进德修身躬行君子，诵诗读书尚友古人”，书画室命名为“墨韵堂”，对联为“片纸能缩天下意，一笔可画古今情”……所有的校园布置无不发挥着教育价值，学生在认读建筑文化的过程中得到精神给养，在行走于花前树下的过程中陶冶情操，雅致、娴静、翩翩的少年在这一方校园中养成。

3. 以“授”为实

校园文化中有很多古今贤人的名言警句和彩绘壁画，直指为人品格，对学生的教育更加直接。如学校前花园的文耘亭及长廊内的顶部画了很多古典风格具有教育意义的小故事，有“铁杵磨成针”“孔融让梨”“司马光砸缸”“画蛇添足”“卧冰求鲤”“王冕学画”等。又如小花园的每一步石板步廊，楼内每一步楼梯台阶都刻画或张贴着古今贤人的名言警句，有来自《论语》教人要有志气的“三军可夺帅地，匹夫不可夺志也”，有来自颜真卿教人勤学的“黑发不知勤学早，白首方悔读书迟”，有来自白居易教人爱护大自然的“劝君莫打枝头鸟，子在巢中望母归”，有来自朱熹教人要多读书的“问渠那得清如许，为有源头活水来”，有来自岳飞教人要奋勇豪迈的“壮志饥餐胡虏肉，笑谈渴饮匈奴血”……这些名言警句深入学生心田，其中包含着做人道理、家国情怀、志向气节、勤学惜时、热爱自然等高尚的情操，学生沉浸式的学习生活，对校风、班风、个人精神面貌有很强的正向增强作用。

4. 以“史”为铭

民族小学是一所百年老校，办学至今已有 130 年的历史。校园南门的两棵参天古槐见证了学校的艰辛发展。从 1890 年张子文阿訇在此办萌学园，到家喻户晓的老舍先生在 1921 年为学校撰写调查报告，为学校的发展助力。从中华人民共和国成立前在经费紧张中办学，到 20 世纪六七十年代奋力守卫校址的老校长……百余年来，学校历经风雨沧桑，时代变迁，数代教育人为了国家的未来曾在这片热土上默默耕耘、无私奋斗。

2003 年 1 月 15 日，马万成校长调任到民族小学，时值学校发展最困难的阶段。2004 年海淀区教委将民族小学更名为“海淀区民族小学”。十多年来，马万成校长带领全体教职员工一步一步整治校园环境，抓教师队伍建设，推动学生全面发展……现在呈现在社会面前的是一所古香古色、环境优美，教育教学质量优秀，学生健康阳光，民族教育和社会主义核心价值观践行扎实，充满积极向上学风的学校。

2014 年 5 月 30 日，习近平总书记到民族小学参加少先队活动并向全国少年儿童发表重要讲话。铭记历史，才能找到发展方向；铭记历史，才能坚定信念；铭记历史，心中充满自豪。学校将体育馆南侧原后黑寺东西配殿修缮后，定名为“铭史馆”和“习思堂”，记录和展示了学校发展沿革的历程以及践行社会主义核心价值观教育的育人成果。

（二）学科渗透育人

民族小学充分发挥课堂教学的主渠道作用，将中小学德育内容细化落实到各学科课程的教学目标之中，融入渗透到教育教学全过程。学科育人划分为“道德与法治”学科育人和其他学科渗透育人两部分。

1. “道德与法治”学科育人

中小学课程均设置了“道德与法治”课程，一般为每周 2 节，课程名称为“道德与法治”。这门课程共 18 册教材，其中小学 12 册，教材内容贴近儿童生活，由近及远地安排了六大生活领域，同一生活领域内，按照学习难度的不同，采用螺旋上升的编排方式。初中 6 册，围绕个人、家庭、学校、社会、国家、世界等内容编排。学生在道德与法治课堂上充分吸收德育给养，道德与法治课堂为学生的精神世界导航，为学生的心灵灌注源源不断的营养。

2. 其他学科渗透育人

一般学科的每个教学课时按照教学规范都要设定三维教学目标，即知识与能力目标、过程与方法目标、情感、态度价值观目标。其中，第三维目标直指学生的德育目标。情感不仅指学习兴趣、学习责任，更重要的是乐观的生活态度、求实的科学态度、宽容的人生态度。价值观不仅强调个人的价值，更强调个人价值和社会价值的统一；不仅强调科学价值，更强调科学价值和人文价值的统一；不仅强调人类价值，更强调人类价值和自然价值的统一，从而在学生内心确立起对真善美的价值追求以及人与自然和谐和可持续发展的理念。

民族团结教育在《草原》一课中的渗透

关于在蒙古包内招待客人这一环节的学习，我先请班里一名蒙古族学生进行学前介绍，他生在草原长在草原，对草原人民如何招待客人颇有感受。倒奶茶、切奶豆腐、吃手抓羊肉、喝奶酒，相互敬酒并且唱民歌、拉马头琴、跳蒙古舞……内容十分丰富。而这些都是高规格的待客礼节，既把我们当成远方的贵客，同时又不拘谨，热情大方地接待我们，真情实意地款待我们，怎能不令人感动？从而生发出只有一家人才会有的亲切之情、激动之情。这名学生介绍之后，我引领孩子们细读文章，他们很快就理解了内容，并且发自内心地说：“草原人民善良朴实、热情好客，真好！我热爱草原，热爱草原人民！他们真的就是我们的亲人……”于是很自然地把民族团结互助的教育思想渗透到了课堂中，渗透到了学生的心坎里。

（供稿人：邢月杰）

（三）实践活动育人

活动是学生喜闻乐见的一种教育教学形式，也是学生道德形成和发展的重要途径。通过让学生参与社会实践活动，从而获得道德体验，是学校全面育人不可或缺的重要环节。在民族小学，学校通过组织学生积极参与各种校内外活动和实践，使学生获得道德体验，达到道德形成和发展的目的，让学生在参与和体验中潜移默化地得到道德教育。

1. 升旗仪式教育活动

中国自古非常重视“礼”，强调仪式的重要性。仪式让人产生庄重感，从而增强活动的影响力。民族小学非常重视仪式的教育，尤其是要求升旗仪式的庄严性，日常的升旗仪式比较早，升旗时间正是学生入校时间。这时老师和学生都要停下来向着国旗行礼，全操场能看到国旗的地方必须庄重肃穆，直至国旗升至杆顶，国歌音乐结束。

升旗仪式主题教育是民族小学的一个特色课程。德育处和少先队大队部主要负责此项工作，提前指导、检查和验收，采用中高年级各班轮流承担升旗仪式任务的方式进行。升旗仪式主题紧扣社会主义核心价值观，由承担任务的班级自主设计、主持、展示。四至六年级的学生自我意识增强，能力增长较快，开始有自己的认知，班主任老师充分激发学生的最大能力，并邀请家长参与其中。在整个小学阶段，每个班级几乎只有两三次承办升旗仪式活动的机会，这是在学校的舞台上向全校师生展示班级风貌、学生精神面貌的大好机会，因此受到所有班级老师、学生和家长的高度重视。可以说，升旗仪式主题教育是民族小学日常德育工作中力量投入较大、教育效果最明显、教育辐射最广泛、师生影响最深刻的常规教育活动。以下是部分升旗仪式主题活动。

表 2-2　2019—2020 学年第一学期海淀区民族小学升旗仪式主题统计表

周次	班级	主题
9.16	六(3)班	走进长城，做有担当的好少年
9.23	六(6)班	数学嘉年华启动仪式
10.21	六(7)班	垃圾分好类，环境更优美
11.4	六(5)班	“你好，六年级”
11.11	德育处	争做绿色小卫士，环保日在行动
11.18	四(10)班	从小锻炼，从小健康
11.25	四(7)班	承诗词文化，创诗意人生
12.2	四(8)班	同在地球上，共享大自然
12.16	四(1)班	珍惜分秒，创造美好
12.23	四(3)班	传承爱国之情，树立报国之志
12.30	教导处	“温故而知新，自信迎期末”期末复习动员会

2. 少先队实践活动

少先队活动主要由大队活动、中队活动、小队活动组成。少先队大队活动由大队部发起，要求全校少先队员参与。民族小学开展的少先队活动灵活而丰富，如学雷锋活动、网上祭英烈活动、给钟南山爷爷写一封信的活动、疫情防控期间开展的“抗疫有我”征文活动，再如寒、暑假作业布置中，少先队倡议孩子们参加国家、社会、学校主办的实践活动，还有在校期间开展的少先队午间广播活动、收集硬纸壳的环保活动等。中队活动一般由中队辅导员(班主任)和中队委共同发起，体现全体中队队员的共同意向。小队活动由小队长发起、学生家长支持，以校外公益环保、健身参观为主题的活动，比如一起去参观博物馆、一起去长城小站、到老人疗养院进行关爱老年人等活动。

3. 榜样评选活动

好的榜样，是最好的向导；好的楷模，有最好的说服力。一个榜样胜过书上 20 条教诲。树立榜样，用身边事教育身边人，能够起到春风化雨、润物无声的效果。

民族小学在树立榜样、榜样宣传方面有自己的独特之处。2018—2019 学年度德育处向全体师生、家长发起中国古往今来“百名榜样”征集活动，推选出一批榜样以及他们的故事。学校根据征集材料，几经修改，编辑成书，作为校本课程材料，充分发挥榜样力量的育人功效。

在学生层面，学校为有特长的学生举办“个人画展”“音乐会”“演唱会”等，为学生展示特长搭建舞台，肯定学生在不同方面取得的成绩，树立学生的自信心，让他们感受到努力之后的成功。正如校训所说的，“做最好的我，在我最好的方面”。此外，学校在教师中开展“优秀班主任”“明星教师”“四有教师”“师德标兵”评选；在学生中进行“感动的人和事”“最美少年”“最高荣誉”评选。

你是我身边的榜样——民小达人(节选)

榜样的力量是无穷的，树立榜样有助于学生树立正确的人生理想。我们民族小学的同学们有双会发现的眼睛，善于发现他人的长处，激励自己不断地努力。快来看看吧，校园中有每天坚持跑步、风雨无阻的运动小榜样；教室中有善于积累古诗文，小小年纪已积累到一千首以上的诗词小榜样；班级志愿岗中，有自己负责班级关灯已达 6 年的节电小榜样；在家里，有照顾爷爷的孝亲榜样；还有家住在离学校 20 多千米的天通苑，但是连续六年都没有迟到过一次的守时榜样……这些孩子们在自己学习、意志品质、责任心方面各有所长，是同学身边的榜样！

（供稿人：窦丽娜）

4. 节日和纪念日实践活动

节日和纪念日是很好的教育契机，传统节日如春节、元宵节、清明节、端午节、中秋节、重阳节等都是和学生最为贴近的节日；还有其他节日如植树节、妇女节、劳动节、儿童节、党的生日、建军节、教师节、国庆节、元旦等；另外还有一些纪念日如学雷锋日、读书日、护士节、母亲节、父亲节、环境保护日、禁毒日等。德育处每到各种节日的时候都要通过各种形式进行宣传，号召大家学习节日文化，践行节日礼仪习惯。

5. 校园节实践活动

民族小学还举办了丰富多彩、寓教于乐的校园节活动，培养学生的兴趣爱好，充实学生的校园生活，磨炼学生的意志品质，促进学生身心健康发展。学校每年在固定时间至少要分别举办一次科技节、艺术节、运动会、读书节，还结合办学特色和学生实际，自主开发民族游园会、国际文化节，并将每周五定为民族服装日。

校园民族服装日——学习生活中一道美丽的风景线

北京市海淀区民族小学将每周五定为民族服装日。在民族服装日当天，同学们可以穿民族服装上学，以此来发扬中华传统民族服饰文化。每逢周五，民族小学的同学就迫不及待地穿起了民族服装或中式服装。有如孔雀般优雅的傣族服装、有长水袖的藏族服装、颜色鲜艳的维吾尔族服装，还有民国时期素雅的学生装、精神奕奕的中山装以及美丽的汉服……配上民小古香古色的垂花门、四合院以及初春正在绽放的花卉，愈发显得民小学子美丽动人。

（供稿人：窦丽娜）

6. 习惯养成教育活动

教育家叶圣陶指出："教育就是培养习惯。"俗话说："积千累万，不如养成好习惯。"由此可见培养习惯的重要性。良好习惯的作用有三个方面：一省时，二省力，三减少错误。民族小学在习惯培养上的经验简洁而实用：第一，严格要求，细化规范；第二，以身作则，身先示范；第三，反复训练，及时强化；第四，加强检查，落实评价。

民族小学在培养学生文明礼仪方面卓有成效，老师思考得细，规范训练得细。把日常的教育做成活动，在校会上进行推广，号召全校师生学习和实践，开展评比。如在"校园问好"这个礼仪上是这样开展教育的。

文明礼仪培养方案(节选)

常见的几种情况下，该怎样打招呼问好：

1. 在校园里看到老师：挥手或鞠躬问好都可以，"老师好""老师们好"。在队伍里看到老师：在队伍行进过程中看到老师时，不要发出声音，也不要停下脚步，和老师挥手即可。

2. 看到老师们在一起讨论事情时：不要从老师们的中间穿过或在周围玩耍，轻轻绕行通过，挥手即可。

3. 看到校领导和客人们：先问"客人们好"，再问"校长好""老师们好"。

4. 看到老师进到教室：同学们都在安静学习时，看到客人或领导、老师进到教室，挥挥手即可，不要打扰到同学们的学习；如果是课间，可以正常和客人、领导、老师们礼貌问好！

5. 放学时：站在队伍里，和值班老师、保安叔叔挥手再见，不出声音不离开队伍。家长接走时和班主任老师挥手再见。

（供稿人：李颖）

再如，说话音量也是一个人文明礼貌的体现，民族小学德育处引导学生在不同的场合用适合的音量说话，把音量分为五个级别，并要求在各班级内开展学习和训练活动，在日常生活中践行。比如，集会活动和上课时要求绝对安静，不许说话，这是纪律要求，这个音量被称为零级音量；课间时聊天或者课上小组内讨论时，要尽量低声，不影响周围的人，以倾听对象能听清为准，这个音量称为一级音量；上课时，学生发言要声音洪亮、自信满满，让全班同学都能听清楚，这个音量称为二级音量；唱歌或者舞台表演等场合，鼓励学生要敢于运足底气、放出声音，这个音量称为三级音量；操场上、运动中的真情流露、激情呐喊，这个音量被称为四级音量。以下是学校编订的《五级音量歌》：

集会聆听无声音(0级音)

私人交流声音轻(1级音)

起立发言表述明(2级音)

演唱歌曲声洪亮(3级音)

加油呐喊要尽情(4级音)

正是有这样细致入微的行为标准以及老师的耐心指导，民族小学的德育目标才得以落到实处。

(四)家校联动育人

民族小学在德育工作中积极争取家庭、社会的共同参与，汇聚各方资源支持学校的德育工作，引导家长注重家庭、注重家教、注重家风，营造积极向上的良好社会氛围。民族小学在加强家庭教育指导方面特别注重建立健全家庭教育工作机制。

学校成立校级家长理事会、年级班级家长委员会，让家长全面了解学校教育教学工作，为学校发展、教育教学改进出谋划策；鼓励优秀家长在班级和校园开讲堂，面向师生讲授各自专业最新成果或动态，拓展师生视野。组织家长志愿者、家长沙龙等活动，为学生活动尽心出力……

同时，学校组织家长学校，每月开展两次教育方法讲座，帮助家长树立正确的教育观，学习教育方法；通过家长会、家访、家长开放日等，向家长传递办学思想和办学理念，赢得家长的赞同和支持；举办家风传承故事比赛、亲子运动会、亲子艺术节等活动，凝聚家庭教育的力量。

民族小学一贯提倡“见识比知识更重要”“我们要像办大学一样办小学”“学校是教师的学堂、学生的讲堂、家长的聚智堂、社区的文化殿堂”“学校应该成为社区教育沟通互联的平台，凝聚更多的力量为教育服务，为学生的成长助力”，学校以超前的教育理念、有效的实际行动，推动家校联动育人。

1. 家长理事会

2018年春，根据家校育人工作的需要，学校在原有家长委员会的基础上，成立了学校家长理事会，理事会下设九个分委会。

学校建立理事会的初衷是希望打破年级壁垒，创造条件让更多的优秀家长走进校园，近距离观察学校办学，集思广益，为学校发展、师生成长出谋划策，提出建设性的建议。

理事会成立后，学校每学年开学初和结束前，都会邀请家长理事们到校，或畅谈新学年的思路，或总结一学年的收获。理事们也欣然向学校介绍理事会主要开展的工作和取得的成绩，为学校发展提出设想。家校愿景聚焦一处，形成教育合力。

2. 家长讲堂

民族小学秉承像办大学一样办小学的原则。学校要像大学那样开展很多讲座，开阔学生视野、激发学生兴趣、丰富校园生活，讲堂的内容包括天文的、地理的、自然的、科技的、军事的……而讲堂的讲师就是学生的家长。学生家长分布在各行各业，学历水平较高，不乏业界精英，让他们发挥所能，为他们搭建舞台，给学校发展增添一抹亮丽的色彩。

家长讲堂活动开展以来，得到了家长们的踊跃支持，参加的家长精心准备每一次课程，不少家长不仅做了详细的教案、精美的课件，而且还对学生们的情况做了前测，课堂上采用多种多样的方法吸引学生们的注意力，有些家长还准备小奖品来做现场互动，达到了意想不到的教学效果。根据活动后家长们的教学反思，以及他们撰写的新闻稿可以看出，家长讲堂不仅让家长们展示了自己的才华和特长，而且开拓了学生的眼界，增长了他们的知识见识。此外，很多家长反映，通过讲堂活动，他们能够真切地体会老师工作的辛苦，对学校工作会加倍支持。家长们还感慨，讲堂也让他们能够重塑自己在孩子心目中的形象，加深与孩子的感情，发挥了促进亲子关系的重要作用。

3. 家长学校

家长学校是为家长组织的专项培训与讲座活动，由学校统筹安排，分年级开展。根据不同年龄段学生的心理特征及生活、学习中出现的问题，学校聘请专家为每个年级每学期进行一次固定的主题学习与培训。

课程主题确定之前，学校会对各年级的代表老师、班主任进行访谈，调查各年级家长在孩子教育过程中遇到的问题与困惑，针对访谈情况和调查结果询问专家意见，项目组成员针对专家意见进行研讨并确定各年级的课程主题。讲座主题涉及面广，既包括学习习惯的培养、升学择校等学业问题，也包括亲子沟通问题、青春期心理特点、健康卫生等心理健康问题，主题的确定取决于学生的年龄特征、心理发展的实际情况，做到了广而泛，精而专。以下是 2018—2019 学年度的家长学校课程主题列表。

表 2-3　2018—2019 学年度“家长学校”课程主题

年级	课程主题	
一年级	帮助孩子摆脱入学焦虑	家庭修身与习惯养成
二年级	学习兴趣与学习动力	自觉性和责任感的培养
三年级	儿童自控力的培养	学生自我保护意识的培养
四年级	青少年生理健康知识讲座	社会交往与社会性交往
五年级	青春期讲座	心理健康知识
六年级	小初衔接知识	挫折教育

家长学校项目组根据讲座的主题，邀请相关领域的专家到学校开展讲座。每次讲座，家长通过网络报名参加，要求家长上课当天在现场签到，认真听讲，参与课堂互动。每次由于时间限制，现场答疑时间有限，因此，学校会建立微信交流群，家长们可在线上针对自身教育过程中出现的问题随时咨询专家。

图 2-3

（五）管理制度育人

为实现培养有道德的人这一目标，学校的管理制度首先应该以人为本，体现教育性课程的引导性。制度是价值观的体现，学校要培养和践行社会主义核心价值观，不仅要与课堂教学相结合、与环境建设相结合，还要与学校管理制度相结合。学生和教师生活在学校中，也就时刻处于管理制度之中。

1. 学生层面

《中小学生守则》是国家培育学生践行社会主义核心价值观的重要抓手，《中小学生守则》共九条，依次是“爱党爱国爱人民，好学多问肯钻研，勤劳笃行乐奉献，明礼守法讲美德，孝亲尊师善待人，诚实守信有担当，自强自律健身心，珍爱生命保安全，勤俭节约护家园”。民族小学每个班级都将《中小学生守则》张贴在班级显眼处，并组织学生集体学习、讨论守则的内涵和外延，将守则的内容内化于心。

除了《中小学生守则》之外，民族小学的各个班级还会在此基础之上制定更加适合本班学生特点的《班级公约》。学校提倡《班级公约》的制定由各班学生民主讨论生成，提倡形成条文后张贴并制定奖惩措施，在《班级公约》的制定过程中，引导学生发扬民主精神，积极参与并讨论和理解制度背后的伦理规则，提高学生的自我教育意识。

2. 教师层面

班主任是学生在学校的主要监护人，2009 年教育部印发的《中小学班主任工作规定》指出："班主任是中小学日常思想道德教育和学生管理工作的主要实施者，是中小学生健康成长的引领者，班主任要努力成为中小学生的人生导师。"民族小学要求班主任做好以下五个方面：①采取多种方式了解每一个学生；②做好班级管理和建设工作；③组织、指导学生开展多样的班级活动；④组织做好学生的综合素质评价工作；⑤加强教师和家长之间的练习，努力形成教育合力。

民族小学结合国家层面的教师制度和本校办学特点制定了《民族小学教师工作手册》，手册从教师本人的着装、言行、精神面貌等方面给予教师明确的指导。同时要求教师钻研业务，指导教师合理有度的与学生家长沟通，努力形成教育合力。手册为教师形成良好师德提供了可靠的保障。

三、民族小学德育课程的多元评价 >>>>>>>>

德育评价是指依据一定的德育目标，运用可行的方法和技术，对德育的过程与效果做出价值上的考查、判断。德育评价是学校教育评价的一项内容，是学校德育工作的基本环节，其目的在于探索德育工作的客观规律；完善此项工作的控制系统；有效促进受教育者的思想品质向预期目标发展。民族小学的德育评价形式分为以下几种。

(一)学生评价

1. 荣誉小公民护照和荣誉勋章

每学年开学时，民族小学都会为每名学生发一本"合格小公民荣誉护照"。学生在首页记录下自己的小公民成长目标，激励自己不断前行。在这本"护照"中，教师会记录学生每个星期的实际表现，分别从文明礼仪、守纪自律、环保卫生、志愿服务四个维度进行评价。每个班都有公民评价表，每个星期各班都会根据学生这四方面的实际表现，进行公开公正的评价。如果一个星期中，一个学生在这四方面都表现良好，就会得到一枚"荣誉公民小印章"。一个学期有几周，就相应的有几个盖印章的位置。

荣誉勋章会授予学生们根据平时观察所选出的佼佼者。每学期获得荣誉勋章的同学都是各班民主推选出来的，他们在文明礼仪、守纪自律、卫生环保、志愿服务等方面表现优异或进步很大。学校评选出的这些荣誉小公民会在全校升旗仪式上荣获表彰。为了鼓励他们，让其他学生向他们看齐，学校还会奖励他们走出校园，开展实践活动或者到博物馆进行参观学习。小公民们在实际学习与生活中为同学们做出最好的表率，同时也更加富有责任心地行使自己的义务和权利。

多维度评价：常规评比栏的巧妙利用

多维度的评价标准让每个学生的优点都被发现，并得以放大和欣赏。比如有的学生也许上课回答问题不够大胆，成绩也不是很理想，但是他热爱劳动，总是想着为集体做卫生，一下课就主动擦黑板或者捡掉在地上的纸，他的星星榜上代表卫生这一维度的小星星很多，班会课总结时总能得到表扬和奖品，真的是“做最好的我，在我最好的方面”。随着孩子的自信心大增，激励他更加热爱劳动，热爱集体，慢慢地愈加自信，上课回答问题越来越积极踊跃，从而带动其他方面也逐步提高。还有的同学虽然学习成绩很优异，但是上课总是随便接下茬，偷偷说话，那么他就得不到星星榜纪律维度的小星星，这也能让他们看到自己的不足，取长补短，从而全面发展，更加优秀。

（供稿人：周雪莲）

2. 优秀集体评比

班级项目制使得人人有事做，事事有人做，但是每个人在这个过程中表现的如何，应该怎样评价，由谁来评价，评价之后需要有什么改进，这些问题应运而生。评价有约束、激励、表彰、批评的作用，是必要的环节。如果缺少了日常评价机制，那么项目制也就逐渐弱化，最后无法在真正意义上运行起来。民族小学的做法首先是每日点评、每周评奖、教师引领，小负责人跟进。每天午间休息的时候，教师都会带领小负责人一起对学生责任岗完成的情况进行点评，在点评中坚持多表扬、多鼓励的原则，目的是激励和鼓舞，而不是为了评价结果。按学生的完成情况进行积分，有了分数的激励，学生们兴致勃勃。逐渐的，教师退下来站在一边，小负责人走上讲台，教师在一旁帮助，最后教师在与不在学生都能自主完成点评。每周五的下午汇总一周的责任岗和评价项目的情况，进行点评和评优，并且进行表彰。表彰有时是物质奖励，但更多是精神层面的，通过奖状证书、微信喜报等形式，表达对学生们的认可。

3. 优秀个人评比

一个学期下来，在期末总结的时候，班主任还会组织学生进行评优、评先的工作，项目包括好学生奖、民族之星、优秀少先队员、优秀志愿者、文明礼仪之星、纪律之星、卫生小能手、体育运动之星等，除此之外，还有的班级会设置一些特色奖项。这些奖项都是通过民主投票、当场唱票产生的，因为有了一个学期的观察积累和评价，学生们已经能很自如地应对评选这件事了。

4. 特别考核

学校有一方孩子们的乐园，叫作“七彩乐园”。学校配置了很多游戏设备，秋千、攀爬架、跷跷板等，学生们见到这些游戏设备，异常高兴兴奋。但是在玩耍的过程中，因为玩耍不当，曾出现过小的安全隐患，所以这个乐园多次被关停。怎样才能让玩这件事情变得既有意思又有意义呢？学校从游泳馆的“深水证”得到启发。首先，将游戏的规则和注意事项张贴在游戏器械的旁边；其次，开校会进行规则宣讲，鼓励学生考取“进园证”；再次，宣布考核事宜。学生们通过一系列公开公正的入园资格考核，懂得了在玩耍的过程中人人平等、相互谦让、相互尊重、文明游戏的道理。民族小学将自由、平等、公正、法治、诚信、友善、和谐等价值观融入学生生活中，植根于学生心灵，让社会主义核心价值观如空气般萦绕左右，教育如呼吸一样自然发生。

（二）课程评价

学校德育课程的评价，秉承“不能用一把尺子衡量所有事物”的原则，一般采用以下几种方式。

1. 访谈形式

对于学校德育工作开展的如何，学生是最有发言权的。学校德育处每学期会组织对学生的访谈工作，以了解学生对学校德育的看法与建议。从少先队活动方面、春秋游实践活动方面、学生的行为习惯方面、教师的教育态度方面、德育课程方面等了解德育实施的情况。通过对学生的访谈，学校发现当前德育工作的优点和不足，进而将工作改进得更加完善。

2. 量表形式

通过量表形式将德育工作细化成条目并赋予分值，根据工作完成的客观现状和评价者的主观感受进行评分，从而更好地认识工作完成的水平。例如，在行为习惯培养课程上，教师们就设计了量化评价表，对学生的行为习惯水平进行了解和评价。通过分析评价表，找到培养不足的方面，加大力度进行教育强化以求改进。以下为民族小学“低年级常规验收评价表”。

表 2-4　2019—2020 学年度　北校区低年级常规验收评价表

评价人：　　　　　　　　　　　　　　　　　　　　　时间：2019 年 11 月 12 日

一级指标	二级指标	标准	分值	得分	
				（　　）班	（　　）班
一、学习习惯	（一）晨读	1. 7：40 按时到校，物品按要求摆放、迅速整理，不随意说话，安静有序	5		
		2. 安静地读书，坐姿端正，声音洪亮，不随意走动	5		
	（二）课堂	3. 预备铃声一响，快步进教室，安静地坐好，拿出学习用品、并放在统一的位置，集体背口诀或儿歌，等老师来上课	5		
		4. 上课抬头挺胸身体坐直，不随意乱动，课堂秩序良好	5		
		5. 发言先举手，回答问题不乱抢，举手发言率高	5		
		6. 学生回答问题，声音洪亮，表达清楚，其他学生认真倾听	5		
		7. 小组讨论时低声说话，效率高	5		
		8. 书写做到“三个一”，书写认真，字迹工整	5		
二、行为习惯	（三）上操	9. 集合队伍快静齐，动作一致听口令	5		
		10. 排队做操一条线，口号响亮，精神饱满	5		
	（四）课间	11. 学习用品整理好，教室无人桌面净	5		
		12. 先上厕所再喝水，走廊内、楼梯间，轻声慢步靠右走	5		
	（五）午餐	13. 下课铃声响，收拾物品摆好桌布。先洗手，安静排队准备打饭	5		
		14. 会熟练使用餐具取食物，按量取食不挑拣，不浪费，细嚼慢咽不说话	5		
	（六）午读	15. 人人读书有秩序，安静守纪不吵闹	5		

续表

一级指标	二级指标	标准	分值	得分	
				（　）班	（　）班
三、班级文化	（七）教室文化	16. 文具摆放有秩序，抽屉整齐又干净，窗台无脏痕，桌椅成直线，卫生洁具排整齐。讲台、柜子和图书，干净整洁	5		
		17. 教室布置突出班级特色，有国家颁布的《中小学生守则》等必备海报，有学生相关作品展示，有习惯培养评比和责任岗公示，整体氛围和谐上进	5		
	（八）个人风貌	18. 学生服装干净整洁，没有特殊发型，指甲洁净。见到老师主动问好，大方有礼	5		
四、教师管理	（九）关注学生	19. 学生出现不良的表现，老师都能关注，并适时引导教育	5		
	（十）因材施教	20. 课堂关注每一个孩子的发展，提问具有启发性，并倾听学生的发言	5		
各班整体优点： 有待改进的问题：					

3. 成果形式

德育课程的开展过程中会取得一些成绩和成果，这些成绩成果也是德育评价的一种形式。德育成果分为两种形式，其一是成果物化形式，例如四年级整个学年都以民族团结为主题开展各项工作，学年结束的时候，教师们将其中重要的活动和成绩记录下来编辑成册；再如 2019 年毕业生在毕业典礼上把他们在“六一”前夕“向习爷爷汇报”纪念活动中的作品进行挑选编辑成册，作为献给母校的礼物。第二种德育课程的成果是展示的形式。例如毕业研学实践活动归来，六年级学生以舞台表演的形式呈现实践成果；再比如二年级开展的爱心义卖活动，孩子们积极参与其中，家长们热心帮助支持，教师们精心组织，并邀请其他年级的学生来购买义卖商品，场面热闹非凡，爱心在这里产生、能力在这里提高、班级凝聚力在这里巩固、思想境界在这里升华，这本身就是一种德育成果的展示过程。

（三）工作评价

德育工作的评价还有评选、表彰的形式。学校的评选和表彰主要由校会形式来承载。升旗仪式主题教育大会是每周一全校集会，也是教育效力最强的大会，在升旗仪式上都要对上一周各班的表现情况进行公布。例如日常的卫生检查、读书情况检查、各班晨跑人数比较等，到了期末总结大会，德育处会对一学期评价情况综合考量进行最终评价，评选出优秀班集体、优秀班会、优秀班主任等。

从多方面广泛收集评价意见是民族小学经常采用的真实评价手段。学校每学期都会以电子调查问卷的形式向家长、学生、教师等广泛收集意见和建议，同时教师也会在师德方面进行“自我评价”。针对这些评价反馈上来的信息，调整学校工作重心、把握工作进程、突破工作难点、实现工作改进，从而进一步加强和完善德育工作。

第四节　民族小学德育课程的育人成效

民族小学认真落实立德树人根本任务，将德育渗透到课堂教学的各个方面、浸润在校园生活的各个角落、延伸到教书育人的各个环节，为学生一生成长奠定了坚实的思想基础。

一、牢记嘱托　践行社会主义核心价值观

民族小学确立了以开展活动为载体，通过活动向学生渗透核心价值观的思路，将社会主义核心价值观与各项活动结合起来，与行为习惯培养结合起来，努力培养学生积极的人生态度、健康的心理情感、高尚的道德品质，让学生在潜移默化中深刻理解社会主义核心价值观，并付之于行动。

为了让孩子们深入学习、理解和认同社会主义核心价值观的丰富内涵，教师引导孩子们结合生活，创编社会主义核心价值观童谣。学校将优秀的童谣收集成册，编写了《快乐童心 七彩梦》童谣集，在学生中广泛开展诵读活动。2017 年 6 月

1 日，中央电视台《新闻联播》报道了民族小学开展社会主义核心价值观童谣创编、传唱的教育活动，受到了社会各界的广泛好评。

二、理想信念教育深入学生内心 >>>>>>>>

理想、信念是一个人所追求所向往的目标，是世界观、人生观、价值观的集中体现。理想信念是小学生道德教育的旗帜，是小学生素质教育的关键要素。小学生在人生的成长时期，理想信念是伴随着他们的主题。

小学六年的教育中，学校培养学生对党的政治认同、情感认同、价值认同，建立对党、对国家和对人民军队的基本认识和亲近感，通过了解近现代史，了解英雄模范人物的光荣事迹，学习革命烈士身上的优秀品质，培养集体意识，并深刻地认识到今天的幸福生活是用烈士的鲜血换来的，从而树立中国人的责任感。

民族小学教育和引导学生热爱中国共产党、热爱祖国、热爱人民，增强民族团结教育，了解家乡发展变化和国家历史常识，了解中华优秀传统文化和党的光荣革命传统，理解日常生活的道德规范和文明礼貌。学生已经初步形成规则意识和民主法治观念，养成良好的生活和行为习惯，具备保护生态环境的意识，形成诚实守信、友爱宽容、自尊自律、乐观向上的良好品质。

三、中华优秀传统文化教育浸润学生心灵 >>>>>>>>

中华优秀传统文化是中华民族文化的重要载体，是中华民族悠久文化的瑰宝，也是中华民族生生不息、团结奋进的不竭动力。民族小学在学习优秀传统文化这个方面取得一定的成果。

首先，民族小学推出《乐诵经典》读本，共六册，引导学生学习和背诵中华诗词，组织古诗闯关活动。学生在这个过程中汲取中国智慧、领略汉语言的优美。语文学科在学生六年的学习时间内引导学生唱读《声律启蒙》，学习《论语》，阅读四大名著，这些都为学生培养学习中华优秀传统文化的兴趣打下了坚实的基础。

其次，非物质文化遗产课程是民族小学的特色，学生画脸谱、做风筝、做景泰蓝、做扎染、捏面人，开展中国特色课堂活动，美在其中。

再次，学校将书法作为民小人的必修功课之一，在翰墨书香中品味中华文化的博大精深和源远流长。

除此之外，民族小学还有一张最靓丽的名片——馨星民乐团。乐团的学生们刻苦排练，取得了优异成绩。传统节日更是很好的教育契机，学校德育处每到节日的时候都要进行宣传，并号召同学们学习节日文化，践行节日礼仪习惯。

四、生态文明教育共筑绿色家园 >>>>>>>

民族小学这个花园般的校园中，动植物种类丰富，处处都是生态文明的课堂，每一种植物、每一只动物都是孩子们朝夕相处的朋友，孩子们敬畏自然、敬畏生命，欣喜地观察欣赏植物发芽、开花、结果，用照片、图画、观察日记等方式记录植物生长的过程。无人摘花破坏，做到了与自然和谐相处。近年来，民族小学获得"全国可持续发展教育示范学校""北京市校园文化建设示范校""海淀区校园环境先进学校"等荣誉称号。

在民族小学生态文明的教育下，孩子们对环境充满着亲切感、依恋感和归属感。在校园里，学生不仅无人随手乱扔垃圾，而且能自觉捡起校园里的废弃纸张。每到周末，学生们拿出准备好的竹夹子、垃圾袋，组成红领巾志愿小队前往附近公园、车站捡拾垃圾，向路人宣传垃圾分类知识。民族小学的学生是绿色环保理念的积极倡导者和主动实施者，他们小手拉大手，将学校生态文明教育在家庭中、社会中传播。

在学校"垃圾分类"的教育下，学生们响应国家号召，在生活中践行垃圾减量、生活垃圾分类、废弃物再利用。学生们还将自己了解到的绿色环保知识用手抄报的方式分享展示，并参与海淀区"垃圾分类我先行"优秀作品征集活动，以实际行动践行生活垃圾分类，影响身边人。

学生们根据学校及居家生活中学习到的环保知识创作了英文科普短剧，并参与了第 14 届"保护生态环境，爱护美丽北京"北京市青少年科普短剧会演，获得了专家评委的好评。专家称赞民族小学的孩子们不仅从小树立环保意识，同时更懂得新颖、科学的环保方法。

每年春天，民族小学都会开展"绿色环保季主题"实践活动，学生积极落实绿色理念和劳动教育开展种植活动，亲手种下种子，呵护小苗成长，播种、施肥、浇水、收获、提交种植记录……孩子们了解植物学的知识，提高种植技能，更感受自然界万物生长的奇妙。学校将学生对种植的兴趣与生态文明教育相结合，成立了种植社团，科学老师带领孩子们开展一系列植物研究。他们在各级各类比赛中成绩优异，为学校摘得“北京市种植大赛示范学校”“北京市栽培实践活动首批示范学校”等荣誉称号。

五、心理健康教育奠基一生阳光自信 >>>>>>>>

民族小学心理工作开展得扎实、有实效。学校善于利用、调动多方资源开展学生心理健康教育，构建起家长、学校、社区三位一体的协作机制，为学生提供丰富多样、有针对性的课程，促进学生身心健康发展。学生心理课程资源丰富，有心理健康校本课程、团体活动、家长大讲堂、青春期专题讲座、社区卫生服务中心进校园等多样课程形式，学生在心理健康课程中，了解自身情绪，悦纳自我，学习到自我心理调适的小秘诀，增加了团队凝聚力，自知、自爱、自律地度过校园生活。民族小学的心理健康教育在迎接海淀区身心健康督导的过程中受到了督导组专家的认可和好评。

民族小学的办学理念是“和而不同，快乐成长”，校园整体氛围和谐包容，学生身心健康状态更表现在学习生活的时时处处。一进校园，到处都能看见孩子们积极阳光的笑脸，听到热情有礼貌的问好声，感受到同学间相互谦让友爱的氛围。同学之间会分享、会聆听、会体谅、会帮助，既自信阳光，又友善和睦。

六、民族团结教育实现中华民族一家亲 >>>>>>>>

民族小学自 2004 年更名为海淀区民族小学以来，一直在探索开展民族团结教育的方法和途径，各年级开展了多样民族课程实践活动。活动中，学生学会包容、尊重其他民族，欣赏其他民族的文化，形成民族认同感。

民族小学就是一个多民族的大家庭，学校有着回族、蒙古族、维吾尔族、朝鲜族、达斡尔族等十几个少数民族的小伙伴。当汉族同学看见少数民族同学时，会主动上前问问他的家乡情况；听他讲讲少数民族的知识……学生们还乐于用作品来表达心声，书法社团的同学用《中华民族一家亲，同心共筑中国梦》《民族团结，中国梦圆》等作品来表达了自己的心愿，美术社团的同学会用国画《石榴图》表达“各族人民要像石榴籽那样紧紧抱在一起”的民族团结情感。

在潜移默化的学习中，学生们铸牢中华民族共同体意识，“各民族像石榴籽一样紧紧抱在一起”，真正做到学校“三气精神”中提出的“学习中华优秀传统文化，蕴底气；知晓少数民族文化，铸和气；了解世界多元文化，成大气”。

爱心义卖是民族小学民族课程实践活动的典范。从 2012 年开始，学校结合二年级数学课堂中“认识人民币”的相关知识，组织同学们开展义卖，并将筹得的善款购买文具书本，捐赠给偏远地区少数民族“手拉手”学校。近年来，民族小学与新疆喀什莎车县喀群乡中心小学、新疆伊里其乡赛琪阿克塔石村小学、内蒙古兴安盟科右前旗哈拉黑小学等多所小学结对帮扶，将民族小学的优质教育资源在少数民族地区得到传播。

2017 年民族小学获“全国民族团结进步创建示范单位”“北京市民族团结教育示范校”等荣誉称号。2019 年 4 月 15 日学校受邀参加北京市委统战部举办的“同心同行七十年 坚定不移跟党走——庆祝新中国成立 70 周年”启动仪式，并作为分会场参与转播。

小学德育是社会主义精神文明建设的奠基工程，是培养合格公民的起点，同时德育是学校工作的灵魂，打好人生底色对一个人的发展来说意义尤为深远。“百育德为先”，先“立德”而后“树人”，德育对于任何时代、任何国家的教育来说都是首要大事。我们要用真、善、美滋养学生的心灵，用好校园这块阵地，在先进育人理念的引导下，开展丰富多彩的德育活动，在教学和教育活动中帮助学生建立起符合民族需求、适应世界形势、顺应时代发展的道德系统，这对个人、家庭、社会、民族和国家来说都尤为重要。

第三章　以智启人，培育学生聪慧之脑

智育是学校教育的重要内容，传授科学文化知识，培养认知能力，促进思维发展，激发创新意识，提升智育水平，是认真落实党中央、国务院关于“发展素质教育”的必然选择，是把总书记关于坚持为党育人、为国育才的重要指示落到实处的关键举措。

第一节　树立新时代智育观，提升智育水平 >>>>>>>>

智育离不开传授知识，但传授知识并不是智育的最终目标。爱因斯坦说：“当你离开学校，把在学校时学到的知识全部遗忘以后，剩下的才是真正的教育。”在这位世界一流的科学家看来，真正的智育应该超越知识，启迪智慧，激发创造，掌握方法，养成习惯，提升素质，为孩子的终身学习打下基础。民族小学一直以来在不断探索更加符合教育发展趋势、适合学生的智育形式，力图让每一位学生都能感受到智育带来的乐趣和收获。

一、新时代智育观 >>>>>>>>

2019 年，《中共中央 国务院关于深化教育教学改革全面提高义务教育质量的意见》指出，坚持“五育”并举，全面发展素质教育，提升智育水平。着力培养认知能力，促进思维发展，激发创新意识。严格按照国家课程方案和课程标准实施教学，确保学生达到国家规定学业质量标准。充分发挥教师主导作用，引导教师深入理解学科特点、知识结构、思想方法，科学把握学生认知规律，上好每一堂课。突出学生主体地位，注重保护学生好奇心、想象力、求知欲，激发学习兴趣，提高学习能力。这一文件为现代社会发展智育指明了方向，培养学生认知能力，发展创新思维成为重点。

教育理论家和教育实践家苏霍姆林斯基指出：“智育包括获得知识和形成科学世界观，发展认知能力和创造能力，培养脑力劳动文明，使一个人在整个一生中都对丰富自己的智慧和把知识运用于实践感到需要。”①随着社会和时代的发展，人们对于知识、智力以及智育都有了更加全面和深入的认识，越来越多的人认识到，和谐的教育在于知识应该使人的一般智力发展达到最优水平，强调学习的主体性和创造性。智育是在掌握知识的过程中进行的，但是不能简单地把智育归结为积累知识。发展智育离不开知识的学习与积累，一个人的知识积累越丰富，对世界的认识也会越全面和深刻。然而，知识储备量不能与智育画上等号，因为知识不仅包含客观的科学文化知识，也包括人对知识的理解与运用的能力，知识不仅来源于书本和课堂，也来自社会和生活，是人的主观性与创造性的体现。因此，从这一层面上来看，知识既具有客观性，同时也带有主观个性的特点。

智育的有效实施与学校整个精神生活有着密切的关系。学校精神生活的丰富性，教师的个人修养、学识的渊博程度，教师的育人观以及对教材的阐释与解读，教学方法的选用都在潜移默化地影响着智育的实施效果。

二、民族小学发展智育的思考与探索 >>>>>>>

智育是一个内涵丰富的多维概念，有关什么是智育，智育的目标和途径等问题，专家学者们开展了许多研究，并从不同角度进行了论述，阐明了自己的观点和看法。智育是学校教育的重要内容，树立正确的智育观对有效开展教育教学工作具有重大的意义。随着教育改革的不断深入，人们对智育的认识越来越全面，在社会的持续发展与变化的过程中，学校的智育观也随之更新，与此同时，学校也在这变化之中逐渐把握住其不变的规律与内涵，形成了对智育的认识和理解。

（一）增长见识很重要

对于学生来说，获取知识无疑是接受智育的必然选择和重要手段，然而，仅

① 王华：《略论智育与人的全面发展》，载《贵州教育》，2012(Z1)。

依靠课本上的知识是远远不够的，增长见识显得尤为重要，甚至有的情况下，广博的见识比知识更重要。广义上的知识不仅仅来源于课本上，也来源于社会，来源于生活；知识不仅包含学生获取的客观的科学文化、社会中的客观现象，也包含学生对这些科学文化的主观认识。民族小学实施智育的过程中注重跳出传统的知识本位的观念，在牢固掌握知识的基础之上，强调开阔的视野、广博的见识的重要性。教育教学的过程中，民族小学不仅关注挖掘课本内容，积累课堂知识，而且注重拓宽学生的视野，跳出课本放眼社会，增长见识。

（二）学会学习很重要

授之以鱼不如授之以渔，智育不仅是传授知识的过程，更是传授方法、培养学生的学习力、发展思维品质的过程。因此，引导学生从小学会学习，拥有学习能力很重要。小学阶段是培养学生良好的学习习惯的重要阶段，也是培养学习方法的关键时期。教学过程中，不仅要培养学生上课认真听讲、做好课前准备、课后认真完成作业等基本习惯，也要重视在习惯中培养学生的学习能力，发展思维。如从小引导学生上课记录课堂笔记，在小学阶段就尝试自己梳理知识，培养学生的逻辑思维能力；利用思维导图等小工具来帮助学生发展思维，不仅给学习增添了不少乐趣，而且让学习更加省力、高效。

（三）让学生参与很重要

学生永远是课堂的主角，让学生站在课堂的正中央，引导他们尽可能多地参与学习很重要。民族小学一直以来倡导课堂上教师要发挥主导作用，为学生提供舞台，引导学生深度参与课堂，实现知识的转化，培养相关技能。正如美国学者爱德加·戴尔提出的学习金字塔理论所说，当学习者能够主动学习、参与其中的时候，他的学习保持率才得以提高。营造和谐的课堂氛围，建立良好的师生关系，关注学生个体差异，让每一个学生都能充分参与课堂，不仅能够积累、理解知识，而且尽可能创造条件让学生转化知识、运用知识，并发展为相关技能。

（四）让学习变得有意思很重要

兴趣是最好的老师。当学生能够体会到学习的乐趣，改变也就悄然发生。因此，让学习变得有意思很重要。在发展智育的过程中，学校一直倡导把有意义的事情变得有意思。挖掘教育教学资源，丰富学习内容，课堂教学跳出课本知识和学科范畴的限制，提倡巧用生活资源，打破学科界限，将课堂学习与学生生活相连接，创设适合的教学情境，创造灵动的课堂，让学生能够知其然并知其所以然，让学习变得更加有意义，并且在此过程中做到活学活用。

（五）让学生“尽情跑”很重要

每一个孩子都是一颗独一无二的种子，生长环境不同，发芽时间不同，开花结果的方式也各具特色。学校一直秉持“和而不同，快乐成长”的办学理念，强调老师们在教育教学的过程中善待差异性，像爱护花朵一样尊重和爱护每一位学生。学生们的接受能力不同，在学习的过程中不可能做到齐步走，有的人走得快，有的人走得慢，而教育的过程既不应该限制走得快的学生，也不能放弃走得慢的学生，正视差异性，创造条件让每一个孩子能够在成长的路上各尽所能、尽情奔跑。

第二节　民族小学智育课程构建

一直以来，民族小学围绕着培育学生聪慧之脑的智育目标开展教育教学工作，构建民族小学的智育课程体系，全力落实国家课程和地方课程，并将国家课程和地方课程校本化实施。在实践的过程中，基于学校的育人目标、学生的差异与特点，民族小学发展了一系列富有特色的校本课程。

在“和而不同，快乐成长”的办学理念的指引下，顺应国家基础教育课程改革的趋势，本着学校智育目标的方向，探索出“一体两翼”的智育课程实施路径。在教学中，民族小学以“和合”教学为基本理念，以“差异教学”和“深度学习”的策略为实现途径，推进学校智育课程的有效实施，从而培养学生的会思考、善表达、勤实践、增见识、乐学习的能力与素养，让这所“森林”学校里每一个孩子都如同一棵独特的树苗，在课程教学的土壤中、学校文化的滋养下茁壮成长，逐渐成长为国家的栋梁之材。

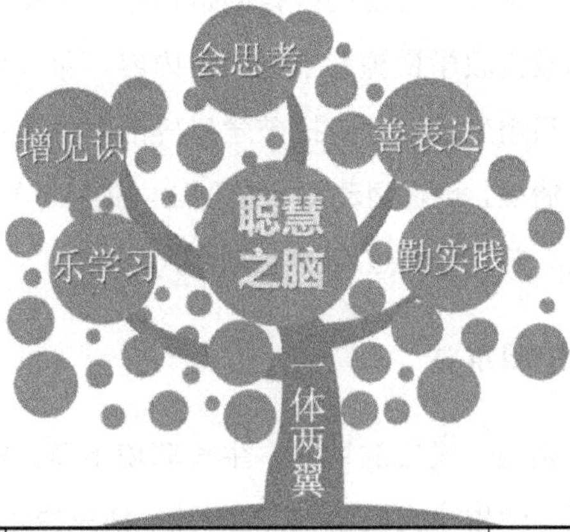

<table>
<tr><th colspan="2">课程类别</th><th>必修</th><th>选修</th></tr>
<tr><td colspan="2">国家课程</td><td>语文　数学　英语　科学……</td><td rowspan="2"></td></tr>
<tr><td colspan="2">地方课程</td><td>信息技术　生活与科学</td></tr>
<tr><td rowspan="4">校本课程</td><td>立人书院</td><td>古诗文诵读　整本书阅读</td><td>海棠书会　诗社</td></tr>
<tr><td>数学研究院</td><td>数学游戏　数学实践研究</td><td>数独闯关</td></tr>
<tr><td>英语文化院</td><td>校园双语标志　阅读大冲关</td><td>英语戏剧</td></tr>
<tr><td>少年科学院</td><td>五分钟小讲堂　科普讲座</td><td>机器人　编程　创客……</td></tr>
</table>

图 3-1　智育课程体系

一、智育培养目标：聪慧之脑 >>>>>>>>

(一)乐学习

拥有聪慧之脑，首先意味着乐于学习、享受学习的过程。教育学家乌申斯基说：“学习是劳动，是充满思想的劳动。”作为一种劳动，学习意味着付出，过程中会遇到困难和问题，也并非一直充满乐趣。因此，教师要引导学生学会学习、掌握学习的方法，找到学习的意义，享受学习的乐趣。

(二)增见识

具备开阔的视野、广博的见识是民族小学发展学生智育的重要目标。古语有言，读万卷书，行万里路。我们认识世界的途径不仅来源于书籍，也来源于实践。

民族小学整合资源，开办综合讲堂已经成为每个学期的必然之举。邀请专家学者进校园，举办一场场有意思的知识讲座，增长了学生见识，开阔了眼界；学校组织开展社会实践活动，鼓励学生多走向社会，在探索的过程中打开一扇扇认识世界的窗户，增长见识的同时，培育聪慧之脑。

（三）会思考

思考能力是智力的重要组成部分，会思考是一种巨大的能量，能够为人们提供更多成功的机会。一个人智力水平的高低不仅与知识的储备量有关，与思考能力的水平也有密切的关系。学校一直强调，在教育教学的过程中，不仅要传授科学文化知识，而且要注重培养学生的思考能力；不仅要低头学习，更要抬头看路，学习的方法比结果更重要，正如哈佛大学的一句名言：一天的思考，胜过一周的蛮干。

（四）善表达

一副好口才是民族小学对全体师生共同的培养目标之一，培养善于表达的能力是学校发展学生智育的重要任务。语言与思维是辩证统一的，语言被看作思维的物质载体，优秀的表达能力与突出的思维能力息息相关。引导学生想表达、敢表达、会表达、善表达，从而使学生变得更自信，进而学会良好的沟通技巧，更好地展示自己的才华，提升教育水准。

（五）勤实践

纸上得来终觉浅，绝知此事要躬行。发展智育离不开学生的亲身体验，培养学生勤于实践的能力也是学校发展智育的重要目标。学生不仅要学习知识与技能，更应该具备动手实践的能力。通过实践检验所学知识，并在实践的过程中将知识转化为能力，从而受益终身。

二、智育课程设置 >>>>>>>>

课程是发展智育的根基，完善的课程设置是实施智育的前提。在基础教育改革的推动下，在智育培养目标的引领下，学校坚持开齐、开足、开好国家课程，有选择性地落实地方课程，并自主开发了一系列校本课程，从而促进国家课程、地方课程的校本化实施，为学生的智育发展提供有利条件。

经过长期的探索与实践，民族小学不断开发与完善校本课程体系，形成了以学院课程为主线，必修课与选修课协调发展的智育课程结构。学校成立立人书院、数学研究院、英语文化研究院、少年科学院四个课程群，下设各学科的特色课程与活动，必修课优化国家课程与地方课程的实施效果，选修课为发展学生的兴趣爱好提供支持。

三、课程实施模式："一体两翼" >>>>>>>

明确的目标指引，完善的课程设置，良好的课程实施模式能够为学校实施智育提供必要的保障。经过持续学习，反复实践，民族小学形成了独具特色的智育课程实施模式——"一体两翼"。

在"和合"的课堂教学理念的指导下，学校实施了"差异教学"和"深度学习"的教学策略改革，形成了以"和合"教学为体，"差异教学"策略和"深度学习"教学策略为翼的"一体两翼"课程教学实施模式。

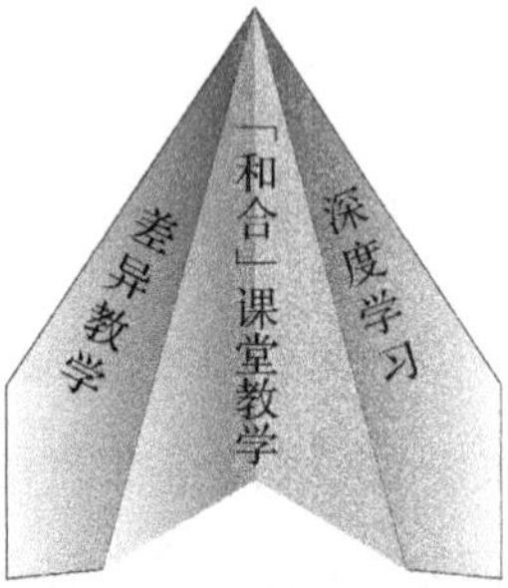

图 3-2 "一体两翼"智育课程实施模式

（一）"和合"课堂教学理念的提出

百年办学历史沉淀出民族小学"和而不同，快乐成长"的办学理念。基于此，学校一直坚守的教育理想就是要促进每一个学生身心健康的成长。课堂是文化践行的主战场，基于学校的办学理念以及儒家传统思想，民族小学提出了"和合"的课堂教学理念。

"和合"这个词语在古书中曾多次出现。《国语·郑语》："商契能和合五散，以保于百姓者也。"《墨子·尚同》中说："内之父子兄弟作怨仇，皆有离散之心，不能有和合。""和合"是一个关系范畴，它反映了客观事物的状态和运动规律。分开来说，"和"是共生、是中和、是和谐，是凝聚、是和平、是和祥。"合"是合作、是优势互补，它包含有融合、结合、符合、组合等思想。[1] 这与学校“和而不同，快乐成长”的办学理念不谋而合。因此，学校将构建“和合”的课堂教学作为发展智育的核心理念。在此基础之上，学校创设了精彩多维、健康和谐的课堂教学文化，让每一个学生“各适其性，各逐其生”，都能拥有适合自己学习的机会，满足多样化、个性化、多层次的学习和发展需求，共享教学成果，实现全体学生的群体化成长。

（二）“一体两翼”课程实施模式的形成

顺应孩子的成长规律，尊重学生的个体差异，促进学生的个性发展，是学校一直以来秉持的教育理念。在基础教育课程改革的推动下，学校关注教育教学理论的学习与更新，组织开展多种类型的学习与交流活动，积极探索课堂教学的新模式。

20 世纪 90 年代以来，差异教学理念备受中国基础教育界关注，国内部分学者开始致力于相关研究。中国学者华国栋认为，“差异教学是指在班集体教学中立足学生差异，满足学生个别的需要，以促进学生在原有的基础上得到充分发展的教学”[2]。随着差异教学理论在国内发展逐渐成熟，学校邀请了差异教学研究的著名专家华国栋教授来校开展讲座，组织老师们认真学习，阅读《差异教学策略》的理论专著，开展多种形式的分享与研讨活动，并尝试将差异教学的教学策略运用到课堂教学中。

深度学习的理论近年来也受到国内外教育界人士的关注。深度学习理论所强调的知识深度加工、意义建构和深度思维与国家新课程标准的一些要求相吻合，如注重学生的自主性学习，让学生积极参与、乐于探究、勇于实验、勤于思考；关注过程性评价，注重学生的个体差异，帮助学生认识自我、建立自信，促进学生在原有水平上发展，重视评价的内在激励功能和诊断功能；学习重心从过分强调知识的传承与积累转向向知识的探究过程，从学生被动接受知识转向主动获取知识；培养学生的科学探究能力、实事求是的科学态度和敢于创新的探索精神。因此，民族小学近年来也积极尝试，将深度学习的理念运用到课堂教学中，并取

---

① 柯远扬：《试析孔子的和合思想》，载《中国哲学史》，1998(02)。

② 华国栋：《差异教学论》，24 页，北京，教育科学出版社，2001。

得了良好的效果。

差异教学策略的实施让学生的个性得到尊重，差异成为一种教学资源，学生之间相互学习，优势互补，更好地促进了学生个体的发展，彰显了“和而不同”的理念。深度学习策略凸显了学生的主体地位，有效整合资源让学习真实发生，学生逐渐成为学习的主人。在理论学习与课堂实践的过程中，以“和合”课堂为主体，差异教学策略和深度学习策略为两翼的课堂教学实施模式形成。

第三节　民族小学智育课程实施的模式与策略 >>>>>>>>

在课堂教学的具体过程中，逐渐形成了以差异教学理论为基础的基本课堂教学模式，以促进学生深度学习为目的的单元整体建构模式，以学生为本的课堂教学组织形式，促进了智育在课堂教学中的有效实施。

一、探索课堂教学基础模式 >>>>>>>>

在差异教学理论的指导下，基于民族小学的办学理念，学校探索了差异教学的民小课堂教学模式(参见图 3-3)。我们主要从学情调研、内容整合、教学目标设计、小组活动方式、教学手段以及及时反馈六个方面重点进行总结和实践，逐渐形成了“课前查异—课中适异—课后补异”的基本教学模式。课前查异主要从学生的认知准备、生活经验和学习动机三个方面进行测查或者观察，课中适异主要是针对学生的差异性，对教学内容、教学目标、教学的重难点、教学手段以及小组

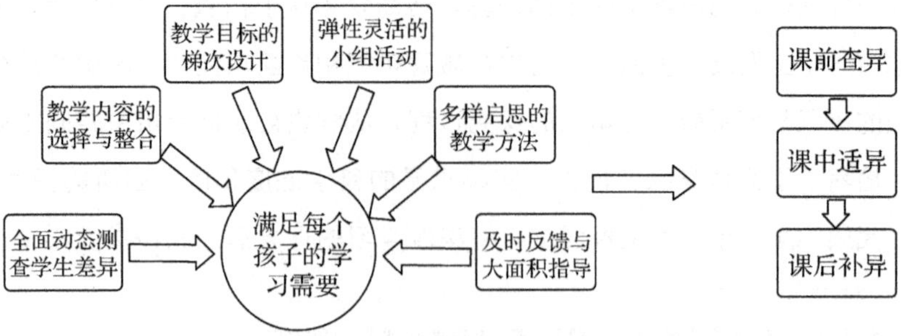

图 3-3　差异教学的课堂教学模式

的合作方式进行调整，以满足学生的不同学习需要。课后补异主要针对不同层次的学生，布置开放、可选择的家庭作业。

（一）全面动态查异

学生的差异是客观存在的，这里的差异不只是不同学生之间的学习水平、认知方式、心理等方面的差异，也包括同一个学生在不同阶段表现出的不同特征，因此，全面、动态地测查学生的差异性是实施课堂教学的必要准备，从而使教学更加有针对性，更有效地促进学生的成长和进步。

语文人教版教材三年级《乞巧》课前查异

在《乞巧》这一课的教学前期，语文老师针对本堂课的重难点、本班学生的学习情况设计了五道难易程度不同的题目，并采取问卷调研的方式，分析学生完成情况，较为全面地了解学生的差异，并做出教学策略的调整，更准确地把握本堂课的教学重点，为不同的学生提供学习抓手，在关注差异的前提下，突破教学难点。

题目 1. 试着正确朗读这首诗，并且给加点的字注音。

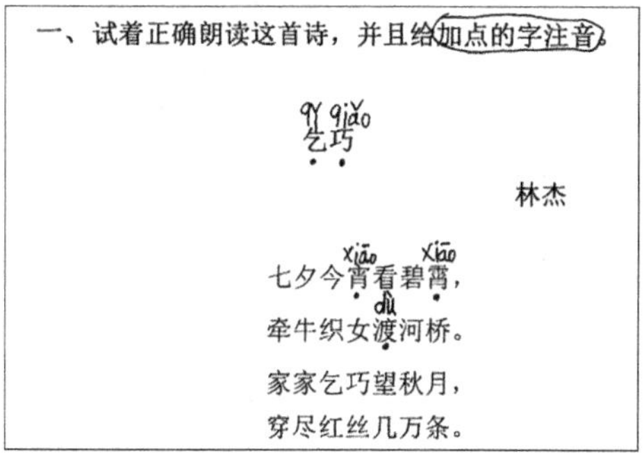
一、试着正确朗读这首诗，并且给加点的字注音。

乞巧

林杰

七夕今宵看碧霄，
牵牛织女渡河桥。
家家乞巧望秋月，
穿尽红丝几万条。

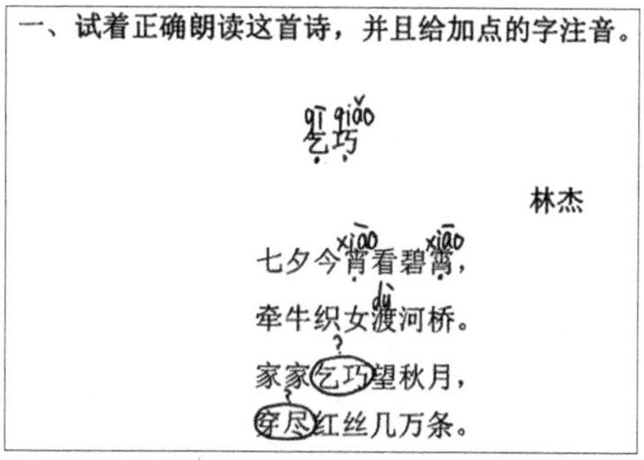
一、试着正确朗读这首诗，并且给加点的字注音。

乞巧

林杰

七夕今宵看碧霄，
牵牛织女渡河桥。
家家乞巧望秋月，
穿尽红丝几万条。

【差异分析】

读音全部写对的学生占 30.8%；“乞巧”写对的占 33.3%；“宵”和“霄”写对的占 69.2%；“渡”写对的占 84.6%。全班只有少数学生能把所有读音读对。由上可知，学生对于“乞巧”这个词的读音掌握不牢，一多半的学生可以正确写出“宵”和“霄”的读音。“渡”字的读音对大部分学生来说都没有困难。

【教学策略调整】

因为只有较少学生能全部答对所有读音，所以读音在课上还需要再次强调。

尤其是“乞巧”以及“宵”和“霄”的读音需要老师进行重点指导。所以在教学设计时，需突出读音的教学。

题目2. 借助工具书试着理解诗句的意思，把不理解的字或者句子在上面的诗中圈出来。

【差异分析】

有25.6%的同学不理解最后一句“穿尽红丝几万条”，其中：不理解“穷尽”的占10.3%；不理解“红丝”的占15.4%，不理解“今宵”的占20.5%，不理解“碧霄”的占61.5%，不理解“乞巧”的占23.1%。

全班大部分同学对“碧霄”这个词的理解存在问题，其他问题例如“今宵”“乞巧”以及全诗的最后一句“穿尽红丝几万条”，都是只有少部分同学不能理解。说明全班大多数学生对“今宵”“乞巧”两个词掌握较好，有一定的学习基础。

【教学策略调整】

因为大部分同学对“碧霄”这个词不理解，所以需要教师在课上进行重点解释。就全诗而言，最后一句难度较大，学生针对“穷尽”“红丝”两个词出现问题较多，可以着重针对最后一句进行讲解。

题目3. 试着解释下面词语的意思，不理解的词语可以空着不填。

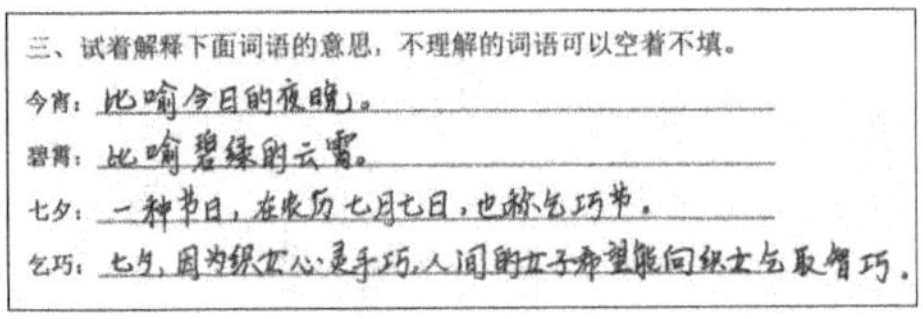
三、试着解释下面词语的意思，不理解的词语可以空着不填。

今宵：比喻今日的夜晚。

碧霄：比喻碧绿的云霄。

七夕：一种节日，在农历七月七日，也称乞巧节。

乞巧：七夕，因为织女心灵手巧，人间的女子希望能向织女乞取智巧。

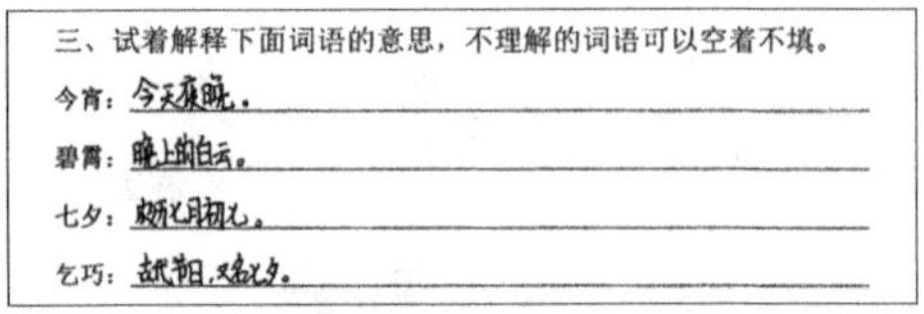
三、试着解释下面词语的意思，不理解的词语可以空着不填。

今宵：今天夜晚。

碧霄：晚上的白云。

七夕：农历七月初七。

乞巧：古代节日，又名七夕。

【差异分析】

“今宵”能理解对的学生占48.7%，“碧霄”能理解对的为0，“七夕”能理解对的占71.8%。

“乞巧”能理解对的学生占71.8%。可见，通过预习，全班不到一半的学生可以正确理解“今宵”，没有学生能够正确理解“碧霄”的意思，全班一多半的学生可以正确理解“七夕”“乞巧”的意思。

【教学策略调整】

因为四年级学生理解能力有限，尽管有过预习，但对于诗词的理解还存在一些问题。尤其是“碧霄”这个词语，学生完全没有掌握，所以在课上需要教师进行重点指导。对于“乞巧”“七夕”这两个词语在课堂上不必进行过多深入解释。

题目4. 读完诗，你了解哪些相关内容写在下面的横线上。

四、读完诗，你了解哪些相关内容写在下面的横线上。

答：七夕的时候牛郎和织女会在鹊桥相会。

四、读完诗，你了解哪些相关内容写在下面的横线上。

答：我知道了，牛郎织女在每年七月七日见面。

【差异分析】

有8%的同学能够答出“相关内容”。只有很少一部分学生能够知晓牛郎织女和诗句相关知识之间的联系，知道他们会在“七月七日”会面。大多数学生并不能将牛郎织女和诗句建立太多联系。可以看出，大多数学生并不具备阅读“牛郎织女”这个神话典故的相关背景知识。

【教学策略调整】

因为绝大部分学生没有阅读“牛郎织女”这个神话典故，虽然本课资料袋中提供了关于乞巧节的资料，但学生并未注意。所以在教学过程中，教师通过阅读资料袋的形式，引导学生学习，向学生渗透相关神话知识。

题目5. 你听说过牛郎织女的故事吗？如果知道，请你简单写写故事的内容。

五、你听说过牛郎织女的故事吗？如果知道，你简单写写故事的内容。

答：听过 古诗内容是农历七月初七的夜晚，看天上的白云牛郎和织女在鹊桥上相会，家家户户望着秋月希望能乞到智巧，穿了几万条红丝带。

五、你听说过牛郎织女的故事吗？如果知道，你简单写写故事的内容。

答：今天的七夕，牛郎牵着织女渡过桥，每家都在农历七月初时看月亮，穿着几条的红色丝带。

【差异分析】

只有5%的同学听说过牛郎织女的故事。学生对“牛郎织女”故事的了解十分稀少，只有极少数的同学能结合古代传说和注释对古诗内容进行正确理解。

【教学策略调整】

教师应在课上引导学生了解牛郎织女的传说，以便学生了解诗人笔下的乞巧节，从而更好地理解诗词所蕴含的故事。

（供稿人：柴慧贤）

（二）教学目标的梯次设计

基于前期的差异测查结果制定梯次的教学目标，以适应不同学生的发展需求，让学生能够“跳一跳摘苹果”，使学生的短期目标在最近发展区内，并具有一定的挑战性，从而激发他们的内在学习动机，增强他们的学习获得感。当然，这个教学目标的设定也不是一成不变的，不同层次、梯度的目标也具有一定弹性，是一个动态的过程，一切以学生在学习中呈现出来的状态为根据进行灵活调整。

语文《挑山工》《欲速则不达》整合教学的目标设计

设计教学的时候，老师们针对教学内容的分析与学生差异的划分，设置了基础性目标与挑战性目标双层目标，帮助学生逐步掌握知识，达成学习目标。

基础性目标：

1. 理解课文内容，抓关键词句体会挑山工与游人的不同之处；通过人物的细节描写感受齐景公不能很快赶回都城的原因。

2. 感悟快与慢取决于是否具有明确目标且是否能够脚踏实地、坚持不懈地努力奋斗，同时要讲求方法的道理。

3. 学习文章通过细节描写塑造人物形象的方法。

挑战性目标：

1. 在小组合作中，敢于大胆表达观点，读出自己对人物的理解。

2. 准确筛选搜集到的资料，借助资料加深对“快与慢”辩证关系的理解。

【教学重点】抓关键词句体会挑山工与游人的不同之处，以及齐景公不能很快赶回都城的原因，进而理解“快与慢”的辩证关系。

【教学难点】懂得“快与慢”取决于是否具有明确目标且是否能够脚踏实地、坚持不懈地努力奋斗，同时要讲求方法的道理。

（供稿人：杨奕）

（三）教学内容的选择与调整

考虑到不同学生的需求差异，教学内容的选择应该根据课程标准和教学目标有所调整和改变。对于教学内容数量与范围的选择，深度与难度的把握，应该体现出学生的差异。例如，为基础比较薄弱的学生选择比较直观形象的材料，为认知层次较高的学生准备一些课外拓展内容，这样在同一班级内，即使使用同样的教材，同样的进度，但是通过教学内容的调整，让每个学生的学习需求都能得到满足。

英语（一年级起点）六年级上册 *Unit 5 Famous People* 教材分析

英语老师们在教授六年级上册 *Unit 5 Famous People* 的时候，对教材从体例、内容到情境进行了全面分析，并结合学生的具体差异进行调整。

从教材体例看，提供的素材内容比较分散，各课时内容不是基于主题意义的线索来设计的。因此，对教材各课时的内容以话题为意义主线进行了重新整合。

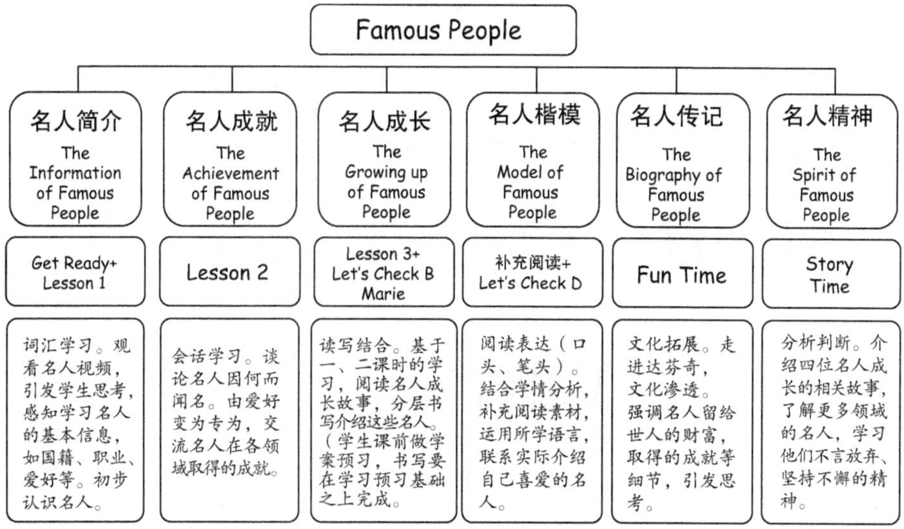

图 3-4　单元整体教学思路

从教材内容看，本单元所涉及的著名人物为中外已故名人，学生对部分名人不熟悉，也不一定是他们喜欢的名人，不易产生共情。因此，进行学情调研，依据学情和育人价值来补充名人介绍语篇。

图 3-5

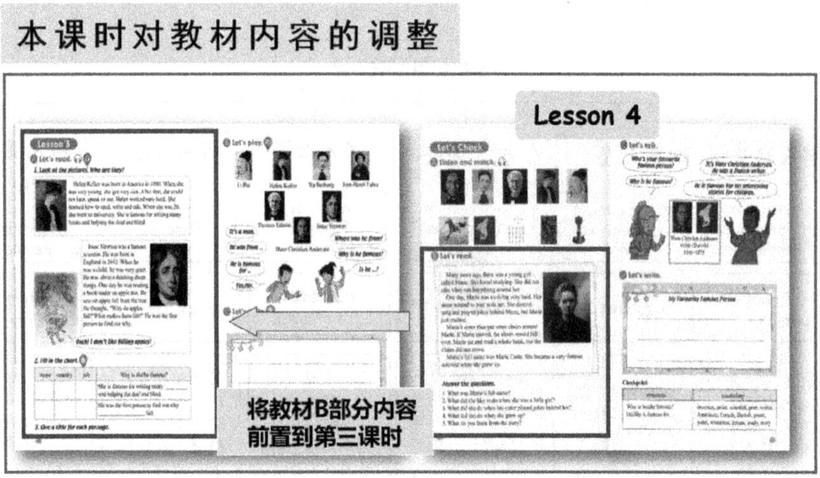

图 3-6

从情境方面看，本单元缺乏探讨的语境。教材开篇页呈现的是参观名人馆情境，比较单一，且不可贯穿于整个单元教学。因此，设计贴近学生真实生活的语境，并且在学生可接受的难度范围内，整合充满吸引力的材料。

（供稿人：党琦）

（四）弹性灵活的小组活动

课堂教学中可以通过建立学习小组来加强学生之间的合作学习。通常来说，教师会根据学生学习水平的差异性，采取隐性、动态的分层，同时，组织不同学习水平、学习特点的学生组成合作小组，每一位学生在小组中发挥着不同的作用，能够相互学习、相互帮助，达到优势互补的作用。

小组合作学习的方式有很多种，通常采取小组讨论式、切块拼接式、任务分工式、作业互助式、学生小组成绩分工式等几种合作学习方式。

《太阳系》课堂中小组合作学习方式的运用

在教育科学出版社出版的科学六年级下册《太阳系》一课中，运用小组合作的教学形式，来完成本节课的教学目标。这节课中，科学知识方面的教学目标是：能够说出太阳系是由太阳、大行星、卫星、小行星、彗星等小天体组成的天体系统，其中八大行星分别是水星、金星、地球、火星、木星、土星、天王星、海王星。学生除了要能说出八大行星以外，还需要知道它们真实的大小和位置关系，这就需要学生在课堂上进行一定的计算，建立太阳系的模型。

通过课前查异，我发现学生已经具备一定的地球与宇宙相关的知识，不少学生知道太阳系和八大行星的组成，学生对这一课题也有比较高的学习兴趣，希望进行探索学习。于是，我采用了任务分工式的小组合作模式开展翻转课堂的教学。

本节课小组合作的主要任务分为两点：一是对太阳系八大行星的知识和文化介绍，二是小组协作进行计算，给太阳系建模。基于此，将全班同学分成八个小组，每个小组要在课前自主学习和了解一个太阳系大行星。课堂上我给每个小组设计了“脚手架”——大行星基本信息单，学生利用课后和信息课的时间，查找和了解信息，填写大行星基本信息单，并且每组选取一名学生练习讲解。课堂上，在老师的铺垫下，八个小组分别给大家进行讲解，配合着solar星图软件，生动地给大家介绍每颗太阳系大行星，学生们听得也非常认真。

建模是本课科学技能方面的难点，太阳系建模并不难，但是需要让学生知道建模是了解复杂事物的一种普遍方法。在老师的引导下，部分数学和逻辑思维较强的学生明白了建模的方法，这之后就需要学生们开始进行计算。计算本身不难，但是容易马虎出错。为此，我在课前分小组时，特意给每组安排了数学思维较强的学生作为计算组长，负责本小组学生计算结果的检查。太阳系建模需要经过几个步骤：一、长度单位换算；二、算出缩小倍数；三、算出行星缩小倍数后的数值；四、进行检查；五、找到提前准备的大小合适的物体进行粘贴摆放。小组内部也进行任务分工，每个学生计算两颗行星，组长进行检查核验，使汇报更加高效有序，节省了课堂上建模计算的时间，同时发挥了每个学生的优势，形成了团队协作的意识。

在小组讲解的同时，老师会把行星的直径、距日距离等重点数据写在黑板上，待八个小组都介绍完毕，黑板上就出现了一个八大行星基本属性的表格，以便于进行对比，为后面的教学难点——太阳系建模，做好铺垫。

本节课中的小组合作学习过程比较流畅，内容有意义，切实提高了课堂学习体验和效率，并且培养了学生的自主学习能力和沟通交流表达能力，提升了自信心、成就感以及团队协作的意识。

（供稿人：关越）

（五）多样启思的教学方法

教学有法，教无定法。教学方法的选择贵在能够从学生的实际出发，启发学生的思维，让学生的思维变得活跃。教学过程中选择多样的教学方法，要求老师课前做大量的准备和精心的设计，不同的环节采用不同的方法，对不同的学生采用不同的方法；教师需要不断积累经验，运用教学智慧，时刻观察学生的反应，把握教学时机，做到课堂上的灵活应变。

例如，数学一年级下册《图书馆》一课，学生的学习重点是探索两位数加一位数的进位加法的计算方法，难点是理解个位“满十”需向十位“进 1”。一年级学生在探索计算方法时，既存在学习方式上的差异，又存在思维水平上的差异。有的学生倾向于动手操作的学习方式；有的学生乐于抽象的逻辑说理；有的学生思维水平较高，已经能够理解竖式蕴含的算理；而有的学生还需要教师提供小棒和计数器这样的直观模型帮助理解算理。因此，教师在设计本节课的教学活动时，就需要运用多种教学方法，为学生提供多种学习方法并组织生生、师生的互动交流，促进发展学生的思维灵活性，提高学生整体的思维水平。

数学《图书馆》教学设计(节选)

1. 独立初探算法

请你选择喜欢的方法独立计算 28+4 等于几。如果有需要，可以使用手中的小棒或者计数器。(学生独立解决问题，教师巡视并指导)

2. 交流算法和算理

哪位同学愿意和大家交流你的计算方法?

方法一：摆小棒

预设(1)：先摆 28 根小棒，再摆 4 根小棒。将 8 根小棒和 4 根小棒合在一起就是 12 根。加上刚才的 20 根小棒就是 32 根。那么 28+4 就等于 32。(追问：得到 12 根小棒该如何操作? 引导学生将 10 根小棒捆成一捆。)

预设(2)：从 8 根小棒里取出 6 根和 4 根一起凑成 10 根捆成一捆，这样就有了 3 个 10。加上剩下的 2 根，就是 32 根。

预设(3)：从 4 根小棒里取出 2 根和 8 根凑成 10 根，捆成一捆，这就有了 3 个 10，加上剩下的 2 根，就是 32 根。

方法二：拨计数器

教师要引导学生边操作边说清楚自己的想法，尤其是"满十进一"的过程。

预设：先在计数器上表示出 28，在十位拨 2 颗珠子，在个位拨 8 颗珠子。28 加 4，就在个位上再拨 4 颗珠子。先拨 2 颗珠子，个位上有 10 颗珠子了，满十进一，将个位上的 10 颗珠子换成十位上的 1 颗珠子，十位上现在有 3 颗珠子。个位上继续再拨 2 颗珠子，最后就得到了 32。

方法三：竖式计算

学生投影展示竖式，讲清楚竖式的计算过程。在师生交流的过程中，引导学生明白竖式每一步的含义。

3. 总结算法，沟通算理

同学们通过摆小棒、拨计数器、列竖式都解决了 28+4 等于几的问题，引导学生找到这几种方法之间的相同点。请每个同学自己独立想一想，然后和同桌交流一下。

在同桌交流的基础上，教师组织全班交流。通过对比不同的计算方法，促进学生理解相同数位数字相加以及"满十进一"的道理。

(供稿人：张亚楠)

(六)及时反馈与大面积指导

教学是一个互动与生成的过程，不论多么精心的课堂设计在课堂上都可能出现各种变化，一堂优秀的课是生生之间、师生之间良性互动的结果，学生之间相互学习与评价，教师能够及时捕捉学生的思维动态，并且做出反馈与评价。教师通过反馈与评价可以及时调整教学策略，做适当地补救与调整；学生也会从老师以及同学的反馈中得到鼓舞与指导，增强学习的信心与动力。

北师大版数学五年级上册《分数再认识(二)》教学片段

在《分数再认识(二)》这一课的教学过程中，通过"量纸条""量地砖"等动手操作活动，让学生在单位细分的过程中制作分数墙，并在此基础上，让学生观察分数墙。

片段一

> 教师：观察分数墙，你有什么发现？
>
> 学生1：我发现，分的份数越多，分数就越小。
>
> 学生2：平均分成几份，就是几分之一。
>
> 学生3：我发现 $1=4$ 个$\frac{1}{4}$。
>
> 学生4：我还有补充，我发现2个$\frac{1}{4}$相加是1个$\frac{1}{2}$，$\frac{1}{2}$是$\frac{1}{4}$的2倍。

通过回答可以看出，学生对分数的意义和分数单位有了一定的理解，在此基础上，教师再次抛出问题，引发学生对分数的深入思考。

> 教师：同学们真善于观察，发现了这么多有价值的信息，刚才我们在分数墙上找到都是像几分之一这样的分数，你还能找到其他分数吗？是怎么得到的？
>
> 学生1：我找到了$\frac{2}{6}$，就是把一张纸条平均分成6份，取其中的2份就是$\frac{2}{6}$。
>
> 学生2：我找到了$\frac{5}{6}$，就是把一张纸条平均分成6份，取其中的5份就

是$\frac{5}{6}$。

学生3：分数墙中有很多分数……

学生在汇报交流的过程中，教师抓住了学生知识的生长点和延伸点，及时抛出问题，引发学生的深度思考，从而丰富并加深了学生对分数意义的理解。

（供稿人：程静云）

二、以单元整体建构促进学生深度学习 >>>>>>>>

在课堂上，学生的深度学习有赖于教师精心的教学设计和科学的课堂引导。当教师能够深入理解教学内容，梳理出所教内容的关系脉络，将知识结构化，结合学生的学习规律、学习背景以及知识经验进行设计时，学生才能全面理解知识、掌握知识，学生的深度学习和知识创新才会成为可能。

单元整体建构引起了教育学者们的高度重视，学者们从不同的角度对单元整体建构进行研究和解读，在各学科的教学中，运用单元整体建构进行知识的解构与重组，形成新的意义结构，从而避免了知识的碎片化。

（一）单元整体建构

在开展深度学习研讨活动的过程中，学校强调教师从单元整体建构的角度进行集体备课。集体备课时主要从确定单元主题开始，根据单元主题，进行单元的整体分析、整体解构、整体设计的一系列备课活动。单元整体建构的主要目标是为了提高教师对要教学知识和内容的整体把握，整体理解，从而形成整体认知。

在实践中，学校摸索出了一套简单的备课研修模式：初备—复备—细备—精备。初备主要是备课组全体成员针对单元主题进行自学和查找资料，根据自己的理解，对教学内容形成初期的备课稿；然后针对初案，备课组成员提出改进意见，并邀请专家介入指导，再次进行备课并进行教学实践；针对教学中出现的问题，再进行细节的推敲和打磨，再实践再研讨，最终形成精品课。

下面以科学组时利娜老师的教学设计为例，展示学校打造精品课程的过程。老师们通过集体备课，实现单元整体设计，创设真实情境，从而实现学生的深度学习。

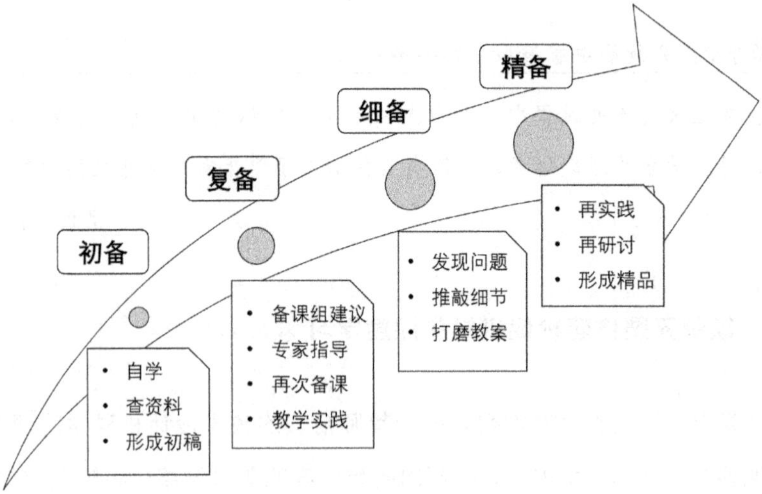

图 3-7

1. 深入分析教材，建立知识间的意义联结

深度学习实质上是结构性与非结构性知识意义的建构过程，也是复杂的信息加工过程，须对已激活的先前知识和所获得的新知识进行有效和精细的深度加工。① 为了实现学生的深度学习，老师在备课的时候需要深入分析教材、挖掘教材内容，深入理解教学内容，进行知识的科学整合，建立知识间的意义联结，使学习内容结构化，从而使学生激活已有知识，建立新旧知识之间的联系，进行有意义的知识建构。

信息《我的周记》四年级上册第二单元备课时所做的教材梳理

四年级上册第二单元《我的周记》的主要学习内容为文本编辑。为了了解本单元内容与前后知识的联系，我对教材进行了纵向梳理。

1. 纵向梳理——知识和技能的逻辑关系

根据教材纵向梳理可以看出：文本编辑内容贯穿整个小学阶段的学习，本单元是文本编辑的起始课，对后续 word 提高和演示文稿制作等单元的学习起到铺垫作用。

① Eric Jensen，Le Ann Nickelsen：《深度学习的 7 种有力策略》，12 页，上海，华东师范大学出版社，2010。

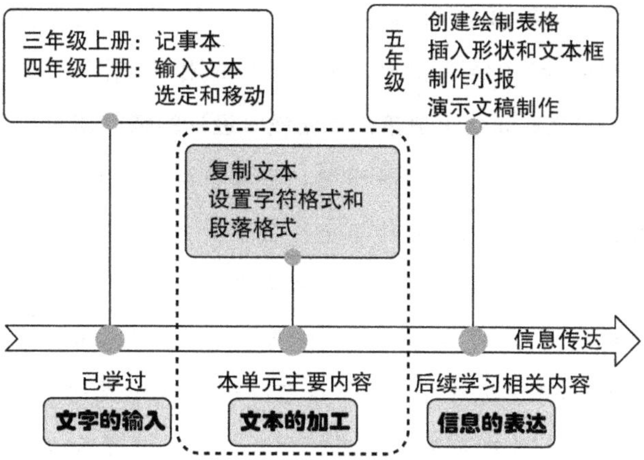

图 3-8 知识和技能的逻辑关系

2. 横向归纳——教材结构调整

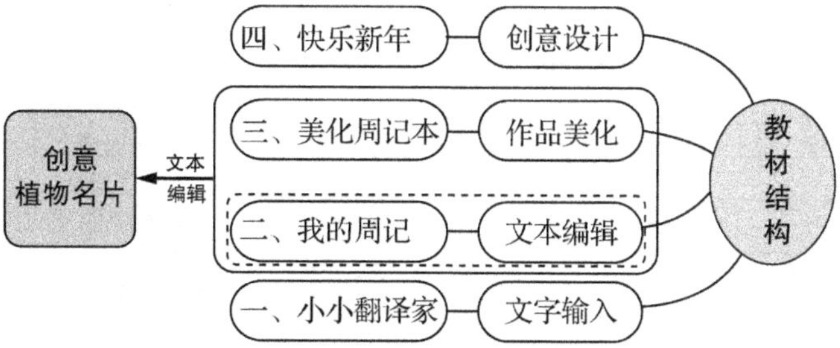

图 3-9 教材结构调整

本册教材中第二单元和第三单元同属于文本编辑内容，根据大单元教学设计理念，将两个单元进行整合为大单元活动“创意植物名片”。

（供稿人：时利娜）

通过以上教学设计片段可以看出，教师在备课的时候进行了单元教材分析，深入地挖掘教材内容，打破知识的单元结构限制，根据知识内部联系将教材中的两个单元进行有机整合，实现知识的弹性化，建立了知识连接，为进行单元整体设计做好铺垫。

2. 创设真实情境，增强学生的学习体验

深度学习是学生自主建构知识的过程，通过学生的深度思考，培养学生的高阶思维能力。创设真实的情境，以任务驱动的方式，有利于激发学生学习的积极性，并通过在情境中解决真实问题增强自身的学习体验，在学习知识、理解知识、迁移运用的过程中体会到学习的意义，也将学习的知识转化为能力。

信息四年级上册第二单元教学设计的情境创设

我们校园古色古香，种了上百种植物，每种植物都有自己的特点和文化。这些植物在构成校园美景的同时，也为学生提供了天然的学习资源。学校经常会有很多来自全国各地的客人，对校园环境非常感兴趣。为了帮助来访者在参观校园时能更方便地了解植物信息，本单元将实际需求与课程内容相结合，将“我的周记本”和“美化周记本”两个单元合并为一个主题活动“创意植物名片”，将“查找和替换”“软键盘的使用”放到第一单元学习，作为第二、三单元活动的技术支持和基础。

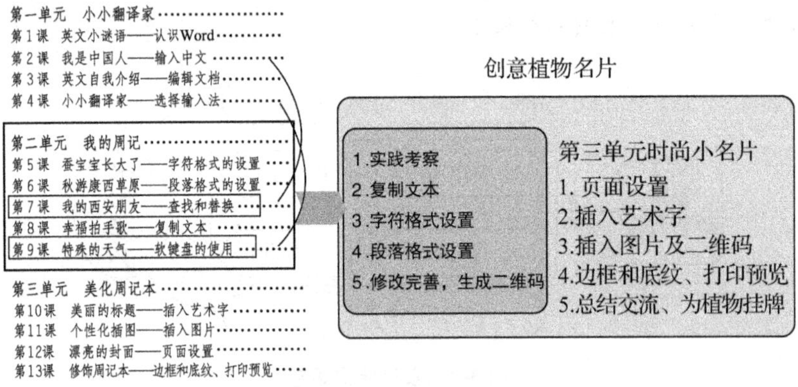

图 3-10　情境创设

依据任务驱动法的理论，将“创意植物名片”这个大活动分解为“独家介绍”和“时尚小名片”两个任务。在每个任务下又有一些存在逻辑关系的子任务，学生在一个个任务的驱动下习得知识和技能，提高学科核心素养。

本单元为“独家介绍”，通过有逻辑关系的五个子任务完成二维码中的植物详细介绍。

（供稿人：时利娜）

以上的教学设计，依据学科核心素养的相关要求，全面、深入地分析单元教学内容，厘清教学内容之间的逻辑关系，以学生们熟悉、喜爱的校园环境为背景，设置了“创意植物名片”这个大任务来统领，并将大任务分解为“独家介绍”和“时尚小名片”两个任务，通过“任务驱动法”引领学生在真实的教学情境中，通过自主探索和互相协作获取知识，完成知识建构，落实学科核心素养的培育。

3. 多元评价与反馈，引发学生反思

持续、有效的评价和反馈是教学的重要环节，对学生的情感体验、学习态度和学习的有效性有着重要影响，同时引导学生深度反思自己的学习状况并及时调整学习方法，是实现学生深度思考和持续学习的一种有效途径。

在教学的过程中，民族小学的教师们越来越重视采用多元的评价方式，采取多向反馈的方法，不仅有师生之间的反馈与评价，还有学生之间的，学生的自我评价，尤其重视学生对自身学习过程进行判断和分析。

信息课四年级上册第二单元教学中的评价设计

这堂信息课上，老师采用“课堂评价表”的形式组织学生开展自评、互评，利用“课堂派”这一网络教学平台，让学生之间的评价更加公开透明。同时，学生可以及时看到他人对自己作品的评价，也获得了积极的情感激励。

1. 课堂评价表

课堂上，学生对比两幅不同文字设置的作品并展开讨论，教师引导学生认识到文字编辑的重要性，了解一幅好的作品具备的特征，梳理出作品的评价标准。

表 3-1 课堂评价表

评价要点	评价标准	评价方式	水平等级			
			☆	☆☆	☆☆☆	☆☆☆☆
作品评价	风格一致	自评				
		互评				
	重点突出	自评				
		互评				
	符合主题	自评				
		互评				
	视觉舒适	自评				
		互评				
小组合作	积极参与组内讨论	自评				
		互评				
	团结协作帮助他人	自评				
		互评				

2. 采用"课堂派"进行课堂评价

"课堂派"是计算机教学中常用的一个网络教学平台，老师可以发布教学任务，分享资源，批改作业；学生可以上传作品，开展讨论，浏览他人作品并评价。在本次课上，学生在小组内自评、互评后，利用"课堂派"平台对每组优秀作品进行评价、留言，进一步夯实了作品评价标准，激发了学生课后进一步完善作品的兴趣，实现了评价的指引和激励功能。

（供稿人：时利娜）

对于中高年级的学生，老师可以引导他们自己制定评价标准，明确学习的目标与评价标准，在学习过程中修改完善标准，进行学习的自我诊断。下面是语文教师在语文统编教材六年级上册第八单元的教学中，对学生评价的设计。

语文统编教材六年级上册第八单元评价设计

本单元教学设计的目的在于帮助学生的深度学习和对内容的理解，评价方式以学生发展为中心，以学科素养为导向，采用过程性的评价方式，评价行为贯穿学习的始终，评价的标准由学生和老师共同制定并完善，帮助学生在学习的过程中自我诊断和自我调整。教学活动开展过程中设计了如下的评价体系。

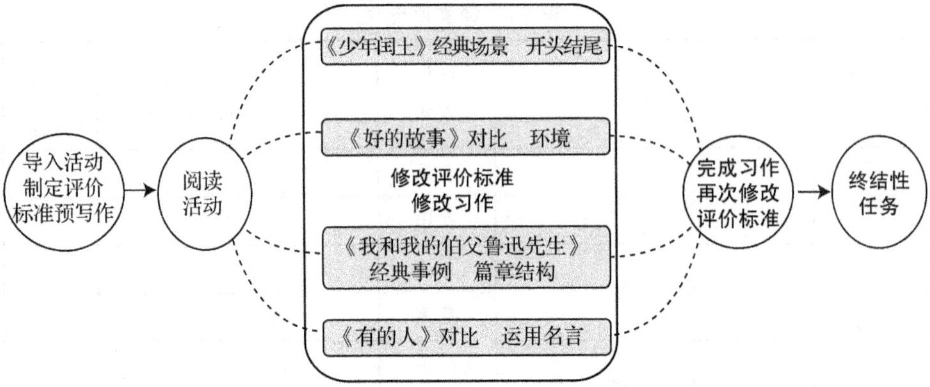

图 3-11　教学过程中设计与评价体系

学习初期，由学生共同设计人物描写类文章的评价标准。在单元学习的过程中，随着学习活动的开展，学生学习新的写作技巧和方法，能够更清楚优秀的人物描写类文章所具备的特点，评价标准也随之得到一步步地完善，最终师生共同设计出一份完善的评价标准。在此过程中唤起学生的元认知，学生通过评价自主监控学习的目标是否已达成，不断反思和调控学习，不断促进深入的学习和理解。

表 3-2　人物描写文章评价标准

评价领域	评价要点	等级
内容		★★★
		★★
		★
结构		★★★
		★★
		★
语言		★★★
		★★
		★

表 3-3　评价标准

评价领域		评价要点	等级
内容选择	材料选取	能选取一个或多个事例，突出主题	★★★
		能选取一个或多个事例，但不能突出主题	★★
		无具体事例	★
	情感表达	表达感情真挚，能感染他人	★★★
		能表达真实感情	★★
		感情表达不真实	★
结构安排	详略安排	详略得当，重点突出	★★★
		详略不够合理，平铺直叙	★★
		详略不合理，没有重点	★
语言运用	场景描写	场景描写细致，可以表达情感	★★★
		有场景描写	★★
		无场景描写	★
	细节描写	灵活运用人物细节描写的方法突出人物形象	★★★
		细节描写不能突出人物形象	★★
		缺少人物细节描写	★

（供稿人：于昊）

可见，教师可以通过明确评价标准让学生明确学习的目标，并将评价的权利交给学生，通过学生的自评、互评来评价学习的效果。评价的内容不只包括学习的结果，作品本身的丰富、重点、主题等相关内容，也包括了学习的过程，小组合作、交流的方式，体现了评价主体与评价标准的多元化。

在持续性评价方式的过程中，学生自己制定评价标准，掌握了学习的主动权，通过制定标准、修改标准，最终根据标准进行评选。在这一过程中，教师引导学生不断探究，明确自己学习的方向和目标，反思自己学习中的不足，学习他人的优点，形成一个良好的学习生态，真正实现了教、学、评一体化。

（二）以问题引领，激发学生学习自主性

民族小学一向倡导让学生站在课堂的正中央，教学中充分体现学生的主体地位，做到以学生为本，激发学生自主学习的动力，提供学生自主学习的机会和空间。教师利用问题引领教学，在教学过程中鼓励学生提出问题，并进行独立分析，尝试解决问题，激发学生的学习自主性。

数学绘本《奶奶的红裙子》教学设计

数学教学活动要符合学生的认知规律和心理特征，通过创设有助于学生自主学习的问题情境，引导学生通过实践、思考、探索、交流等，获得数学的基础知识、基本技能、基本思想、基本活动经验，促使学生主动地、富有个性地学习，不断提高发现和提出问题的能力、分析和解决问题的能力。

在数学绘本《奶奶的红裙子》的教学设计中，教案抓住绘本内容，奶奶出嫁时穿的红裙子，随着岁月的流逝变成了各种各样的东西，引导孩子们抓住时间的流逝这条线索，经历整个故事的发展，感受到整体和部分之间的关系，从而开展自主阅读。

一、观察封面，初步感知

学生通过观察封面，知道这个故事是关于奶奶的红裙子的故事，可是在封面上没看到红裙子啊，他们会思考这是为什么呢？当看到图画信息时，学生又会想红马甲、红色小包、彩色的布块，这些和红裙子有关系吗？它们之间会是怎样的联系呢？这个故事又会涉及什么样的数学知识呢……带着各种各样的问题，开启阅读之旅。

二、通读全文，了解内容

学生们在阅读绘本时，关注到图画和文字信息，并把它们联系起来，了解故事内容、思考前面提出的问题。文本中有这样一段话："奶奶把红色的绸缎裙子剪成各种各样的大块，小块，更小的块。"根据这些信息，学生们知道封面上为什么没有红裙子了。因为它被改造了，而且通过浏览图画信息，学生理解了分物的过程。

三、精读片段，理解文本

整本书阅读之后，学生发现绘本中有几句话如丝线般飘逸在画面里，目光逐渐聚焦。

"把整体分成了部分。"

"整体可以分成大小不同的部分。"

"部分可以变成很多新的整体。"

……

在认识了整数和小数后，学生第一次接触分数。理解分数的意义是本次绘本阅读的重点，分数表示的是整体的一个部分，而这个整体的内涵是丰富的。通过阅读、观察相关的图画，再联系上下文，故事本身所承载的数学知识和数学思考也逐渐"浮出水面"。学生体会到整体与部分相互依存的数量关系，为理解分数深层次的意义打好基础。学生能主动与绘本进行对话、互动，并在心中产生对绘本的积极的、能动的反应，把自己对数学思想方法的感悟融入其中。

四、整体回味，感悟延伸

在阅读完之后，学生可以进行实践活动，并将自己的理解和大家再次交流。不仅强化巩固了所读的内容，还可以在交流中碰撞出思维的火花。学生们通过自己喜欢的方法把多条信息以及信息间的关系，简单、清晰地表达出来，关于整体和部分，也有了自己的理解。求知欲会指引着他们到故事外继续寻找，哪个是部分，哪个是整体？充满奇思妙想的他们也会用自己喜欢的方式，做一做、写一写、画一画，表示出事物之间存在部分和整体的关系。

数学阅读教学活动可以让不同层次的学生掌握以阅读能力为核心的独立获取数学知识的能力，提高数学学习的兴趣，养成"从头到尾"思考问题的习惯，提升思维能力，发展数学表达，促进数学核心素养提升，从而获得终身学习的本领。

（供稿人：徐颖）

第四节　民族小学智育特色课程

民族小学探索出一系列独具特色的智育课程，分别为立人书院课程、数学研究院课程、英语文化院课程、少年研究院课程。

学校的特色智育课程分为必修课和选修课两种课程类型，必修课以班级活动为主，选修课以社团活动为主，在国家课程的基础上挖掘各学科更加丰富的课程内容，结合学科特点组织实施，从而为学生的成长提供更加丰富、立体的学习图景，培养学生的综合素养。

一、立人书院——阅读陪伴成长，经典浸润童年

中国古代的书院是一种独特的教育组织和学术研究机构，是传播传统文化的重要场所。民族小学立人书院的名字取自《论语·雍也》的“己欲立而立人，己欲达而达人”，是儒家“仁”思想的体现，这与现代育人理念相统一。书院建筑风格和布局独具匠心，主要由墨韵堂、藏书阁、丝竹院、乐乎斋、一品轩、方圆居、汇华馆几个建筑物组成，建筑物的布局错落有致，名字也都有所考究，营造出古色古香的环境，弥漫着浓厚的传统文化气息。

立人书院开设整本书阅读和古诗文诵读两门必修课，共设有五门选修课：国学社、苔花诗社、红石榴戏剧社、汉字“源社”和海棠读书会。课程的实施以书院为载体，以古色古香的书院设施环境为背景，营造浓厚的文化氛围和自由开放的学习环境，旨在全面提高学生的语文学习兴趣、语文学科素养和传统文化修养。

（一）整本书阅读课程

阅读一直是民族小学师生的必修课之一。学校倡导大量阅读，培养师生良好的阅读习惯，在阅读中不断成长进步。语文学科在引导学生阅读、培养学生阅读兴趣方面发挥着重要作用，在落实好课内阅读的同时，开展整本书阅读课程。在立人书院的组织下，推荐不同年级的必读书目和选读书目，拓展课外阅读，开展多种多样的阅读活动。

每个学期，各年级根据推荐书目开展导读、共读、研读、分享交流活动，让学生在此过程中学会阅读的方法，能够有所收获，并能在分享中相互学习，感受到阅读的快乐。

1. 导读激发阅读兴趣

恰到好处的引导和启发能够激发学生的阅读兴趣，让他们能够在自主阅读的过程中进行更多的有益思考。在开展整本书阅读的过程中，开展多样的导读活动是阅读每本书的首要环节。民族小学的教师们坚持学生、老师和家长全员参与阅读活动，形式方面不进行过多的限制，根据书籍内容选择最有效最合理的导读方式。开启一本书的方式可以是老师带着学生赏析精彩片段，或者梳理脉络，布置阅读任务；也可以是学生提前查找资料，进行班级分享、小组讨论等；当然，也可以邀请家长开展讲堂活动，或者让学生采访家长阅读某一本书的感想，从而从多方面激发学生的阅读兴趣。

2. 共读提供自由阅读空间

利用阅读课时间、课余时间开展师生共读、生生共读以及亲子共读，给学生时间和自由去充分通读全书。共读环节更加注重学生的自主阅读，全身心徜徉其中的感受和体验，老师不做过多的干涉和指导，只是在恰当的时机提供一些阅读工具和方法，比如如何用思维导图来梳理文章，关注书中的关键情节或者任务，记录阅读笔记的小技巧等，尽量保证学生阅读的完整性。

3. 研读培养高阶思维能力

有人说，有的书浏览一遍就够了，有的书则需要细细品读。民族小学推荐的整本书阅读书目里都是这样需要反复研读的书籍，书目里的每一本书都有值得读者深入探索和思考的主题。“好读书不求甚解”是热爱阅读的一种态度，但却不是一种好的方法，如果一味追求阅读中带来的短暂而简单的快乐，无法深入理解，无异于品尝了书籍的美味，而无法吸收其真正的营养价值。书籍可以为孩子的成长提供无限的营养与能量，因此，研读是阅读必不可少的环节，通过引导学生对所读图书进行深入思考，探究书籍的主题，培养高阶思维能力。比如，在阅读《查理与巧克力工厂》的时候，学生在阅读的过程中会更多地被其中精彩的情节所吸引，惊异于五位主要人物在巧克力工厂中的不同表现，却忽略了他们所暴露的人性特点和品质。因此，要通过研读，引导学生完成一些有意义、有挑战性的任务，从而再次回读故事，梳理小说的脉络，复述故事，概括故事，并且在整合的基础上学会聚焦，关注小说主要人物查理在参观过程中的表现是怎样的，是如何获得最终的继承权的，以及获得继承权之后他的选择，进而探究故事背后的家庭与家人主题。

4. 分享汇报，交流阅读收获

阅读的快乐来自独自徜徉的悠然自得，也来自分享交流时的心领神会或是各抒己见。学校组织不同规模、形式各异的读书分享活动，让孩子们能够有机会分享自己阅读过程中的疑问和收获。每个月各班级利用阅读课的时间组织一至两次的读书分享会，全年级开展一次分享交流活动；讲故事比赛是一、二年级的学生最喜欢的方式，三、四年级的学生则会选择知识竞赛的方式展示自己阅读中的收获，五、六年级的学生想法更加成熟，思考更加深入，所以会挑战辩论赛的形式，就主题各执一词展开激烈的辩论，不仅加强了对主题的理解，而且还能将书中的内容与自身的生活实践相联系，逻辑思维能力、语言表达能力等都有所提升。除此之外，每年的国际读书日，学校也会开展一系列的阅读活动，组织学生们开展小书虫、图书交换、图书捐献、阅读分享等活动，增强学生们阅读的仪式感，鼓励学生养成良好的阅读习惯；分享、捐赠图书更是让学生们懂得了阅读的重要性，以及传递阅读的力量。

（二）古诗文诵读课程

中华优秀传统文化博大精深，凝聚着中华民族自强不息的精神追求和历久弥新的精神财富。为弘扬中华优秀传统文化，近年来，民族小学组织编写了《乐诵经典》系列读本，开展了“古诗陪伴成长，经典浸润童年”的古诗文诵读系列课程，经过实践取得了良好的效果，孩子们乐享其中，受益匪浅。

1. 课程实施背景

中华民族优秀传统文化源远流长、博大精深，而古诗文则是其中之精华。古诗文具有词语精练、格式简洁、富含韵律、便于吟诵等特点，寥寥数语便将引经据典的人生哲理、金戈铁马的沙场征战、风花雪月的爱恨情仇、壮怀激烈的家国情怀、采菊东篱的自在悠闲、志同道合的相见恨晚、执手泪眼的依依不舍表现得淋漓尽致。古诗文中包含的文化之深厚、情感之丰富、道理之深邃，是其他文学形式不能比拟的。

2014年5月30日，习近平总书记在参加民族小学“六一”儿童节主题活动时，当听了学生们齐声背诵《少年中国说》后表示：“你们就是要从小精神起来、抖擞起来。国家进步靠青出于蓝而胜于蓝。文化软实力是国家综合实力的重要体现，同学们要多背诵一些优秀古诗词，长大以后才能文思泉涌。”①

2. 课程管理机制

古诗文系列课程以《乐诵经典》读本的实施为依托，该读本的开发与课程实施，离不开校领导的鼎力支持和专家团队的悉心指导，语文教师事必躬亲，家长们默默付出，共同努力完成了《乐诵经典》的开发与实施。从读本开发、编写、审稿、出版到正式投入使用，均由以校长为组长的课程管理小组全程负责、监督与实施，保证了本套读本的科学性与系统性，从而促进了这一系列课程的开发与实施。

学校的语文团队组成“古诗文系列课程”工作小组，从编写读本、开发课程，到制订计划、开展实施，定期总结反思，宣传推送，每一项工作都有条不紊地开展，保障古诗文教育工作顺利开展。

3. 课程研发历程

古诗文课程的研发经历了校园读本的研发、课程实施、完善与改进三个阶段。在实施的过程中，校园读本《乐诵经典》也经历了从无到有、从有到优的过程。在课程实施的过程中，丰富诵读内容，更新课程实施方式。

《语文课程标准》(2011年版)要求小学阶段背诵优秀古诗文75首，诗文数量有限，孩子处于“吃不饱”的状态。因此，教师团队经研究后，开始合作编写《乐诵经典》读本，该读本内容丰富，突破了80首，涉及宋词、散曲、三字经、弟子规、笠翁对韵等内容。孩子们兴趣渐浓，由原来的“齐步走”，变成“尽情跑”。

《乐诵经典》第一版校园读本，选录了229首古诗词，分为8级，每级30首古诗，编写完成后开始在课堂中使用，孩子们诵读兴趣高涨，学校组织开展了古诗文闯关等一系列的活动。在此过程中，学生及家长们对诵读古诗的热情增加，需求也不断提高。因此，在《乐诵经典》第二版的改版过程中，学校邀请了专家、教师与家长共同研究、完善，精心选编出480首，并进行了系统科学的分级，原8

---

① 人民网，《习近平参观北京海淀区民族小学都说了啥》，[2014-05-30]，http://edu.people.com.cn/n/2014/0531/c1053—25089244.html.

级变成了新 12 级；原来的每级 19～30 首，变成每级 40 首；读本也更为科学、更为系统，编排设计更为精美。《乐诵经典》第二版 2018 年由北京出版社正式出版。

《乐诵经典》从 1 级到 12 级，按照诗文字词和意境的难易程度、孩子们的阅读理解能力调整顺序，由浅入深，循序渐进，力图符合小学生思维和学习能力发展规律。低年级教材配有汉语拼音的标注，并配有朗诵二维码，扫一扫就可以听到专业的、标准的诗词朗诵，起到了很好的示范作用，也为学生的自主学习提供了更多便利。

4. 课程实施

课程主要通过项目制的方式实施与推进，每个年级组都有古诗文诵读课程的项目负责人。负责人在学校整体的活动方案指导下，负责整个年级的课程实施推进，组织策划年级、班级诵读计划和展示交流活动，以及年级的古诗文诵读与闯关等相关工作。

各年级制订详细的实施方案与计划，在学校整体的诵读课程与闯关活动之外，结合各年级学生的年龄特征开展特色活动，诗歌朗诵会、歌舞剧、小话剧、诗词大会等，内容丰富，花样繁多，充分调动了学生学习古诗文的积极性，展示了他们的风采。

5. 评价机制

古诗文诵读课程的实施使孩子们受益匪浅。通过诵读经典、交流展示的活动，激发了他们对国学经典的喜爱。孩子们积极担任古诗闯关活动的小考官，组织能力和执行能力也得到提升。

闯关是古诗文诵读课程的主要评价方式，每个月都有古诗闯关日。学生根据自己的背诵情况报考，通常古诗级别与年级相对应，同时也鼓励跨级闯关。每次闯关由考生自己随机抽取背诵的古诗篇目，通过即被认定为闯关成功。闯关活动推行的过程中，学生的通关能力增强，于是在通关认定基础上，增设了默写项目，每级 15 首古诗默写范围内抽取 1 首进行填空默写，要求书写正确、规范、美观，即可得到“通关加星”认定。学校每年组织两次表彰仪式，为闯关成功的同学颁发相应等级的通关证书，对于跨级通过以及“加星”认定的学生进行特别表彰。

此外，学校的微信公众号平台会推送学生日常古诗文诵读的相关文章，展示学生们读诗、写诗、背诗、演诗等情况，报道各年级、班级开展的诗词大会等活动。在表彰典型的同时，调动了学生们诵读经典的积极性，更使他们了解中华优秀传统文化，热爱古诗文诵读，并从中增长知识，积淀文化底蕴。

古诗文闯关活动的开展和《乐诵经典》的实施，使中华优秀传统文化的种子深深扎根于每个孩子心中。背一首好诗就是欣赏一幅优美的图画，读一首诗就好比结识一位朋友，品一首好诗又像在穿越一段历史。古诗文诵读、古诗文闯关不仅仅让学生收获一张张证书，还收获了精神的成长！

（三）国学社

国学社目前主要开设了两门课程：《论语》赏析课和格律诗写作课。课程的时间为每周三下午，主要面向三年级和四年级的学生开放。课程的实施方面，采取开放性的原则，充分挖掘社会资源，并为学生家长提供展示的机会和平台，成为家校共育的一个重要渠道。比如，在授课教师方面，《论语》赏析课由一位具有相关工作经验的学生家长担任，格律诗写作课则由本校文学功底深厚的教师担任。

课程开展以来，学生不仅感受到了祖国语言文字的魅力，乐在其中，也更进一步激发了他们阅读古诗词、创作诗文的热情。

咏墨韵堂

静坐闻墨香，
缘身在墨房。
斜光映窗影，
四宝列东墙。

——三(1)班 唐子晴

三月二十九日狂风大作

疾风细柳斜，
骤雨洒小街。
林中鸟影乱，
顷时各归穴。

——四(5)班 姜沛池

砚

端砚花纹石中开，

石眼龟冻蕉叶白。

诚悬书法论此砚，

千古书家第一材。

——五(2)班 刘少云

夜景

明月照古道，

苍松映长城。

街外古遗址，

断壁夜攀藤。

——五(6)班 李明格

学生们用诗句介绍校园，用诗句歌颂春天，用诗句写他们看到的花草树木，用诗句记录着生活，就在这一读一写中享受语言文字的魅力，领悟诗词的美好，传承着古人的智慧，用他们的小手写出自己的所见、所想、所思、所感，创造出一片属于自己的文化园地。

(四)苔花诗社

苔花诗社目前开设了两门课程，唐诗宋词赏析课和古典文学《诗经》赏析课。诗社采取招募的方式，召集热爱诗歌的老师和学生，齐聚一堂一起遨游在诗歌的海洋。诗社的课程强调从“构建语言、发展思维、传承文化、审美鉴赏”四个方面来发展学生的核心素养。活动开展以来，老师付出甚多，学生收获颇丰。

每周一的晚上，家里都会有一位小老师，给我和爸爸讲诗歌。从古体诗、近体诗，到词、曲，再到新诗；从写景抒情、咏物言志，到即事感怀、怀古咏史，再到边塞征战……小老师娓娓道来，还时不时地展示一下他在诗社的作品。作为家长，心中的欣喜自不多言，甚至还会感到些许震惊。加入诗社短短一学期，一个只知在球场上肆意奔跑的调皮孩子，竟能如此雅致淡静地谈诗说词。诗社的老师说，孩子们每次课都如饥似渴地听，然后兴致盎然地投入创作。感谢这个小小的诗社，让孩子们体验到了语言之美，并由着这个开端，相信他们会拥有一个更加丰富多彩的人生视野。

——徐明达妈妈

从《咿呀》走入诗社，为孩子们创作儿童诗打下了坚实的基础，萌发了创作的灵感，锻炼了孩子们的创作能力和思维能力。感谢杜景芝老师用自己的指导方式，使孩子们从观察自然、社会，到欣赏美景、感受生活、品味人生，从识百字到至爱诗词，从诗中感受生活的美，透过展翼的双翅，看到了孩子们内心世界的真实感受。感谢民小给孩子搭建平台，使孩子们在诗意葱茏的校园里，幸福地沐浴在诗社的阳光中快乐地读诗、学诗、写诗，也快乐而诗意地生活。孩子们的童心放飞在满园的诗情画意中，也翱翔于百花齐放的春天里。

——朱焰熙妈妈

（五）红石榴戏剧社

红石榴戏剧社的社团活动在每周五放学后开展，这是深受学生喜爱的活动之一。由于学生的时间安排以及授课教师的限制，戏剧社的活动采取的是年级轮流制，每个学年不同的年级开展活动。戏剧社活动在教师的组织下有序开展，热心家长也提供了辅助支持。老师们在文学经典中精心选择了符合学生年龄特点的作品，指导学生共同学习、排练，目前已经有一些经典的作品，如二年级的《标点符号》，五年级的《茶馆》，这些作品也会在学生的结题仪式、语文学科活动或者学校的戏剧节等活动中进行展示，效果令师生震撼。

戏剧社团培养了学生的语言表达能力、公众演讲能力，锻炼了学生的心理素质，让学生受益匪浅。二年级的梓溪同学表示，在参加了社团学习以后，通过短剧排练，自己从一个内向、害羞的女孩，很多时候不敢在公众场合讲话，变得勇敢、喜欢表演，每次和戏剧社的同学们一起排练剧本、熟悉台词、感受角色，都全身心地投入。五年级的彦博同学在社团学习中认识了戏剧，并在排练的过程中留下了一段美好而难忘的回忆。

（六）汉字源社

汉字源社目前开设了汉字的起源、汉字文化、造纸课三门课程。汉字是中国几千年来传统文化的承载者之一，蕴含着丰富的传统文化内涵。汉字源社的课程旨在通过介绍汉字的起源与发展、汉字的书写规律等，让学生了解汉字的表意特性，掌握汉字规律，学习汉字文化。

汉字是中华民族的文化瑰宝，传说中，汉字起源于仓颉造字。黄帝的史官仓颉根据日月形状、鸟兽足印创造了汉字，造字时天地震惊——“而天雨粟，鬼夜哭”。从历史角度来看，复杂的汉字系统不可能由一个人发明，仓颉更可能是在汉字的收集、整理、统一上做出了突出贡献，所以《荀子·解蔽》中记载“好书者众矣，而仓颉独传者，壹也”。

每周四下午的选修课时间，汉字源社在古朴典雅的立人书院藏书阁里准时开课。源社的教师们也会邀请有相关研究经验的学生家长，为孩子们带来精彩的汉字讲座。对汉字追根溯源，了解每个汉字背后的故事，还带着学生们一起用古法造纸——浣花纸，并在造出的浣花纸上书写一个个美丽的汉字。

（七）海棠读书会

2017年11月，民族小学立人书院海棠读书会正式成立。社团成立以来开展了大量活动与课程。每周四的下午，社团老师、高年级的学生在藏书阁开展共读活动，共读书目有《三国演义》《西游记》和季羡林读物等。此外，在老师和家长的分工配合下，读书会又组建了评书社团、阅读研究会、阅读顾问团等。

今天下午，我和全体五年级同学一起探寻《三国演义》的小秘密。

老师首先给我们介绍了《三国演义》作者罗贯中的生平。罗贯中姓罗，名本，字贯中，是元末明初著名作家。他不仅写了《三国演义》，还撰写了《残唐五代史演义》《三遂平妖传》《水浒全传》等作品。

接下来，老师问了大家一个有趣的问题：《三国演义》为什么比罗贯中的其他作品有名？台下的同学纷纷举手，但是谁也没有说出问题的核心，甚至有的同学还跑题了。老师微笑着告诉大家：最主要的原因是罗贯中生活在元末明初，那个时代和三国所处的时代一样，都是群雄争霸的时代，因此罗贯中深有感悟，才把《三国演义》写得这么好，成为四大名著之一。

最后，老师给我们讲了一个东汉末年的“小魔咒”，说明了导致东汉末年政治一直不稳定的原因。同学们被这个“小魔咒”的故事吸引住了，都听得特别入神。

“读书破万卷，下笔如有神”，读名著也如此。通过这次大讲堂，我们了解到了许多《三国演义》著作中没有提到的小秘密，让我们对《三国演义》这本书产生了浓厚的兴趣。同时老师还向大家介绍了精读这本书的方法，先通读，再细读，历史类书籍还可以对照一些相关的历史资料对比着看，这样能让我们对书中的人物有更全面的了解。

活动结束后，同学们都意犹未尽，很多同学对《三国演义》中的人物和故事情节有了自己的理解。相信在以后的阅读中，大家一定能带着自己的思考继续阅读，把《三国演义》读进心中。

——五(3)班　鞠圣威

二、数学研究院课程——生活小实践，魅力大体验

数学是一门有趣的学科，生活中的数学知识随处可见，在教学改革的推动下，体验式教学理念就是在现代化教育发展背景下提出的新型的教育理念。因此，学校鼓励老师们带领学生走进生活大课堂，为他们创造实践数学的机会，带来更多鲜活的数学体验认知，促进学生数学能力的提高。

在扎实落实国家课程的前提下，学校成立了数学研究院，开设数学实践研究、数学游戏两门必修课和数独选修课，为学生提供更多体验数学之美、探究数学奥秘的实践机会，开发他们的数学思维，充分体验数学学习的乐趣和魅力。

(一)数学游戏

九连环、七巧板、华容道等这些流传了千年之久的传统数学游戏项目，看似简单，实际上应用了许多高深的数学原理，蕴含着我们祖先的神奇智慧，甚至有时被西方统称为“中国的难题”。学校专门开设了数学游戏课，将不少这样的“中国的难题”汇集在数学游戏教室中，如“T字之谜”“神龙摆尾”“百鸟蛋”“巧放四块”“黑白棋”等，这些益智的数学游戏通过推理的方式来解答，而且问题与解答都很有趣，设定各种令人莞尔的情境，集科学性、趣味性、娱乐性、教育性为一体，让学生们爱不释手。

这些数学游戏常常要求学生完全跳出常规思维的圈套，比如“T字之谜”，绝不能仅局限几块拼板的形状，如果多花一点时间，思维会受到启发，从而获得一种全新的思维方法。

很多的数学游戏具有互动性，譬如“黑白棋”这种双人或者多人游戏，为学生

数学游戏一览表

百鸟蛋、十五巧板、四连方、T字之谜、汉诺塔、五色拼板、三色拼版、百变神龙串、七巧块、黑白棋、神龙摆尾、四色拼板、彩虹岛、华容道、金字塔、巧放方块、巧放方形、巧放圆形……

图 3-12

们创设了良好的沟通契机，可以促进他们在活动中发展交往技能和策略，培养同伴间的分享、互助、谦让等行为品质，从而有利于建立与协调人际关系。游戏有胜负，学生们在游戏中也会遭遇困难和失败，同伴间的学习、鼓励和持续的练习，可以帮助他们形成坚强的意志力。

数学游戏课锻炼的不仅仅是学生的学习能力，还有他们的创造能力、理解能力、人际交往能力等。此外，通过游戏，将数学道具和书本上的数学知识相结合，回归到日常的数学学习中，令学生们更加喜欢数学，让数学课不再枯燥乏味，将数学课变成“好吃又有营养”的知识大餐。

（二）数学实践研究

国家《数学课程标准》指出：“数学教学应联系实际活动，使学生从中获得数学学习的情感体验，感受数学的力量。培养学生的创新精神和应用意识。”数学实践研究已经成为学生学习中不可或缺的重要内容。学校根据学生的不同年龄和课程特征，开展了丰富多彩的数学实践活动课程，如一年级的环境保护探究、二年级的方向与位置之旅、三年级的数学王国历险记、四年级的数学实践之旅“水”、五年级的魔法泡泡堂、六年级的追溯圆周率的历史等。

数学实践研究的开展除了通过校内组织的课程，还会通过一些社会实践活动进行，比如数学实践进超市、中国钱币博物馆探究等课程，教师带领学生提前设计任务单、评价单，由家长共同参与探究过程，见证孩子成长的过程。

例如，一年级的学生在暑期和家长走进钱币博物馆开展数学实践活动，他们在活动的过程中，根据教师的指导自己制定了一些学习工具。

“走进钱币博物馆”实践活动

中国钱币博物馆是中国人民银行总行直属的国家级钱币专业博物馆，请同学们提前查阅相关资料，完成学习单。

项目一：出行路线我做主。中国钱币博物馆坐落于西城区西交民巷附近。怎么才能到达目的地呢？

表 3-4　出行线路我做主

参观时间： 路上时间：	交通工具： 费用：
出行方案设计：	

中国钱币博物馆专门收藏和展示硬币和纸币，展现中国钱币发展的历史文化。

①你了解中国钱币发展的历史吗？

②你知道为什么古代的铜钱中间有一个洞吗？

③现在流通的纸币面值有哪些？为什么没有其他数字？

④你对人民币上的图案和文字了解吗？

⑤你还学习了哪些关于钱币的知识呢？

让我们一起走进中国钱币博物馆吧！在这次社会实践活动中，希望同学们遵守参观秩序，讲文明，懂礼仪，展现民小学生风采！

表 3-5　钱币知识我知道

我最感兴趣的问题：

表 3-6 自主评价单

评价方面	用你喜欢的方式自我评价
活动前：提前查阅资料，做好准备工作。	
活动中：(1)我在场馆内，安静慢步，遵守秩序。	
活动中：(2)我在参观时，仔细观察，认真记录。	
活动后：总结反思，完成作业。	

（供稿人：毛海岩）

数学实践研究引导学生自己去发现生活中的数学，研究生活中的数学，并能用数学的眼光去思考生活，去解决生活中的一些数学问题。比如，在测量大树树围和研究起跑线的内容时，学生要考虑如何选择测量工具、如何测量使数据更加准确，在制作统计图时学生还要经历统计原始数据与整理数据的过程等，这些都有效地提高了学生解决生活中实际问题的能力。此外，数学实践研究通常要涉及许多数学以外的知识，并需要合理地运用这些知识，具有较强的跨学科性，数学实践研究不仅需要调动数学思维能力，还需要与人交流、寻求合作来完成，能够促进学生综合素养的全面发展。

（三）数独闯关

数独最早起源于中国，前身是“九宫图”，在《易经》中就曾出现过“洛书九宫图”的说法，“九宫图”被一直沿用至今。数独作为一种益智游戏，对学生的分析、逻辑、推理能力的锻炼非常有帮助，能提升学生排除法、假设法等基本推理的数学运用能力。学生在小小的九宫格上，用自己的想象力、逻辑推理和创新思维感悟游走，体会成功与失败一线间的独特感受。因此，“数独”被不少教育者看作锻炼思维的好方法。

数独以学生的兴趣为基础，自主学习，自由报名参加数独闯关活动。学校分年级按月组织闯关活动，每个学期按照具体情况组织 4～5 次数独闯关活动，学生通过学校微信公众号报名。闯关过程中，学生们展示自己平日学习的成果，享受通关升级的快乐。现在数独闯关活动已经成为他们最为期待的活动之一了。

数独活动方案

学校提倡“将有意思的事做得有意义，将有意义的事做得有意思”，坚持让学生在“玩中学，学中玩”，综合培养其各方面的能力共同发展，不再“死读书，读死书”，要从各个方面、各个角度培养学生的能力，树立全面育人的教育理念，并通过“五育”并举的教育方针，最终落实“为未来社会培养合格公民”这一育人目标。因此，数独闯关活动的举办正是为了贯彻和落实学校的教育理念，综合发展学生的全面素养。

一、活动人员安排

(一)家长资源

家长是综合实践活动课程中重要的教育资源这一理念，逐渐被广大教师认可和接受。因此，数独闯关活动的开展自然也不能缺少家长的支持与参与。对于家长资源的合理分配，主要分为以下几方面。

1. 走进课堂，开展低年级学生数独启蒙

低年级学生年龄小，对于数独游戏还比较陌生，应以普及启蒙为主。利用家长讲堂时间或数学实践课时间，家长志愿者进入课堂为一、二年级的学生开展数独的启蒙教育，普及数独规则，激发学生对于数独游戏的兴趣。负责此项工作的家长志愿者主要面向低年级的家长招募。

2. 题库调整，不断丰富各级题库的考题资源

由家长志愿者团队与数独教师团队共同协作，不断丰富和完善现有各级题库中的考题资源，调整难易度，扩充题量，替换已用过的试题等。负责此项目的家长志愿者主要面向三、四、五年级家长招募。

3. 监考阅卷，全方位参与闯关活动的各个环节

家长志愿者参与到每月一次的数独闯关活动之中，与老师、学生志愿者共同组织、协调闯关活动，与老师共同阅卷，商议最终过级名单，并在期末颁奖活动中共同为过级学生颁发证书。此部分家长志愿者面向全校家长招募。

(二)学生资源

学生不仅仅是数独闯关活动的参加者，也是整个项目的参与人。闯关活动的小考官主要是来自四、五年级的学生志愿者。小考官和阅卷官在数独闯关活动中在考场协助监考老师完成给同学分发闯关试卷、核对参与人名单等各项工作，锻炼学生能力，培养学生的责任心。闯关活动结束后，阅卷官协助老师批阅闯关试卷，对闯关成功人员进行整理登记。在这个过程中培养学生做事认真细致的态度。

(三)教师资源

教师是数独闯关项目最不可缺的资源，主要负责闯关项目的各种协调工作。宣传工作贯穿整个闯关活动的始终，老师负责在网上发布每个月数独闯关活动报名，闯关过程中拍摄照片，写新闻稿记录学生的闯关情况，最后组织新闻稿素材，在学校微信公众号公布过关名单。

此外，教师还负责家长、学生资源的整体调控。低年级教师协调家长资源进课堂的各项安排，高年级教师安排调整学生的数独志愿。

教师还要负责闯关过程中考场各种状况的调控。闯关过程中，要对各个考场进行巡视检查，对突发情况进行应急处理。

二、评价等级设定

数独闯关活动由高到低共设置五个级别，以五种行星名称命名，分别是“金星”“木星”“水星”“火星”“土星”，寓意他们是民族小学冉冉升起的新星。

其中，“土星”为民小每一位学生在校期间必过级别，安排在日常数学实践活动课中随堂进行测试，其他四个等级则在规定时间进行闯关。闯关通过的学生的班级和姓名将在学校“数独墙”相应的级别栏中展出。

不同等级分别是不同难度的数独考题，对应不同题库。考题难度的设计、题目的制定由全校数学老师及家长志愿者共同完成。

三、活动的具体安排

(一)报名方式

数独闯关活动的报名方式为网络报名，每个月第三周学校微信公众号发布报名通知的同时发出报名链接，家长和学生在规定时间段自主报名。

(二)闯关名额

对于数独闯关活动，学生和家长的参与积极性非常高，每次网络报名都会出

表 3-7　闯关名额分配(可随机调整)

一级	25 人
二级	25 人
三级	20 人
四级	5 人
五级	5 人

现“秒杀”的情况，但由于受场地、人员及活动时间的限制，只能在可控范围内最大限度增加名额。闯关活动的场地一般是数学实践教室和科学实验室。

（三）闯关活动场地

闯关活动活动室、科学教室一、科学教室二。

（四）闯关活动时间

每学期数独闯关活动的时间为每个月一次，时间固定在每个月最后一周的周二中午，12：30～13：10。

（五）闯关活动工作人员安排

每次闯关活动的监督人员都由各年级数独负责教师、学生志愿者、家长志愿者担任。

教师：两人，主要负责组织、闯关试卷发放、协调、拍照、试卷收集及批阅。

学生志愿者：三人，每个教室一人，主要负责活动纪律。

家长志愿者：三人，每个教室一人，主要负责现场答疑，协助教师发放、收集试卷，与教师共同批阅，审核通关学生名单。

四、活动的表彰与宣传

（一）活动的表彰

1. 月度表彰

每月数独闯关活动结束后，由数独宣传小组的教师核对通关学生名单，撰写新闻稿，整理闯关活动照片，在学校微信公众号定期发布。

2. 期末表彰

学期末，印制数独通关证书，制作表彰课件，编辑表彰词，在结业式上宣布通关学生名单，并安排各班代表上台领取证书。

（二）活动的宣传

数独闯关活动的宣传主要分为三部分：报名阶段、月度表彰及期末表彰，由数独宣传小组的教师负责收集资料、编辑文稿，修改并发出。

五、意义与反思

数独游戏是锻炼思维的益智游戏，在看似简单的小小一方九宫格上，用自己所有的想象力、逻辑推理和创新思维，去感悟游走在成功与失败一线之间，数独为我们提供了难得的体验机会。数独闯关活动是以闯关为形式，推广数独在学生中的认知度，让更多的学生知道数独、喜欢数独、参与数独，让大家进行一次脑力锻炼，从而提高对事情的分析和解决能力。

（供稿人：数学教研组）

三、英语文化研究院——英语融入生活，文化涵养气质 >>>>>>>>

义务教育阶段英语课程的总目标是：通过英语学习使学生形成初步的综合语言运用能力，促进心智发展，提高综合人文素养。综合语言运用能力的形成建立在语言技能、语言知识、情感态度、学习策略和文化意识等方面整体发展的基础之上。文化意识是学生在经济全球化背景下对中外文化的理解和对优秀文化的认同，继而表现出的跨文化认识、态度和行为取向。

对于英语学科而言，培养学生文化意识的切入点是中外优秀文化，加强对中外优秀文化的理解和认同，培养能够理解跨文化和进行跨文化沟通的人。英语教学的过程中，应该注意加深学生对中国传统文化的认识和热爱，并且引导学生接触和了解外国文化，提升英语的理解和应用能力，接受全人类优秀文化的熏陶，形成正确的价值观，构建文化意识，培养国际意识。

英语学科的学习旨在培养有爱国热情、国际视野、能够双向文化交流的学生，这与学校提出的“学习中华优秀传统文化，蕴底气；知晓少数民族文化，铸和气；了解世界多元文化，成大气”的“三气精神”是相合的，能够更好地促进学校的英语教育教学工作。为了实现英语学科的育人目标，体现学校的教育理念，民族小学成立了英语文化研究院，在国家课程的基础之上增设了英语 *I*“悦”读大冲关、校园双语文化两门必修课和英语戏剧社团选修课。

（一）*I*“悦”读大冲关

随着时代的发展，英语作为一种国际交流语言受到更多人的重视，越来越多的孩子从小开始接触英语，家庭教育中也渗透了简单的英语交流及英语学习。在教学的过程中，教师们发现教材中的内容已经不足以满足更多同学的学习需求。因此，根据学生的年龄特点和认知能力，逐步扩展文化知识的内容和范围，联系学生的生活，激发学生学习英语的兴趣。英语阅读即是一种很好的英语学习方法。

通过充分利用课内外英语阅读资源，开展英语阅读活动，拓展学生的英语学习渠道，既能开阔视野，丰富生活经历，形成跨文化意识，增强爱国主义精神，又能发展学生的创新能力，形成良好的品格和正确的人生观与价值观。

学校开始开展校园英语 *I*“悦”读大冲关活动，字母“*I*” 既是汉语“我”的意思，也与汉字“爱”同音，还分别是 Interesting(有趣的)、Important(重要的)、Intelligent(智慧的)这三个英文单词的首字母。综合而言，代表校园英语 *I*“悦”读大冲关活动是充满阅读乐趣的，对英语学习来说是很重要的，同时也是充满智慧、极具挑战的活动。通过参加这项全员 *I*“悦”读活动，搭建学生英语阅读活动平台，进行资源共享，激发阅读兴趣，开阔视野，感受中外文化。活动能够鼓励学生将英语阅读中各种感悟与收获内化成阅读成果，进行交流与分享，让学生们真正爱上英语，爱上阅读，爱上生活，爱上文化。

1. 冲关内容

经过英语组教师的多轮教研，最终将冲关内容确定为不同国家的历史地理、风土人情、传统习俗、生活方式、行为规范、文学艺术、价值观念等方面的内容。

2. 冲关素材

英文阅读的素材文本均来自民族小学全体学生和英语教师。在每学期寒暑假即将到来之际，教师给学生布置相应的假期英文课外阅读作业，学生根据自己阅读的读物，按要求整理并上传至英语教师的邮箱。教师下载、整合、收集学生上交的阅读素材，进行专业筛选。

英语教师筛选阅读素材的原则：根据课标课程一至六年级每册书中的主题单元进行整合，挖掘与本单元主题相关的阅读文本并进行整理，阅读素材有故事性文本、非故事性文本，有文化篇、艺术篇、人物篇、饮食篇、礼仪篇等，题材丰富，适合小学生，可读性强。

3. 冲关概要

自从英语 *I*“悦”读冲关活动开展以来，很多同学在阅读冲关活动中闯关成功，他们获得了自信，在英语学习上有所收获。从准备阶段开始，学生们利用一切可利用的时间为冲关做着积极而充分的准备，查阅英文词典、了解中西文化、互相交流学习。家长们也成了强大的后援团，与孩子共同研读内容丰富的英语冲关文本，鼓励孩子阅读英语课外阅读素材，扩大知识面，开阔眼界，从文本中接触不同的人和事，感受这个多彩的世界。

校园英语 *I*“悦”读大冲关

活动概要

(1)冲关内容

英语主题文本朗读

英语主题文本阅读

(2)冲关形式

朗读：按照文本材料，有感情地朗读，要求发音标准，语调准确，声音洪亮。

交流：基于文本内容，根据评委提问，结合所思所想，交流互动，表意正确。

阅读：结合所读文本提取信息，理解运用，尝试用所学知识内化迁移运用。

(3)评价标准

依据语音语调、流利程度、理解运用、声音洪亮四项来评价，评价标准要求每项 3 颗星以上，总星数超过 16 颗星为 Pass，得 20 颗星为 Excellent。

(4)参加对象

海淀区民族小学全体学生

(5)冲关考官评委团

教师考官、学生考官、家长考官

(二)校园双语文化

在经济全球化的背景下，国内外文化交流也日益频繁，校园双语标志的作用越来越突出。校园双语标志作为校园景观的配套设施，不仅在日常发挥导向作用，还折射出学校的文化建设理念与人文精神面貌。优秀的双语标志可为学校树立良好的形象，并营造良好的校园文化氛围及和谐的校园环境。因此，国际化、规范化、标准化的校园双语标志变得越来越重要。

1. 实施背景与目的

从 2016 年开始，学校就与外语教学与研究出版社合作，依托北京外国语大学的专家资源，参考外语教学与研究出版社已出版的《公共服务领域英文译写指南》(简称《指南》)，针对校园的各种标志牌进行了双语翻译，并进一步实施完善。为了引导学生参与双语标志撰写，学校举办了双语标志征集活动，对收集到的校园双语标志进行梳理、完善，为双语标志活动在各地校园的开展提供了范例。

双语标志活动参照《指南》提供的规范，结合校园的文化气质与整体规划，通过学生译写、学校收集、专家把关的模式，力图使校园双语标志更加准确地道，在凸显校园良好人文氛围的同时让学生在特定的双语环境中学习和欣赏英语文化，提升校园文化形象，促进学校的对外发展。

美丽的民族小学雕梁画栋，充满传统文化气息。古色古香的校园环境为孩子们学习语言提供了得天独厚的条件。马万成校长提出校园“无处不英语”，让校园成为孩子们学习的乐园，在这里学习中华优秀传统文化，了解世界多元文化，培养孩子们对学校、对国家、对文化的热爱之情。

2. 实施过程与途径

开展校园双语文化课程既是应对经济全球化和国际化的必要举措，也是开发校园资源，实现校园文化与英语国家课程融合的重要尝试。正确认识和处理校园双语文化与国家课程的关系是校园文化转化为课程形态的基础。国家课程是专家根据课程标准编写的，通过教师的理解消化甚至改造创新，与学校的具体实际相结合，才能得到有效实施。校园双语文化课程是实现英语国家课程校本化实施的重要途径。

通过识别校园文化标志，感知学校文化理念，充分挖掘校园特色资源，实现校园文化课程化。学校的办学理念、办学目标、校训、校徽是校园文化的重要组成部分，在校园里我们能够看到这些文化标志，感受到文化的气息，这些文化标志塑造着我们的校园形象，影响着我们的校园生活，孕育着我们的校园情感。

校园双语文化标志成为双语文化课程的重要内容，每个年级段英语教师以校园环境为依托，开展英语实践课程。利用英语课上 5 分钟的时间引导学生们共同学习。新起点英语三年级下册第二单元 *My School* 这个主题中将会学习到很多的有关学校的英语词汇与表达，在此基础上开展实践活动，与双语文化课程相结合。在学习了教材知识的基础上，教师带领孩子们参观校园，认识、朗读校园中各种双语标志；教师会引导学生进行分组学习，利用学过的单词和英语表达方式介绍校园一角，通过交流再次感受校园的文化，绘制他们心中校园的最美角落，用 Lapbook 的形式呈现出来与大家分享。这个活动也与校园优秀英文讲解员的选拔相结合，表现优异的学生作为校园指定地点的讲解员，在学校接待来访客人时担任英文讲解员。

3. 特色与效果

校园双语文化课程实施以来，规范了学校标志的英文翻译，提升了校园的形象，为更好地开展国际交流提供了有利条件。学校培养了一批批优秀的双语讲解员，在迎接一次次的国际交流团的过程中，他们自信大方地表述给参观者留下深刻的印象，更对学校的文化理念有了更深的理解，传播了学校的办学理念与特色，促进了校园文化的交流与发展。

学生在日常的学习中加深了对校园文化的认识与理解，增加了对校园的喜爱和认同。在开展实践活动或者接待国际交流团的时候，他们自信满满地介绍校园，在生活里运用英语的过程中体会到交流的乐趣，使学生更加喜欢说英语，提高了实践运用能力。

寻找美丽校园双语标志

一、校园双语文化知多少

首先英语教师对学生进行了“校园双语文化知多少”前测调研，让学生试着用英语翻译校园的十大景点、学校的名字和办学理念。

表 3-8　校园景点翻译任务单

地点	英语翻译
1. 砺学楼	
2. 文耘亭	
3. 和乐壁	
4. 鸡兔同笼	
5. 七彩乐园	
6. 葡廊	
7. 铭史馆	
8. 立人书院	
9. 谨行楼	
10. 体育场	

表 3-9　校园地点翻译任务单

名称与理念	英语翻译
北京市海淀区民族小学	
中国教育科学研究院附属小学	
和而不同，快乐成长	
做最好的我，在我最好的方面	

通过前测调研，老师知晓了学生对校园文化的了解程度，为后期有针对性地指导奠定了基础。

二、校园双语文化进课堂

英语教师利用每周英语课上10分钟的时间带领孩子们学习校园文化双语翻译，孩子们通过学习，正确掌握了校园十个景点的英文翻译，"三气精神""十六个字"，校园的"五种味道"，教育理念，育人目标的英文解释。

表 3-10

名称与理念	英语翻译
北京市海淀区民族小学	Beijing Haidian Minzu Primary School
中国教育科学研究院附属小学	The Affiliated Primary School of National Institute of Education Sciences
和而不同，快乐成长	Harmony in Diversity, Grow up Happily
做最好的我，在我最好的方面	Be the Best of Myself in What I am Good at

培育"三气精神"：学习中华优秀传统文化，蕴底气；知晓少数民族文化，铸和气；了解世界多元文化，成大气。

Nurturing Three Personal Qualities: Learn Chinese excellent traditional culture to cultivate self-confidence; Know minority traditions and cultures to cultivate ethnic harmony; Understand the World's plural cultures to cultivate broad vision.

校园的五种味道：中国的味道、自然的味道、教育的味道、孩子的味道、家的味道。

The Five "Tastes": The taste of China, The taste of nature, The taste of education, The taste of children, The taste of home.

育人目标：培养学生具有关爱之心，规范之行，健康之体，聪慧之脑，多才之身。

Education Goals: Cultivate students to show solicitude for others, engage in regular conduct, enjoy good health, possess bright minds and be versatile persons.

理念：和而不同，快乐成长。

Harmony in Diversity, Grow up Happily.

三、双语文化溢满校园

为了让学生更好地体会本次活动的意义，更深刻地理解校园文化，英语老师们发挥自己的聪明才智，通过多种方式展示、巩固本次活动的成果，将双语文化学习融入学生生活，融入英语日常教学，让双语文化溢满校园。

1. 甄选学生作品做成台历

日历的样式设计为1张封面+12张图，半面是实景图，半面是学生绘画，画了以下校园景观作品：校门、砺学楼、文耘亭、和乐壁、鸡兔同笼、七彩乐园、铭史馆、静心阁、四合院、谨行楼、求知堂、体育场、葡廊。

2. 校园里，课堂上，处处渗透校园文化

英语老师每天利用课堂5分钟的时间，带领孩子们学习体会校园双语文化。一年级的英语老师带领孩子们慢慢学会用英语说出学校的名字、办学理念和校训。二至六年级的英语老师在此基础上，讲解更多的校园文化英语的翻译，在课堂学习的基础上，带领学生亲身走进校园，通过实地考察让孩子们再次深度体会校园文化。活动中表现优异的同学被选拔为年级双语讲解小达人，他们用所学的知识为大家介绍校园，讲解校园的文化和故事。

3. 整理作品，多渠道宣传

英语团队的老师们将各个年级孩子们的成熟作品整理好，通过微信公众号推文的方式号召孩子们为启动仪式做宣传海报。孩子们热情高涨，积极开动脑筋设计宣传海报。学校还选取学生作品，设计校园文化专属书签。

经过英语老师们的甄选，发现了很多优秀的作品。为了营造处处学习校园双语文化的氛围，英语团队安排专门的老师负责利用课间在走廊里循环播放展示孩子们的作品。每到课间十分钟，孩子们都会驻足观看，沉浸在校园双语文化的学习之中。

学校专门制作了英语双语文化活动宣传片，呈现学生们在此过程中的收获，呈现学生用英语介绍校园的经典场景、教师教授课堂片段等。

4. 扫一扫：逐步充实二维码内容，深入了解校园文化

在这个飞速发展的互联网时代，二维码是宣传和推广的最常见的方式。因此，英语团队也积极采用了这种方式增加宣传内容。用户扫码之后，手机界面就会展示出此地点丰富的中英文介绍图片和清晰的声音和动画。

（供稿人：党琦　李秀娟）

（三）英语戏剧社

英语戏剧社(English Drama Club)是这所古色古香的校园里一个国际范儿十足的社团。英语戏剧社在专家的引领下，教师和学生一起努力，在戏剧表演中发现更好的自己。近几年，英语戏剧社已经成功举办了多次活动和演出，逐渐发展为一个高水平的专业社团。

1. 实施背景

《英语课程标准》提出：学生的发展是英语课程的出发点和归宿。英语课程在目标设定、教学过程、课程评价和教学资源的开发等方面都突出以学生为主体的思想。课程实施应成为学生在教师指导下构建知识、提高技能、磨砺意志、活跃思维、展现个性、发展心智和拓宽视野的过程。

教育戏剧作为一种学习方式顺应了这一课程要求，越来越受老师的重视和学生的喜爱。教育戏剧是将戏剧方法与戏剧元素应用在教学或社会文化活动中，让学习对象在戏剧实践中达到学习目标和目的。教育戏剧的重点在于学生在参与中感受、领略知识的意蕴，从相互交流中发现可能性、创造新意义。越来越多的家长认识到教育戏剧的作用以及对孩子全面素质的培养的重要性，戏剧形式符合语言输出的本质，营造了宽松的语言学习环境，符合小学生的心理特点。

2. 实施目的

利用英语戏剧作为英语学习的一个工具，在英语戏剧学习的过程中，着重培养学生的综合素质。研究表明，英语戏剧有利于培养孩子的英语表达能力、沟通能力、自信心、自尊心，以及创新能力。英语学科的学习旨在培养有爱国热情、国际视野，能够进行双向文化交流的学生。学校提出的“三气精神”和英语学科培

养目标是彼此融会贯通的，这一点更好地促进了学校英语学科的教育教学研究工作。

3. 发展历程

2017 年 4 月初，英语戏剧社首次向全校学生发出招新通知，经过本人申请、英语教师复选和中外专家选拔，最终确定由一到四年级总计 50 名学生成为首批学员。社团师资队伍实力雄厚，得到了资深戏剧专家的指导和帮助。

学校英语戏剧社在短短的时间内便取得了诸多喜人的成绩，得到了家长、学校和北京外国语大学专家的高度认可，最重要的是，孩子们在社团的学习中受益颇多。为了让更多的孩子受益，在英语老师的倡导下，在校领导、专家和北京外国语大学的大力支持下，民族小学的英语戏剧社不断发展壮大，到 2017 年 9 月，一至六年级分别成立分社团，分社团为 30 人的规模，基本吸纳了各年级有较好英语基础、热爱戏剧表演的同学。在北京外国语大学强大的师资支持下，各年级社团开展了丰富多彩的英文戏剧活动。社团活动也得到了家长的支持，每周都有家长走进戏剧课堂做助教，陪伴孩子们成长，感受他们的点滴进步。

4. 特色与成果

不同于传统的戏剧教育或英文教育，英语戏剧社以戏剧教育的方式让学生学习英文、接触戏剧，其目的在于带领学生进入一个虚构的“现实世界”，在这里探索和检验自己的想法，思考并解决人与人、人与自然、人与社会的各种问题，通过体验式和浸入式的学习去觉察世界、获得认知。

学生们除了学习一些表演技巧之外，还得到充分展示自我的空间。学生们全程参与，根据主题创造角色、编写对话、制作道具，在整个戏剧排练的过程中，不仅要动脑编写剧情，还要动手制作道具。这样的过程让孩子们不但开心且受益匪浅。

学生们快乐地学习，同时学会了爱和感恩，提升了英语表达能力和戏剧表演能力，拥有了国际视野和跨文化意识，懂得了团队合作，发展了创造性思维和批判性思维。语言是文化的载体，学习语言本身就是一种文化交流行为。民族小学的英语教学不仅教会学生说英语，开阔视野，了解西方文化，还要教会学生把中国的优秀传统文化传播出去。

英语戏剧社壮大，成员成倍增长，但学生在社团的学习效果并没有打折扣。

由于同年级学生年纪相仿、英语水平比较均衡，教师教授内容可以更有针对性。加之学生的努力和家长的支持，英语戏剧社不但在各个年级开花，而且已经成为学校的明星精品社团，在学校各种展示活动中，英语戏剧已经成为必备节目，并且在各类展示中取得了良好成绩。

表 3-11　英语戏剧社部分获奖情况

2018.9	英文戏剧《愚公移山》荣获"阅读之星"全国总决赛戏剧金奖
2019.11	英文戏剧《神笔马良》荣获海淀区中小学生英语短剧展演一等奖
2019.4	参加海淀区"高参小"优秀成果展演
2018.7.10	"英语戏剧狂欢夜"成功举办
2017—2020	参与学校各届国际文化节暨新春联欢活动展演

在教师和专家的指导下，在家长的支持下，学生们完成了一部部经典作品，有的时候甚至需要完成三机位拍摄、六机位剪辑的高难度操作，他们用表演传承经典、重现史诗级巨著。小演员们十分从容，脸上都洋溢着自信的笑容。他们语音语调标准，舞台形象自信大方，台词功底扎实，将精彩的剧情内容演绎得淋漓尽致，在现场博得阵阵掌声。

四、少年科学院——尊重科学，善用技术，大胆创新

2016 年 6 月的"科技三会"上，习近平总书记提出："科技创新、科学普及是实现创新发展的两翼，要把科学普及放在与科技创新同等重要的位置。"民族小学一直以来注重学生和教师科学精神、科学素养的培养，重视科技教育，在各个方面给予大力支持，搭建平台，促进科技教育的发展。在习近平总书记讲话精神的引领下，学校从"敬畏生命""尊重科学""学会思考""善用技术""勇于实践""大胆创新"六个落脚点，去提升学生整体科学素养。

近年来，中国迈上科技发展的高速路，科技进步促进了社会各方面的长足发展，人们意识到科技决定着未来发展，青少年对科技学习也有了更高的需求。民族小学成立少年科学研究院，在落实好国家课程和地方课程的前提下，充分利用社会资源，基于学校具体实际情况开发了一系列校本课程。科普讲座和课前五分

钟的必修课拓展了科学知识，为学生提供自主表达和展示自己科学知识的机会。社团选修课让学生得以培养自身的兴趣，发挥自己的特长，满足更多孩子的学习需求。目前学校已成立 8 个成熟的科技社团：机器人社团、创客社团、金鹏科技社团、植物种植社团、单片机社团、微电影社团、编程社团、天文社团。

（一）五分钟小讲堂

五分钟小讲堂是科学课上进行翻转小课堂的典型。学生作为小讲师，确认自己的课题，提前报名并与老师确定时间，利用科学课的课前五分钟，面向全班同学开展知识讲座、科学演讲、科学小实验等，分享科学学习的收获与快乐。

五分钟小讲堂已经发展成为科学课的传统，是学生们展示自我的日常舞台，学生们习以为常却依旧满心期待。他们在相互学习的过程中不断增长科学知识，拓宽了科学的视野，提高了学习科学的兴趣，探索和分享的主题也日渐丰富。课前五分钟的内容和主题涵盖了以科学课本为出发点的生活中的科学知识，包括“物质科学”“生命科学”“技术与工程”“地球与宇宙”四个大方面，科学领域发展史，经典科学、前沿科学发展，科学小实验、生活中的科学现象；中国及世界科学科技发展；科普书籍、科幻电影介绍等内容。

科学五分钟小讲堂开讲以来，学生真正参与课堂，掌握了学习的主动权，从而不断成长，变化真正发生在每一个同学的身上。学生的科学学习兴趣明显提高。学生以科学课内容为起点，在课后去阅读和发现更多的科学知识，保持科学学习的热情，保持好奇心，在生活中发现更有趣的科学现象，和同学们进行分享。课前五分钟是学生展示自己的舞台，提高了学生的自信心。一些平时不善于表达的学生通过课前五分钟的展示，提高了自信心，也增强了同学之间的认同感。课前五分钟的内容不局限于课本上的知识，老师鼓励学生发现生活中的科学知识、科学现象，鼓励学生阅读科学新闻，阅读科普文章和科幻作品，将科学与生活、艺术、社会相结合。科学本身是“无用”的，却是具有无穷价值的，只有将科学本身与其他领域相结合，才会让学生更了解科学，对科学产生更大兴趣，使之更“有用”。

（二）科普讲座

民族小学携手中国科学院，邀请科学家到学校开展科普讲座。讲座围绕着学生感兴趣的生命、航天、军事、人工智能等话题开展，通过这些讲座，学生不仅学习到了科学知识，同时还从科学工作者身上学习到了难能可贵的科学精神。

讲座的内容根据每年的情况有所变化，具有一定的灵活性，体现了时代特征。每年年初，科学课教师会根据中国科学院行管局提供的讲座名单进行挑选，与科学课、德育教育进行结合，选取适合的讲座内容和科学家。考虑到知识的难度和学生的理解能力，讲座主要面向三至六年级师生。通过科学家的讲座，实现了以下目标。

了解更多的科学技术知识。科学教师根据课程内容和学校德育计划在讲座列表中选取适合的科学主题，从而将科学讲座的内容与科学课及学校整体的智育、德育教育更好地融合。科学家们有丰富的讲座经验，在内容上也很有吸引力，可以抓住学生的眼球，调动学生的思维；激发了学生学习科学的热情，使学生保持对科学的好奇心和探索欲。

走近科学家，学习科学精神。在小学科学教育中，比科学知识更重要的是科学精神。科学家们可能是世界上最具科学精神的一群人，在讲座中，他们崇高的科学精神也将被传递给学生们，如实事求是、认真严谨、甘于寂寞、勇于创新。

了解国家科学发展现状。民族小学的科学教师会请国内航空航天等技术领域的科学家来校讲座，学生在聆听知识技术的同时，还会了解国家最新的科技发展成果，看到中国科学工作者们默默耕耘、创新发展，学生们会不由自主地产生民族和国家自豪感。

培养科学学习方法。在讲座中，老师要求学生带着笔记本来听讲座，听讲座时要记录学习笔记。在讲座前要先预习讲座内容，带着问题来学习，同时也培养了学生良好的学习方法。

除了请科学家进校园，学校还组织学生走进科普学习场所。近两年，学校组织学生走进了中国科学院地质与地球物理研究所、中国科学院国家天文台沙河观测基地、北京自然年轮昆虫馆、北京航空航天博物馆、北京动物园实验室，在社会大课堂中开展科普教育。每次讲座或者活动，学生都会根据课堂进行课前预习，课堂上认真记笔记，积极提问，抓住机会与科学家互动，由此收获很大。

（三）机器人社团

民族小学的机器人社团成立于 2013 年，已经逐步发展为最受学生欢迎的社团之一。在信息技术和互联网迅速发展的时代，智能控制和大机器自动化生产正逐步取代人类劳动力，在不久之后的人工智能时代，编程也许会成为人们的必修课，掌握基本的信息和工程知识与技能尤为重要。机器人社团的成立正是顺应时代的需求，为学生开启编程知识的窗口，培养学生的设计思维与创新能力。

机器人社团的课程主要分为两个方向：创意结构与机械设计，机器人智能控制。创意结构与机械设计面向低年级学生开设，课程目标是培养学生基础结构搭建能力，学习简单机械传动知识，学会使用电脑进行创意作品模型的设计。活动安排和学习内容都属于非竞技性的，旨在引导学生在和谐的创作环境中找寻灵感，将机械与艺术和美育进行结合。机器人社团每周开设一次课，学生在课上进行设计，回家之后继续完成作品。

机器人智能控制面向中高年级学生开设，在学生具备一定机械传动知识后，学习机器人程序编写，用程序去控制机器人。课程内容涉及认识各种电子元件，包括传感器、控制器、执行器，了解电子元器件的工作基本原理和智能机器人运行流程。课程以市区级竞赛为依托，训练学生的智能控制能力，具有一定的竞技性，可参加多种机器人比赛。

机器人社团活动的开展给热爱智能控制技术的学生们一个发展的平台，学生在社团活动的过程中学习到基本编程知识、简单机械设计技术，养成良好的思维习惯，提升了发现问题、解决问题和预判问题的能力。此外，在社团活动中和市区竞赛中，培养学生的团队协作能力、人际沟通能力，培养大局观和良好的意志品质。

民族小学的机器人社团在近几年取得了优异的成绩，在市区级比赛中屡获一等奖、二等奖，培养了一批批机器人小设计师，也为学校赢得了荣誉。

（四）创客社团

创客社团通过开展创客活动，引导学生观察生活产生新的想法，综合运用科学知识完成作品的创作，并在活动中激发学生的创造能力，敏锐地发现生活中的问题。

创客社团以项目制作为指导，通过材料加工、电子电路和编程基础知识、电子电路和编程互动设计、电子电路和编程创意应用来开展活动。社团活动及课程涉及3D设计、激光切割、arduino电子电路、米思奇编程等相关知识。目前，创客社团主要针对四年级至六年级的学生开展课程及活动，根据学生的年龄和认知层次开设了不同的课程。四年级开设3D设计、激光切割课；五年级开设arduino电子电路和米思奇编程课，六年级开设创意设计课。

创客课程和活动的开展不仅锻炼了学生的创造能力，也加强了学生团队合作意识，提高了动手操作能力，提升心理素质。社团活动主要是以项目的形式开展，学生在完成任务的同时了解自己和队友的特点，培养团队合作能力，发展动手能力和手脑协同能力。创客教育的体验性可以极大地提升学生的手脑并用能力，学生们通过动手造物的过程发现问题，并在不断实践中找到解决问题的方法；在完成作品的过程中需要不断调试、解决问题，并总结出面对困难的一些解决办法，提升了学生勇于面对挫折的自信和能力。

近年来，创客社团在学校的大力支持下，通过老师的悉心指导和引领，学生的努力钻研以及家长的大力配合，取得了北京市创客秀竞赛多人次一等奖的好成绩。这极大地鼓舞了学生的创作积极性，也为后期更好地开展创客活动奠定了基础，积蓄了力量。

（五）金鹏科技社团

1. 成立背景

民族小学在科技教育方面，注重学生科学素养的培养，特别关注学生创新精神和实践能力的培养。金鹏科技社团的成立就是基于这样的背景，于2017年成立，经过几年发展，已经成为学校一张亮丽的名片。金鹏科技社团引导学生发现真实问题，开展科学研究，撰写论文报告，参与汇报答辩，经历一个完整的科学研究过程。

2. 培养目标

金鹏科技社团引导学生关注人与社会、人与自然、人与生活等领域的实际问题，经历科学研究的完整过程，掌握科学研究的方法，培养创新精神、质疑精神和团队意识，提升自主学习能力和研究能力、合作能力和实践能力。

社团目前主要包括A、B两个梯队，A梯队学生至少参加过一年区级以上的比赛，有参与科学研究的完整经历，能够在家长和老师的指导下，自主完成科学研究。B梯队学生没有参加比赛的经验，但是有做科学研究的兴趣和潜质，能够在教师和家长的帮助下，自主参与科学研究。依据学生不同的发展水平，社团制定了相应的培养目标。

3. 活动过程

学生参与金鹏科技社团的活动，要经历一个完整的科学研究过程，从确定选题，到查阅文献，制定研究方案，实施研究，撰写报告，再到参与答辩，整个过程都有教师和家长的共同指导。

(1)指导学生如何选题

指导学生选题，首先要明确学生可以选择的领域主要包括三个方面：自然科学、社会科学、设计制作等。要培养学生的问题意识，引导学生思考这些情境中的真问题，并且尊重孩子选题的自主性。题目可以是学生自己提出来的，如小学生饲养小宠物、课余生活调查等。还有学生因为自己的牙齿问题带牙套，所以想研究小学生的龋齿问题。有的选题是家长和孩子共同提出来的，例如，低温下电动车电池续航问题的研究，借助家长丰富的资源，学生和家长共同完成一个完整的课题，使得亲子活动更具有教育意义，也给学生成长搭建了更多平台。

(2)指导学生制定研究方案

研究方案的制定需要教师给予更为具体的指导，主要包括背景的介绍、研究的主要内容和方法、预期研究成果，对于学生后续的研究实践起到一个很好的导向作用。在学生初次接触科研方法的时候，教师进行研究方法的指导和培训，包括如何进行问卷研究、如何做访谈、如何设计实验等。学生要把研究方案转化为课题立项书，为后期的研究开展和教师后期的指导提供依据。

(3)帮助学生解决研究中的“生成性问题”

在实践的过程中，学生会生成许多新的问题。例如，在学生调查龋齿情况的时候，最初学生采用了问卷调查的方法，收集完问卷后，如何分析数据就是教师指导的重点。教师要及时发现学生分析问题时的不足，指导学生运用更为科学的方法。另外，对于龋齿问题，学生只是通过问卷调查的形式收集数据，研究方法比较单一。教师在学生做完问卷后，指导学生进一步通过实际考察，用“眼睛”观察龋齿的具体情况，帮助学生多渠道、多方式地开展研究。

(4)训练学生撰写报告的能力

报告的撰写是呈现研究成果的重要环节。学生们一开始可能会对研究报告的撰写比较陌生。这时候需要教师统一召开指导会议，指导学生报告撰写的技巧。通过提供报告范例，结合自己的课题研究成果，让学生在模仿中逐渐习得报告撰写的技巧，掌握报告撰写的方法。

(5)报告答辩，提升学生的表达能力和反思能力

报告答辩是学校给社团学生提供的展示研究成果以及反思改进研究进程的重要环节。在答辩现场，学校会聘请专家为学生的课题答辩提出建议，学生在跟专家的深度交流中，提升了表达能力和思辨能力。

4. 荣获成绩

金鹏科技社团经过几年的发展，陆续在海淀区级以及北京市级的金鹏科技论坛的比赛中获得佳绩。

表 3-12　金鹏科技社团部分获奖名单

序号	课题	项目作者	获得奖项
1	关于北京市海淀区民族小学五年级学生课外班的调查报告	五(3)班 蒋绘筠 熊慕遥	一等奖
2	让老师的奖励更有效——北京市某小学学生最喜欢和最经常得到的奖励调查	五(6)班 师雨然 贺子睿	二等奖
3	关于小学生饲养宠物的初步调查	五(8)班 梁菀殊 郑涵之	二等奖
4	五种瓶装饮料开盖后含菌量研究	五(6)班 刘航宇 朱秒涵	二等奖

(六)植物种植社团

在学校植物种植社团的组织下，同学们与中国科学院植物所的专家老师共同研究有关植物的问题，和社团老师们一起种植自己喜欢的绿植，将社团活动与科学研究相结合，植物实践活动的开展为学生带来了多元的实践和锻炼机会。

目前，植物种植社团活动主要针对二年级至六年级的学生开放，根据学生的年龄和认知规律，安排不同的课程和活动。二年级和三年级主要参与学校的“我们的绿色方田”课程，由浅入深地学习植物种植知识，包括初春种植及观察、室外种植及观察室内水培植物三部分内容。四年级至六年级热爱植物并且有一定的研究

兴趣和能力的学生，可以参加海淀区少科院植物研究所的活动，获得更多的锻炼机会。

植物种植社团活动与课程丰富多样，开展的过程中，学生通过学习、研究、动手种植、总结、展示等方式，系统地学习，全方位参与其中，取得了很好的学习效果。

植物生长的秘密初探

一、制订课程计划

教师与学生依据课程特点，讨论制订课程实施的具体计划与时间表，并向师生征集建议。各班依据课程总计划制订具体的课程实施细节。

我们将所有的课程计划任务以“周”为单位展开，提高了课程实施效率。我们还成立了各班的植物种植圈子，邀请家长进“圈”组织大讲堂，并请家长指导孩子进行翻土、种植等工作。

二、课程实施具体步骤

1. 启动宣传

有了详细的计划，我们便按照时间表开始了“植物种植——播种节”的课程启动活动。我们以全校的主题升旗仪式为平台，向全校师生介绍了我们的课程，还向全校同学发出了营造绿色和谐校园的倡议，争做绿色校园的传播者、践行者和实施者。

2. 课程知识学习

为了圆满完成从播种到收获的整个过程，全体老师联合专家、家长一起行动。专家和家长们给了我们很大的支持与保障，开设与本班播种节有关的大讲堂活动，并陆续为我们提供种子、有机化肥以及技术上的支持。同时，还邀请专家到校，向学生介绍植物的科学知识，拓宽学生的视野。

3. 种植实践环节

四年级组首先确定了可供播种的土地，并请数学组的老师们带领学生运用课本所学知识，开展土地面积测量活动，将围绕北楼及体育馆的五块土地分为七块，再让各班同学代表抓阄分地。各班同学都推选了自己班运气最好的同学来抓阄，最终都高兴地领到了自己班级的土地。

根据科学老师与校园植物管理园丁的推荐，各班学生共同商讨，根据地形、土壤因素等确定了各自班级要种的植物。科学课上，老师带领大家学做植物观察记录表，将植物各个阶段的生长现象记录下来。语文学科布置了植物生长的观察周记和自我评价表，记录植物种植工作。美术老师带着同学们设计了各自班级的植物介绍标牌，英语老师让我们为种植的植物绘制英文标志牌，老师和同学们共同学习植物的英文词汇。学生还要为所种植物制作生长手册。丰富多彩的前期预热活动让同学和家长对植物种植课程都充满了期待。

每次活动孩子们都特别用心。活动中有的同学小手被土壤弄黑了也不嫌脏，有的衣服脏了继续干活，有的小脸上也有土了，却洋溢着快乐的笑容，孩子们别提有多高兴了。例如种大蒜活动中，孩子们无论大小，细心安静地剥着蒜皮，最后每个孩子的手都是一股浓浓的大蒜味，而且还黏黏的，可大家照样认认真真地把蒜瓣一个一个穿到铁丝上，再把它们细心地放到盒子中，轻轻地放上适量的水，等待日后长出小蒜苗。

学生分组负责植物的观察与培育工作，遵循植物生长的规律进行探究性学习。孩子们都特别珍惜自己亲手种下的农作物，经常在午休时间过去查看照料。很多同学自发地为植物搭起了篱笆或护栏，有的班级还特别设立了浇水小组，避免同学们争先恐后地浇水淹死植物。年级组和社团的孩子们看着自己的植物生根发芽，把结出的小果子拿回班级展示，在活动中真正体验了一把“锄禾”的成就和快乐。

4. 成果展示

在每学期植物种植课程结束后，我们都会给学生一个展现自我、体验成功、得到肯定的机会。让他们欣赏自己劳动的欢乐场景照片，交流自己快乐的劳动体验，他们的心中会充满自豪感。每个同学都有许多令人难忘的精彩瞬间，通过展示交流，大家都特别有成就感。成果展示受到同学们的称赞，学生在展示中体验到成功的滋味，感到一种被肯定、被需要、被欣赏的喜悦，从而享受到劳动实践活动的乐趣。

5. 课程评价

课程以学生参与课程的态度、积极性、学习水平几个方面与最后的展示成果评价相结合。对于参与市区比赛获奖的学生，给予鼓励与加分。所有的成绩作为幸福公民课程评价表中的一项进行记录，并在每个学期的结业式环节上，与评价手册一同发到学生手中。

许多学生将自己的观察与研究撰写成科研报告，并参加海淀区金鹏科技论坛活动，取得了非常好的成绩，多名学生获得区级一等奖、二等奖。

多年来，在学校参与的每届北京市中小学生植物栽培大赛中也屡获佳绩，2017年民族小学成功申请成为海淀区少科院植物研究所两所小学中的一所，学校还连续被评为海淀区科技示范校。

植物种植锻炼了学生的动手能力，培养了学生热爱劳动的情感，树立了环保意识，启迪了学生的智慧，陶冶了学生性情，促进了学生全面发展。植物种植是集动手动脑、耕耘收获、陶冶情操于一体的活动，不仅操作性强、趣味性强，而且具有特殊的教育功能。学生亲自种植、养护、收获，展示的过程更是孩子探索、认知自然的过程，不仅提高了学生的实践能力和认知水平，而且还培养了孩子探索观察的习惯及热爱自然、热爱生命的美好情感。

植物种植给了孩子们亲近自然的机会，让同学们去耕耘、收获、感受，有效地培养了学生学科学、用科学、爱科学和积极探索、勇于创新的精神，培养了学生亲近土地、热爱大自然、尊重劳动、懂得感恩的思想感情，切实加强和推进了学校的科技素质教育工作。

（供稿人：窦丽娜　李艳红）

（七）单片机社团

民族小学的单片机社团成立于2013年，主要通过组建梯队的方式开展课程和活动，目前主要面向五年级的学生。单片机社团现采用DP901型器材。单片机就是简化版的电脑，也包括了输入设备（键盘）、显示设备（数码管、三色灯）、存储芯片、运算芯片等。

单片机是生活中一切数码设备的核心组成部分。十字路口的红绿灯，五颜六色的霓虹灯，家庭中常用的遥控器，各种电器控制面板的核心部分都是单片机。将单片机的输出设备换成电机、轮胎、连杆等，它就变成了遥控车、机器人。单片机社团将活动联系实际生活，运用多种实验活动激发学生的学习兴趣，学习单片机的相关知识。

参加单片机的训练活动有助于锻炼学生的空间想象力、逻辑思维等能力，提高思维敏捷性和学习的专注度，为今后学生更加系统地学习科学知识奠定基础。

单片机社团的学习内容及活动方式具有竞技性，学生通过社团学习，团队合作，在老师和专家的指导下参加区级、市级、国家级的不同竞赛，不断提升自己的能力。近年来，民族小学的单片机社团逐渐形成发展的良性循环，建成梯队、形成传统，一年一个台阶。有越来越多的同学参加市区级的竞赛，取得了优异的成绩，累计获奖 40 人次。

（八）微电影社团

党的十九大提出了加强影视教育的要求。优秀影片具有生动、形象、感染力强等显著特点，蕴含着丰富的思想、艺术和文化价值。微电影社团的成立填补了学校影视教育的空白，利用优秀影片开展中小学生影视教育，是加强中小学生社会主义核心价值观教育的时代要求，是落实立德树人根本任务的有效途径，是丰富中小学育人手段的重要举措。

微电影社团的课程内容主要分为：摄影基础、设备使用、影视赏析和独立创作四个阶段。学生通过社团课程和活动了解电影的发展史，学习微电影的发展、构图、景别、光线、色彩、视听语言、剧本写作、拍摄方法、剪辑等内容。社团通过开展“景别拍摄练习”“构图拍摄练习”“影视赏析”“仿拍”“校园风景采集”等活动，为学生提供体验实践的机会，让学生能够边学边做，学以致用，充分体会摄影、微电影制作的快乐。

学生因为兴趣和好奇走进微电影社团，在社团中收获自信。同时在学习的过程中，用视听语言表达自己，给自己提供多种展现和表达的方式。摄影更能提升学生的审美意识，帮助他们发现生活中的美好，提供更多元的记录方式。近年来，孩子们也陆续在竞赛中取得了良好的成绩，如海淀区电脑作品竞赛一等奖、海淀区科协影像大赛一等奖等，学生的学习积极性也因此受到了极大的鼓舞。

（九）编程社团

民族小学的电脑编程社团是针对高年级学段、对计算机编程感兴趣的学生进一步深入学习而开设的。社团课程内容是与其他学科相融合，运用一定的算法及 Scratch 语言编写相关程序。目前开设的是计算数学编程，主要是以数学学科知识为基础、奥赛信息学为依据，开设算法编程课。

目前社团的主要成员是五、六年级的学生，社团集中开展编程基础课的学习。编程界面直观、简单，不需要学生记忆各种晦涩的指令、代码，而是采用图形化界面，以及积木式编程方法。学生可以在编程过程中，充分发挥自己的想象力，亲手设计电脑游戏、卡通动画，满足他们爱玩的心理，直观认识编程逻辑。在学校普及编程课程的基础上，部分对编程非常感兴趣的学生想继续深入学习编程，就可加入学校编程社团。

在编程社团学习中，具有严谨逻辑结构的学习任务，充分训练了学生的高阶思维能力；在程序调试中，培养了学生耐心细致地纠错分析能力。学生在编程社团的学习中不仅学习了编程知识，更重要的是训练了解决问题的思维方式和思维能力，磨炼了耐心细致的学习品质。编程社团成立以来也陆续取得了海淀区编程竞赛一等奖、北京市创意编程竞赛一等奖、全国人工智能设计一等奖等好成绩。

（十）天文社团

天文学是一门充满奥秘的学科，特别能激发起学生的求知欲与探索欲。学生抬头仰望星空，产生无限的遐想，激发他们探索宇宙无穷奥秘的兴趣。天文社团的成立为中高年级的学生提供了开展天文观测活动、理解天文知识的机会，为学校里的天文爱好者搭建起一个学习交流的平台。民族小学为天文社团聘请了中国科学院国家天文台天文教育专家为指导教师。

由于民族小学的地理位置关系，学校受到的城市光污染比较重，难以开展观测活动，因而教师在课上利用多媒体课件、天文软件等手段激发学生兴趣，进行模拟观测。教师们带领学生认识四季星空，了解四季的星座标志，牢记天空中的亮星及名称。也会邀请学生介绍一些有关星座的神话故事或知识，介绍太阳系行星的具体情况。课堂上教师要求学生在条件允许的情况下要注意观测金星，并能够拍照与同学们分享。天文观测离不开天文望远镜，望远镜的组装与使用是天文知识学习必不可少的内容。民族小学有四台天文望远镜，在上课时学生轮流操作，掌握使用方法。教师也鼓励学生个人利用业余时间开展观测活动。

最近几年，民族小学每年都组织学生参加北京市的天文知识竞赛，获得一等奖的有 3 人，摄影作品一等奖有 1 人。

智育不是一蹴而就的，不是单一的传授知识，智育本身具有丰富的内涵，是一个复杂的教学过程。智育的关键在于对学生的点拨与启迪，为学生创造学习知识、发展思维的有利条件，提高学生的认知能力，培养学生的思维和创新能力。

民族小学在发展智育的过程中不拘泥于传授知识，但同时也不否认基础知识的重要性。因为没有知识的厚度，就难以达成创新的高度。智育的目的不在于让学生掌握一个个的知识点，而在于让学生在积累知识的过程中养成学习的意识，打开思维与视野，不仅在学校里、课堂上学习，更要在社会上、生活中思考与探究，拥有持续的学习力。

发展学生智育不能与德育、体育、美育和劳动教育割裂开来。学校一直致力于将智育贯穿于学生教育的全过程，实现“五育”并举，全面发展学生的综合素质。目前民族小学在发展智育方面已经积累了一定的经验，形成了自己的思考，在将来也会不断探索发展智育的新模式，为学生形成终身学习的能力而不懈努力。

第四章　以体塑人，促进学生健康成长

学校体育是实施素质教育、促进学生全面发展的重要途径，对于促进教育现代化、建设健康中国和人力资源强国，实现中华民族伟大复兴的中国梦具有重要意义。当前，国家高度重视学校体育，出台了多项政策措施，为全面加快推进学校体育发展，增强学生健康提出要求、指明方向。民族小学深入贯彻落实国家各项政策精神，深化学校体育教育教学改革，坚持健康第一的教育理念，聚焦“享受乐趣、增强体质、健全人格、锤炼意志”的目标引领，完善学校体育“健康知识＋基本运动技能＋体育综合活动＋专项运动技能”的课程架构，为进一步推动学生文化学习和体育锻炼协调发展，切实发挥体育在培育和践行社会主义核心价值观、推进素质教育中的综合作用，培养德智体美劳全面发展的社会主义建设者和接班人而不断探索和实践，逐渐形成并发展独具民族小学特色的体育课程模式。

第一节　新时代学校体育的发展

党的十八大以来，党中央和国家高度重视体育和学校体育工作，提出了一系列关于学校体育工作的战略思想。体育强国梦与中国梦息息相关，把健康中国建设作为中国梦的重要支撑，把学校体育工作融入实现“两个一百年”奋斗目标大格局中去谋划。

一、中国学校体育的改革与发展

（一）新时代学校体育的发展

党的十九大报告提出：“经过长期努力，中国特色社会主义进入了新时代，这是我国发展新的历史方位。”新时代的到来，为学校体育的发展带来新的气象，也提出新的要求。

2020年，为了贯彻落实习近平总书记关于体育强国建设的重要指示和全国教育大会精神，国家体育总局和教育部联合印发《关于深化体教融合 促进青少年健康发展的意见》(以下简称《意见》)。《意见》中明确了新时代学校体育的改革方向和奋斗目标，要求进一步深化具有中国特色体教融合发展，推动青少年文化学习和体育锻炼协调发展，促进青少年健康成长、锤炼意志、健全人格，为培养德智体美劳全面发展的社会主义建设者和接班人而继续努力。与此同时，《意见》中还明确提出了体教融合的深化改革问题，要达到以文化育人、以体育育人，让体育在育人方面的综合功能和价值得到更大的释放，发挥更重要的作用。这个理念与“五育”并举、“五育”融合的精髓相一致，“体育具有改变世界的力量”。体育内在包含了德育、智育和美育，其对青少年学生的身心发展具有全面、独特和不可替代的作用。

当前，学校体育蓬勃发展，开齐开足体育课，越来越多的学生积极主动参与体育运动、户外运动，在运动中享受乐趣，掌握更多的运动技能，提升品德素养。这一变化与学校体育课程不断深化改革与创新有着密切的关系。但与此同时，全国学生体质健康调研结果显示，中国青少年学生体质健康整体上仍未得到根本性好转，特别是速度、耐力、力量等体能素质30多年来呈现持续下降趋势，肥胖率、视力不良检出率仍在上升。虽然通过近年来国家出台的一系列改善青少年体质健康的政策和措施，学生体质健康水平下滑的趋势有了一定缓解，但形势依然严峻。“少年强则中国强，体育强则中国强。”因此，青少年体质健康问题是关系整个民族健康素质、关系中国人才培养质量的大问题。新时代背景下，通过学校体育的改革发展，以体育教育为落脚点，夯实课程基础，发挥体育育人的价值和功能，为学生的健康保驾护航。

(二)健康第一，促进学生的全面发展

“让青少年健康成长，是国家和民族的未来所系。”健康第一，促进学生的全面发展是学校体育工作开展的宗旨和目标。学校体育以此为引领，深入开展体育教育教学，以运动能力的培养、健康行为的促进、体育品德的塑造这三项核心素养

的培养为抓手，并将其作为课程建设与实施的出发点、落脚点，在学校体育课程中逐一落实。

1. 对运动能力的培养

运动能力是指体能、技战术能力和心理能力等在身体活动中的综合表现，是人类身体活动的基础，具体表现为体能状况、运动认知与技战术运用、体育展示与比赛等。运动能力的培养，有助于提升学生身体基本素质，增强体质，掌握运动技术技能，为学生的健康成长奠定基础。学校体育是培养学生运动能力的重要途径和方式，学生通过了解体育锻炼知识，提升运动能力，包括掌握一到两种专项运动技能，从而提升身体素养，发展强健的体魄。

学校体育教育要针对不同水平段学生的身心特点、年龄特征、性别和能力差异，设计不同的运动项目，并以游戏的形式开展课堂教学。同时，重视兴趣在运动能力培养过程中的重要作用。运动兴趣是促进学生自主学习和终身坚持体育锻炼的前提，只有在激发和保持学生的运动兴趣的前提下才能达到终身体育的好习惯。因此，学校体育课程要利用体育课和大课间时间，对学生进行积极引导，根据各自能力不同而制定运动项目单，匹配其感兴趣的运动项目，并引导其坚持。同时，注重有突出项目优势的学生，提供适当的机会和平台，助力其发展体育特长。运动能力的提升具有个性化特征，不同的学生能力提升的基准、标准、要求以及目标都不尽相同。因此，在学校体育课程开展的过程中，一定要尊重教育规律、学生成长规律，从实际出发，设计符合学生需求和实际的课程。

另外，课程的模式也对学生运动能力的培养产生影响。枯燥无趣的体育课提不起学生的兴趣，不能引起他们的关注，教学效果可想而知。因此，要根据不同的运动能力教学目标，设计灵活多变的课堂教学模式，吸引学生，调动其参与锻炼的积极性和主动性。例如在体育教育中，通过体育游戏的方式，有效地帮助学生形成运动能力，同时享受运动的乐趣。在体育课堂中，以体育运动运球技术为素材设计的体育游戏练习，即学生在规定的区域里，每人手持一球，进行运球练习，要求在运球的同时去抢断别人的球。这个游戏练习与传统的运球练习方式截然不同。首先，这个练习能让学生对运球的要求和重要性有更深的体会和认知。其次，学生可以根据需要进行各种运球练习。再次，练习环境接近比赛场景，学生既要时时保护自己的球不被抢断，又要寻找机会抢断别人的球，这种看似随意的运球练习更容易帮助学生提高运球技能。最后，学生的学习乐趣、积极性、主动性被充分调动起来，学习的效率显著提高。生动有趣的体育课堂一改以往的形式，充满乐趣，注重激发学生的兴趣和专注程度，能够有效地达成体育课程目标，实现学生运动能力的提高。

2. 对健康行为的促进

小学体育是以身体练习为主要手段，以学习体育与健康知识、技能和方法为主要内容，以促进学生健康，培养学生终身体育意识和能力为主要目标的课程。以健康第一为目标，首先要实现对健康行为的促进，健康行为的促进又以了解并掌握体育运动健康知识为前提。所以，针对小学体育核心素养的培养和教学，教师应该注重向学生传授有关体育运动方面的健康知识，以实现体育教学目标。具体教学中，教师可以根据小学生的认知规律和机能活动的特点安排健康知识的教学内容，在学生学习运动技能、参与运动时，教授其安全意识和防范方面的知识，如体育运动的安全注意事项。学生通过在实践中的耳闻目染，逐渐形成体育运动的健康知识体系，并内化于体育运动的开展。

在教授健康知识的同时，还要针对健康行为进行教学引导。教师要结合学生的身体素质，有针对性地开展体育活动，结合学生的身体负荷情况开展教学，防止安全和身体事故。针对小学体育教学，教师应该了解相应体育运动开展中存在的不安全因素，向学生讲述注意事项，以此来提高体育运动的教学安全性。在体育教学过程中，教师要坚持严谨的教学态度，向学生传授健康准确的运动技巧和科学的运动方法，了解学生的运动习惯和运动能力，开展准确和科学的体育运动技巧教学，从而确保学生掌握更加合理的体育运动技巧和方法，提高体育运动效果。①

通过对体育运动健康知识和健康行为的关注，促进学生体育运动健康行为的发展，实现安全地参与体育运动，消除学生害怕参加体育运动的情况。

3. 对体育品德的塑造

体育是一种挫折教育，通过体育运动培养学生团结互助、敢于拼搏勇于进取的精神，体育的魅力不在于输赢，而在于如何看待输赢，体育能够教会学生如何体面地输，也能教会学生如何光明正大地赢，通过体育运动培养学生良好的体育

① 陈淑芹：《小学生体育学科核心素养的培养》，载《西部素质教育》，2019，5(17)。

品德。

体育运动的对抗性可以培养学生努力拼搏的精神。体育运动具有鲜明的对抗性，通过比赛判定输赢。在遵守规则的前提下，学生们为了胜利拼尽全力，努力争取。这不但有赖于平时的刻苦训练，还与学生个人积极向上的精神面貌、努力拼搏的坚强意志分不开。因此，体育运动的对抗性，一方面教育学生在参与的过程中要竭尽所能，发挥出自己最佳的运动状态，另一方面还教育学生成绩的取得来自平时的认真学习和刻苦训练。

体育运动存在较强的规则性。体育运动规则明确规定违规行为与合规行为及其产生的后果。体育比赛具备特殊的规则，规则体现了其平等性与公正性，违背规则要接受处罚。这种奖惩规则体现着法则思想与社会公德观念。体育运动的比赛规定制约着现场的行为，所有的行为要符合规则，便于学生养成遵守规则的良好习惯。在体育运动中，教师要引导学生遵守比赛的规则，控制自己在现场的行为，允许有一定程度上的身体对抗，但是不可以不择手段地伤害他人，以免侵犯别人犯规，在明确的规则之下，学生健康行为会被进一步规范，有助于学生健康文明行为的形成，感知纪律的威严。

体育运动具备较强的团队合作性。在体育运动团队中，作为团队的一员，要想取得胜利，就必须要借助团队的力量和智慧。例如在足球、篮球等团队项目中，个人的技术再好，如果缺少团队配合，也不会取得胜利。在团队中，每个学生都必须对自己在团队中的角色进行定位，并积极参与到团队中，与团队中其他成员齐心协力。而教师在团队中，充分发挥主导作用，引导学生互相配合与尊重，分析学生个人的优势和劣势，通过指导和控制，实现团队目标。因此，体育运动的团队合作性，让孩子们能够充分体会到集体的力量和作用，让个人融于集体，培养他们的团队精神，提升团队意识，增进互相包容和理解，增强学生的社会属性。体育运动的对抗性促进学生努力拼搏。体育运动具有鲜明的对抗性，通过比赛判定输赢。

二、民族小学体育教育的理念 >>>>>>>>

（一）激发兴趣，享受体育运动的乐趣

体育运动的魅力除了能够锻炼身体、增强体质外，还在于能够给孩子们带来乐趣。孩子天生喜欢参加各种体育运动，这是孩子的天性。通过多种多样的身体活动、体育运动，孩子在室外尽情地奔跑、踢球、跳绳……呼吸着大自然的气息，秉承天性地活动身体，神清气爽，精神愉悦。因为获得了乐趣，所以会在潜移默化中渐渐培养出对体育运动的兴趣。乐趣和兴趣的激发，是相辅相成的，而孩子体育运动习惯的养成、正确的体育观的树立都有赖于兴趣的培养。因此，民族小学的体育教育本着激发兴趣，享受乐趣的初衷来架构课程体系，实现体育课内容的丰富性，体育课教学模式的多样化，秉承着“不仅有意义，还很有意思”的原则为孩子们精心设计每一节体育课和每一次体育活动。

（二）培养习惯，播下终身体育的种子

体育教育更深远的意义在于在学生心中播下一颗种子，通过学校和老师的教育与引导，滋养这颗种子生根发芽，长成终身体育的参天大树。这颗种子就是良好的体育习惯。学校通过各种有意思、有意义的方式，激发学生兴趣的同时，帮助学生养成良好的体育运动习惯。例如最简单的跑步锻炼。民族小学的跑步活动既不简单也不枯燥。为了让学生能够从最基本也最容易放弃的跑步开始养成锻炼习惯，根据不同的学生特征、不同的运动水平、不同的身体条件，设计了多种跑步形式，学生们在自己喜欢的跑步模式中体验着来自运动的乐趣，久而久之，会在潜移默化中形成兴趣，直至习惯的养成。

好的习惯受益终身，民族小学的体育教育理念就是为了帮助学生喜欢体育、爱上体育，让体育伴随孩子成长，在体育中获益。

（三）以体塑人，培育健康幸福的公民

体育蕴含着丰富的育人价值，德、智、体、美、劳“五育”的因素和价值都能够在体育教育中得以体现。例如，在体育运动中可以锻炼身体，增强体质，这是

体育的表现；在体育运动比赛中，可以通过合理地使用比赛规则赢得比赛，这是智慧的体现；在体育运动中表现难美型的运动项目，是美育的一种体现，这些就是体育育人的综合价值。

民族小学紧紧抓住体育的育人价值与功能，不断提高体育课程质量，使体育课程校本化，将特色体育融入体育课堂教学中，开发适合孩子们的体育项目，进而设计适合孩子们成长的体育课程，在可能的情况下，开辟出让每一个孩子奔跑的"跑道"。同时给予学生选择权，让他们喜欢课堂，喜欢体育，真正实现通过体育塑造每一位学生，培育健康幸福的公民的目标。

在学校体育课程改革中加强对学生各方面素质的培养是体育教育一直以来的目标和追求。新课标提出，培养学生自主锻炼、终身体育的意识，提高学生的社会适应能力等内容，这些也是培养体育学科核心素养的直接体现。体育核心素养是包括知识、技能、品质、道德等多个方面在内的综合体，因此核心素养需要学生日积月累，在学习生活和实践中积沙成塔，并在深入学习中培养习惯，树立正确的学习态度，掌握学习规律。新时代，培养学生的体育核心素养，让他们在体育活动中能够放松身心，劳逸结合，形成良好的品质，实现全面发展，未来能够很好地适应社会发展和需求。学校体育教育以培养小学生素质全面发展为重要内容，所以将体育课堂作为媒介培养学生的核心素养是最有效的途径和载体。

第二节　民族小学体育教育课程建设

体育学科的素质教育注重学生的身体锻炼、体育技能的掌握，以及学生心理素质的提高，让学生们能够更加适应社会的发展，形成一定的抗压能力，激发学生们的自驱力和潜在能力，让学生的人格发展更加全面。民族小学的体育课程建设，以此为出发点，根据学生特点、着力重点和亮点，构建了"健康知识＋基本运动技能＋体育综合活动＋专项运动技能"的课程架构，凸显民族小学特色的体育课程模式正在不断建设完善。

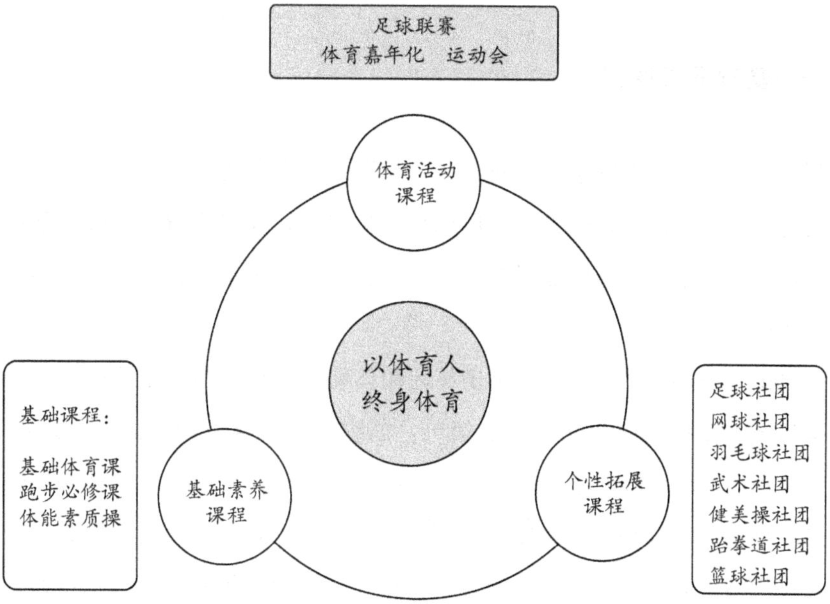

图 4-1　民族小学体育教育课程构建

民族小学的体育课由一开始单一的田径课过渡到跆拳道课、网球课、健美操课和普体课，现在又增加社团课，并且还设置跑步必修课。通过这样的体育课动态变化，来反映学校对不同时期体育教育的探索和思考。民族小学的体育课程构建在“和而不同，快乐成长”育人理念的指引下，将“健康知识＋基本运动技能＋体育综合活动＋专项运动技能”融入基础素养课、个性拓展课和综合活动课之中。基础素养体育课满足学生对体育的基本需求，让学生掌握健康知识和基本的运动技能；个性拓展课程满足学生个性发展的需求，通过专项运动技能的培养，让学生体育运动学有所长；体育综合活动课程面向全体学生，为每个孩子搭建展示自己体育素养的舞台。通过对个性化的关注，单项与综合项目融合，帮助学生激发对体育运动的兴趣，树立正确的体育观，养成体育锻炼的习惯，培养终身体育的意识。

小学体育是一门重要的课程，不仅关系到学生自身的健康和个性发展，还关系到国家的人才培养质量。所以在小学体育教学中，采用恰当有效的策略实施教学，并不断地反思教学，总结经验，不断地优化和改进体育教学策略。同时，着重培养学生体育学科核心素养，让学生在掌握运动知识和技能的基础上爱上体育，培养良好的体育精神品质，成为一名拥有健康体魄和科学体育素养的人。

一、基础素养课程 >>>>>>>

民族小学体育课根据学生不同的运动基础与能力制定上课内容，每个能力水平都设有基础素养课程，设计课程目标与教学内容，确定体育与健康基础知识和体育运动技能。基础素养课程又分为基本身体活动、体操类活动、球类活动、武术和民族民间体育。

在基础素养课程里有一项是跑步练习和体能素质操。跑步是民族小学的必修课，其特色主要体现在三个方面。第一，创意操场。学校南校区学生接近 1600 人，要想利用 200 米跑道跑起来几乎是不可能的事情。学校领导和体育教师们为了能够让孩子们跑起来，根据操场的情况，因地制宜，合理设计，形成了一套独具民族小学特色的跑步方案，从而容纳了多个年级的学生同时进行跑步锻炼。针对北校区一、二年级拥有一块独立的操场的现状，并结合他们的身心特点，学校自编自创了一套学生喜欢的跑步操。第二，对学生跑步强度进行量化管理。民族小学的跑步锻炼并不是简简单单的跑，也不是只着重量的跑，在强度控制，跑几圈，每圈配速多少，心率如何监测等方面，都有非常明确的要求和指标。将简单的跑步做细致、做科学、见实效，这是民族小学体育课程构建原则和理念的充分体现。第三，跑步形式多样化，充满乐趣。民族小学的跑步锻炼有双人结对跑，让距跑等多种形式，为学生增加了锻炼乐趣。学校在操场安装了醒目的电子表，意在鼓励孩子们课间能去操场上跑步玩耍，让身心得到放松和锻炼。

激发潜能的接力跑

跑步是学校的必修课，接力跑是民族小学跑步课程的一种重要形式。在体育活动中，教师把学生分成若干个人数相等的小组，从相同的起跑线由排头跑出，绕固定的标志物返回，和第二个人拍手形成接力，第二个人才能跑出，往返循环直至同组所有人都跑完一次，各小组以最先完成接力跑的为优胜。此练习内容能够锻炼学生的力量、速度和爆发力，还能建立比赛规则意识，要求学生不能出现抢跑等犯规行为，学会鼓励小组中能力较弱的同学，开动脑筋找到战胜其他小组的方法，在练习和比赛当中学习正确的跑步动作等。接力跑具有竞赛性，提高了学生的参与热情，能够让更多的学生参与其中，让更多的学生表现出优秀的跑步水平，与此同时还发挥了很重要的育人价值。因此，通过接力跑这样的方式进行跑步锻炼，其价值和意义不言而喻。

（供稿人：邢立刚）

发展有氧耐力的全员跑步

为了发展学生的有氧能力，民族小学在组织学生接力跑之外，还组织时间较长的有氧耐力跑，全校学生都会参加。有氧耐力跑步的时间安排在上午大课间。民族小学南校区一共有 4 个年级组，38 个教学班，由于场地有限，体育组教师开动脑筋，设计了独特的跑步方式，充分做到了因地制宜。每个班分为两路纵队，男生一路，女生一路，在各班的跑步距离两端各放一个标志杆，男生和女生分别到标志杆排好队，听到起跑口令后，同时出发绕两个标志杆逆时针跑步，以这样的方式保障了全校学生在操场井然有序地跑步，丝毫不乱。在跑步过程中还会适当地带领学生做移动的高抬腿、后踢腿、交叉步等步伐的变换练习。学生跑得不亦乐乎，不一会儿就都出汗了。

民族小学的有氧耐力跑步充分利用学校场地，结合不同年级学生的身体素质特点，选择不同的跑步方式，达到了锻炼身体的目的。

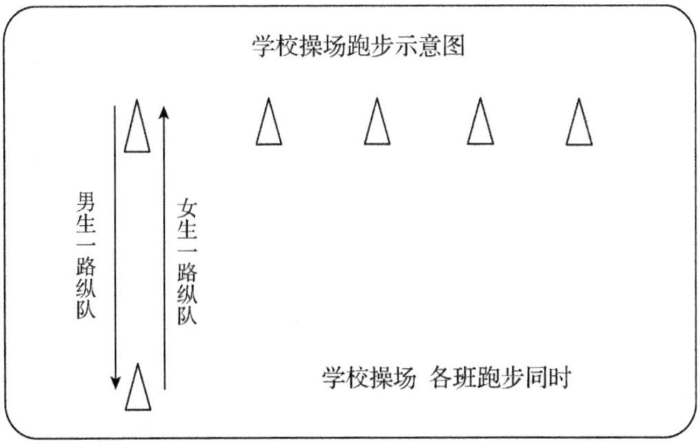

图 4-2

（供稿人：杨二伟）

内涵丰富的功能性体能素质操

功能性体能素质操可以最大程度地发挥身体各部位的功能，从而使学生得到锻炼。这套操的科学性体现在全身动作练习，关节链的练习，多平面的练习，七大动作模式的练习，脚踝、手腕、上肢力量练习，对学生身体素质锻炼具有重要意义。

体能素质操从动作上分解，融合了体能七大动作模式，分别是蹲、推、拉、旋转、弓箭步、弯腰和步态，这对于青少年来说是非常重要的，正确的动作模式能够营造良好的力学环境，让身体组织产生适应，保护关节，防止运动损伤。因此，将七大动作模式编入体能素质操，通过操的练习，让学生逐渐掌握运动技巧和运动技能。

体能素质操的编排融合了力量、速度、耐力、灵敏、柔韧等身体素质要素，在动作编排上也符合小学生身心发展规律；在实践中，体能素质操练习时间为4分30秒，平均心率在140次/分，符合学生身体素质的特点和发展需求。

表4-1 大课间——功能性体能素质操动作表

分组	节拍	动作	分组	节拍	动作
1	1×8	左臂外展	8	1×8	俯撑转体
	2×8	右臂外展		2×8	俯撑转体
	3×8	摆臂踏步		3×8	跪撑
	4×8	摆臂踏步		4×8	跪撑
2	1×8	上肢	9	1×8	登山步
	2×8	上肢		2×8	登山步
	3×8	重复1×8		3×8	摸肩
	4×8	重复2×8		4×8	摸肩
3	1×8	高抬腿	10	1×8	重复10组
	2×8	高抬腿		2×8	
	3×8	前交叉摸脚跳		3×8	
	4×8	前交叉摸脚跳		4×8	

续表

分组	节拍	动作	分组	节拍	动作
4	1×8	慢蹲	11	1×8	面对面击掌
	2×8	快蹲		2×8	面对面击掌
	3×8	慢踏步		3×8	背对背击掌
	4×8	快速小碎步		4×8	背对背击掌
5	1×8	开合跳	12	1×8	踏步
	2×8	开合跳		2×8	踏步
	3×8	膝腿跳		3×8	侧向拉伸
	4×8	膝腿跳		4×8	侧向拉伸
6	1×8	重复5组	13	1×8	开合跳
	2×8			2×8	开合跳
	3×8			3×8	膝腿跳
	4×8			4×8	膝腿跳
7	1×8	踏步	14	1×8	调整呼吸
	2×8	踏步		2×8	向上
	3×8	拉伸		3×8	向前
	4×8	拉伸		4×8	向下
				5×8	起身

（供稿人：康琳娜　张莹　杨二伟）

二、个性拓展课程 >>>>>>>>

尊重学生，关注学生专长，是民族小学开设个性课程的本质依据。兴趣是最好的老师，无论做什么事，只要喜欢就不觉得累，就一定能够做好。运动也是如此。根据学生的学习兴趣，民族小学成立了多个体育社团，包括足球、篮球、网球、健美操、武术、跆拳道、田径等。目前，参与其中的同学共 686 人，占学校总人数的 36%。除此之外，学校各个班级均成立了一支 10 人左右的足球队，一支 10 人左右的啦啦操队，占学校总人数的 53%。这些社团每周最少活动 3 次，每次 1.5 小时，部分社团每周活动 6 次，最长每次 2 小时。学校以种类多样的体育社团的形式，丰富个性拓展课程，让学生在符合个性特征与需求的社团中，增加每周的锻炼时间，在满足兴趣的同时，发展个体能力，提升专项素养。

小足球，大体育

民族小学足球社团的成立本着“为学生终身发展奠基，全面提高学生体质水平”的理念，把足球当成育人的切入点，开展特色足球教育活动，提高学生对足球运动的兴趣，在掌握基本的足球技能的同时，习得足球文化，提升自身体质，促进学生德、智、体、美、劳的全面发展。

措施1　明确育人目标

在日常的足球教学中，学校根据学生年龄、生理特点，将全校学生分成低、中、高三个阶段，教学内容按照由易到难、由浅入深的原则设计和安排。低段主要以熟悉球性，培养学生足球兴趣为主；中段主要以提高足球技能，了解足球文化，培养团队精神和磨炼意志为主；高段以提高足球技能和场上技能的运用，培养学生坚强、勇敢的意志品质和团队协作能力为主要目标。

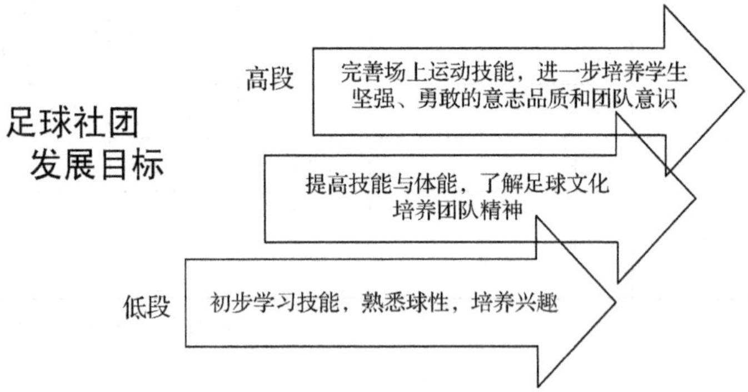

图4-3　足球社团发展目标

措施2　建立体育教师联盟，加强师资队伍建设

民族小学根据编制要求共有专任体育教师12人，有2名专项的足球体育教师。与此同时，学校采取有效的外引内培措施，引进优秀的专业人才的同时，开展各类常态化培训，提高本校教师教学水平，提升教师各方面的素质和技能。2014年9月，得益于“高参小”项目，首都体育大学开始参与民族小学的足球工作，共派遣十几名专业足球教练，与本校的足球教师一起开展足球训练工作，同时还引进了英国万国群星俱乐部三名英国专职教练走进足球课堂，形成教师、大学足球教练、俱乐部专业教练共同组成的体育教师联盟，为校园特色足球的开展提供坚强的人才支撑。

措施3　完善机制建设，加强科学训练

截至2020年年初，学校共有9支校级足球队参与训练，其中包括每个年级的男子梯队、女足队、守门员队。一队：六年级男生20人。二队：五年级男生17人。三队：四年级男生22人。四队：三年级男生24人。五队：二年级男生28人。六队A：一年级男生20人。六队B：一年级男、女生混编20人。女队：三—六年级女生25人。守门员队：三—六年级男生12人。所有队员每天训练2小时，每周训练5次，周末进行与外校球队的比赛。另外学校还成立有51个班级足球队。无论是校队还是班级足球队都有自己的队名和队旗。所有足球校队队员都以资源为前提，经过选拔入队。各班的班队利用周末时间进行训练，并相互约球比赛。为了保障学生的安全，学校制定了详细的安全医疗应急方案，并给参加训练和比赛的同学上有保险。

足球社团开展了丰富多彩的足球活动。为了更好地宣传学校的足球社团，弘扬足球精神，学校还建立了校园足球小记者站来对学校的足球社团进行采访和报道，让更多的学生在参与中了解足球，从而爱上足球。

措施4　开展校内足球联赛，激发学生兴趣

学校每年都要举行班级足球联赛，这也成了学校用时最长、场面最为壮观、师生家长最为关注、参与人数最多的比赛。比赛前学校会通过各种方式进行广泛宣传，调动孩子们的积极性，各自发挥特长，参与到整个比赛的过程中。孩子们自己设计海报，征集队歌、吉祥物、队徽。各个班级成立啦啦操队、班级足球队。为了能够在足球场上有更好的表现，班主任和家长利用放学、周末的时间对学生进行指导，各班自主约班进行热身比赛。班级足球联赛对提升学生足球水平有很大的意义和作用，同时也营造了更为浓郁的校园足球氛围，使得全体学生都能够参与其中，乐在其中，让孩子们体会到体育的乐趣，并激发他们积极参与其中的兴趣。

措施5　参与校际比赛，竞技育人

为了使足球队员的技术提高得更快，学校通过各种渠道，积极与兄弟学校建立联系，为学生参与更高水平的足球比赛搭建平台。队员们在一次次比赛中磨炼了意志，提升了水平，培养了团队精神。

总之，在小学阶段开展足球特色教育是一个长期的过程，只要遵循规律，正确引领，科学锻炼，学生在足球活动中就能够培养出良好的品质，并通过足球文化引领学生全面发展，实现小足球大体育的育人格局，将足球教育的育人价值充分发挥出来，从而提升足球特色教育的实效性。

（供稿人：邢立刚）

以武健体，以武树德

武术社团课程内容的选择上突出实用、多样、有层次、有吸引力的特点。选择实用性武术内容，让学生学了能演，学了能练，激发学生的学习热情；课程内容的设置多样化，满足不同学生的学习兴趣，如女生强身健体的太极拳、太极扇，观赏价值高的南方舞狮、猴拳、醉拳等，让学生学了能用，学了能演，学了能比，提高学生练习的积极性。课程设置难易结合，基础内容与提升内容结合，给学生学习上升空间，激发学生的学习动力。社团活动与各类学校活动、校外活动相结合，为学生创造多样的展示空间。

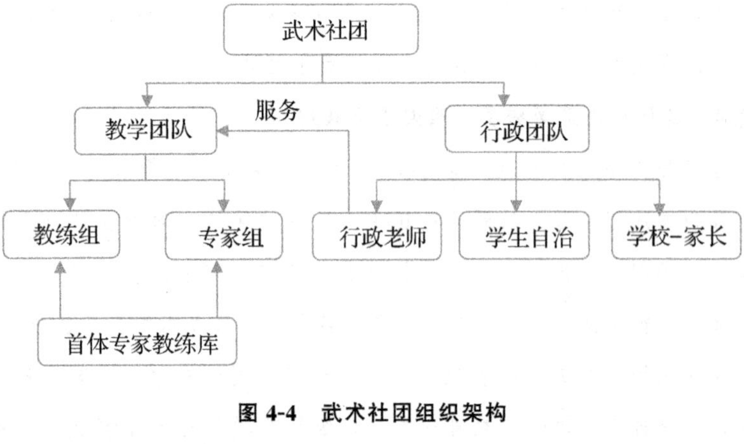

图 4-4　武术社团组织架构

教学安排松紧结合，课程间隔太短，挤占学生课余时间过多，学生易产生疲劳，失去学习兴趣；课程间隔太长，学生容易遗忘，影响学习效果。武术社团的教学实践安排在每周二、四、五的下午 3：10～5：10，其中周二、周五是利用课余时间，周四是选修课时间，综合起来，学生每周拿出 4 小时课余时间参与学习，占其正常课程时间的 1/6 左右，比重较为合理。参加表演或比赛的学生，在正常教学之外，由社团为其安排集中训练，队员自愿参加。

武术社团挖掘了学生的兴趣爱好，帮助学生培养了自立自强、拼搏吃苦的精神，如学校二年级的郑同学自小喜欢武术，参加武术社团后终于圆了自己的武术梦。凭借这种热爱，郑同学除参加社团训练外，每天都坚持在家训练半个小时，每个动作都要重复练习无数遍，直至烂熟于心。一次在训练期间，她生病发烧了，教练让她回家休息，但她坚持说："我在边上看他们训练就可以。"凭着这股韧劲，她在中小学生武术公开赛中获得了拳术冠军、初级刀术亚军的好成绩。

武术训练培养了学生吃苦耐劳、坚韧不屈的意志品质和勇于进取、挑战自我的良好品德。郑同学的妈妈说，孩子进入武术社团后，每次下课问她苦不苦、累不累，她都坚定地说："不苦不累，教练比我们还要苦还要累，我每天都盼着上武术课。"暑假期间，爸爸给她报了夏令营，准备让她出去放松放松，钱都交了，她却不肯去，坚持要去学校参加武术训练。每天晚饭后都要去外面练习一小时，无论刮风下雨，甚至生病也从不间断。吃饭时，她把筷子当成了刀；写字休息时，她把铅笔也当成了刀来练习动作。正是靠着这样的喜爱和坚持，这名同学收获了比武术技能更有价值的历练和成长，这将成为她一生的财富。

（供稿人：耿琳琳）

三、体育综合活动课程 >>>>>>>

在开展基础素养课、个性拓展课的同时，民族小学不断扩大体育的覆盖面，陆续开发了综合性体育节、单个体育项目的嘉年华等综合活动课程。通过搭建校内外多方平台，以综合性活动的形式，调动全部学生参与其中，为每个孩子搭建展示自己体育素养的舞台。传统的体育比赛中少数是"参加者"，多数是旁观身份的"参与者"，民族小学体育活动课程通过深入的体教融合，多元兼顾，开发出让每个孩子都能参加的体育活动，实现全员参与、共同收获。

综合活动课程秉承以下几大原则：其一，趣味性原则，在体育运动中加入具有趣味性的民间竹竿舞和运动嘉年华等，提高了学生的学习兴趣；其二，全员参与原则，学校鼓励学生全部参与运动会，通过体育比赛锻炼自己、提高自己；其三，教育性原则和规则性意识，在综合活动课程里，关注学生体育精神和人格魅力的教育与培养，在活动中通过评选文明观众、团队配合奖、集体荣誉奖等，来培养学生的体育文化精神。

彰显民族特色——创意运动会

2015 年 10 月 13 日上午，民族小学具有民族特色的运动会正式拉开了帷幕，每个班级都分别代表了不同的民族，老师们和同学们都积极主动地参与到了运动会的准备当中，将不同的民族文化融入班级中，在运动会的开幕式上呈现了精彩的表演。美丽的民族服饰、动听的民族音乐、孩子们优美的民族舞蹈成了运动会上一道道亮丽的风景线。不同的民族代表了中国不同的文化，中国文化博大精深，老师和同学们通过这次的活动更加直观、深入地了解了不同民族的文化知识，而且亲身参与了民族服饰的制作、民族舞蹈的表演以及民族知识的讲解。参与活动的包括白族、朝鲜族、独龙族、高山族、蒙古族、纳西族、藏族、壮族、满族等不同的民族的学生。

本届运动会在校领导的精心安排下，经过全校师生的密切配合取得了圆满的成功。运动会场秩序井然，体育赛事高潮迭起，全体裁判员和全体老师尽职尽责，努力工作。各年级各班级的工作做得扎实细致，同学们团结拼搏，意气风发。各部门能够全力以赴，通力合作，运动员们顽强拼搏、斗志昂扬，赛出了风格，赛出了水平，赛出了风采，展现了运动场上更高、更快、更强的体育精神。

本届运动会已经落下帷幕，它虽然短暂，但却给我们留下了许多启示和思考，我们要以此为契机，进一步加强体育工作和锻炼，继续推动体育活动的深入开展。让我们从这里起步，走向学习、生活的大赛场，向更远大的目标努力奋斗。

（供稿人：闫晓丹）

亲子运动会

2018 年 9 月 30 日，海淀区民族小学北校区举行了“大手牵小手，快乐向前走”一年级亲子运动会。通过这次运动，加强新生交流，给孩子以展示的平台，同时助力孩子的健康成长。早上不到 8 点，一年级 10 个班的家长就已聚集在操场上，等待着小小运动员的入场。孩子们到来后，安静而迅速地集合整队，齐唱国歌、校歌，高呼校训，整齐的气势让人赞叹。接着播放了孩子们入学一个月以来的学习与生活短片——上课、放学、阅读、吃饭、课间操……家长们看到孩子一个月来的成长和变化，不由得鼓起掌来，脸上洋溢着幸福的笑容。开幕式结束后，运动会各个项目的比赛与展示正式拉开帷幕。

此次运动会设有跳绳、足球、两人三足、叠衣服等 10 个项目，“大手牵小手”

玩得不亦乐乎！这边是“柔韧大比拼”。家长与孩子手牵手、脚对脚，在比谁能坚持得更久。葡廊里正在进行的是系鞋带比赛。“以前都是爸爸妈妈蹲下来给我系鞋带，这次换我给您系吧。”一绕带，二打结，三整理。小朋友系得认真，爸爸妈妈们也笑得很开心。

回望运动会前的这段时光，同学们每天都会在老师的带领下学习、锻炼，校园里处处能听到学生们积极向上、充满欢乐的童声，处处能看到老师们在辛勤育人。老师们孜孜不倦，只为能更好地引导孩子们适应小学生活，培养良好的行为习惯，在运动中得到自信，在学习中找到快乐。

（供稿人：王晓佳）

校园足球联赛

活动背景：

民族小学作为全国足球特色学校，一直坚持开展校园足球联赛，每个赛季都如火如荼，各个班级学生热情高涨，踊跃参赛，同时还有啦啦队为参赛班级加油打气。民族小学的校园足球联赛已经成为学校育人工作的一大特色，近年来连续开展的校园足球联赛取得了丰硕的育人成果。

活动意义：

(1)有利于提高学生的身体素质。

足球运动过程需要进行各种加速跑、急停、跳跃、变向跑等，这些都能使学生的身体得到适宜的运动刺激，促进力量、速度、耐力、灵敏、柔韧等五大身体素质得到全面发展，使学生的身体、意志品质和精神道德得到了锻炼与提高。

(2)有利于调节学生的精神状态，培养坚忍不拔的意志品质。

民族小学的学生有着不怕苦不怕累的精神品质，冬练三九，夏练三伏，无论刮风下雨还是大雪纷飞，总能在足球场上看到他们的身影。足球在孩子们心中已成为必不可少的一部分。虽然每天有着繁重的学习任务，学习压力比较大，但在课余时间参加足球运动，既可以转移注意力，又能提高学习的兴奋点，同时使他们能有充沛的精力投入到学习中来。足球运动增强了学生的体质，在进行足球活动和比赛时，学生顽强拼抢、积极跑动可以磨炼其勇于克服困难、战胜挫折，不惧失败，坚忍不拔的优良意志品质。

(3)有利于学生团队精神的养成。

体育比赛的魅力在于展现人的勇敢、果断精神，不断攀登人体极限的高峰；在于团结拼搏的集体主义和团队协作精神。足球比赛需要发挥团队的最大能量与对手对抗，要获胜必须依靠集体的力量，参与者在长期比赛过程中不知不觉地就会养成与队友之间相互配合、相互协作的习惯，同时意识到团队、集体的力量，有利于培养学生的集体主义荣誉感和团队协作精神，达到体育育人的目的。

(4)有利于培养良好的礼仪礼貌，构建和谐校园。

在足球比赛及各项足球活动中，使学生学会尊重裁判、尊重对手、尊重观众，在各种身体接触中学会宽容、学会谦让、学会道歉、学会帮扶等。同时在足球活动中还能学会互相交流、团结友好，学会文明观球、文明助威。这也是校园足球所传递的礼仪礼貌教育重要的组成部分，是校园足球以体育人的重要意义所在。

(5)家校共育同成长

作为足球特色校，民族小学提出家校共建美好校园等模式并形成“五育”并举的教学理念，从而达到家校合力的目的。让更多的家长走进校园、走进班级，参与裁判及管理等相关工作，不仅能增加教师与家长之间的交流，同时还能创建亲子间的交流契机，让每一个孩子都健康成长，让每一个家庭都充满希望。当今社会的孩子，独生子女为多，家长的极度关爱使得孩子们缺少竞争力及顽强拼搏的精神。而家长走进校园参与到足球联赛中，他们的心胸打开、心态转变，看到孩子在无数次摔倒、爬起、坚持、奔跑、争取中不断展现最好的一面，意识到了孩子成长的特点和规律，不断修正家庭的教育方法与思路。同时，也正因为有了家长幕后的支持与鼓励，才能使足球社团井然有序良好地发展下去。与此同时，学校一直秉承“读书、写字、跑步成为民小师生必修课，并提倡德、智、体、美、劳全面发展”的教学理念，使学生终身受益。同时全面落实各项教育方针政策，高度重视学校体育和学生的体质健康，按照体育与健康课程标准及有关规定开展体育教学和校园足球工作，是民族小学一直以来所秉承的理念。

（供稿人：马莉）

学校秋季运动会

在运动中享受乐趣，在运动中得到锻炼。民族小学运动会分年级开展，秋季运动会是最热闹的时候。根据各个年级情况，参赛项目也有所不同，有一分钟跳绳、一分钟仰卧起坐、集体跳大绳、接力跑、50 米等运动项目，学生们热情高涨，积极参与，在体育运动中尽情发挥。孩子们尽情地参与其中，释放天性，展示才能，各有所得，各有所获。每一次运动会之后，都会有很多孩子用各种方式记录运动会的精彩与感受。如六年级的一位学生写道：

“非常感谢学校组织的秋季运动会！我参加了很多项目，有个人项目也有集体项目，在体育比赛中我感觉非常开心，虽然没有拿到第一名，但是我收获了同学之间的友谊，在比赛中我们团结协作，互相鼓励，让我感受到了团队的力量。”

（供稿人：学生家长）

就连普通的运动会，民族小学的老师们也用尽心思，本着以学生为本的理念，设计出了丰富多样的形式，并充分利用好每个细节，实现多维度的育人目的。每次运动会都是老师、学生和家长们的狂欢日，是展现体育之美、精神之美、合作之美、道德之美、团队之美的最佳时刻。

第三节　民族小学体育课程实施原则和策略

体育课是学校教育中的重要组成部分，是基础教育改革的重要内容，对加强素质教育、实现新课程标准要求、提高国民体质具有不可替代的作用。尤其是小学阶段，学生年龄较小，正处于长身体的阶段，所以小学体育与健康课尤为重要，它是体育教育最基本的组织形式，是学生身心得到发展的基本途径。民族小学在体育教学方面进行了多种尝试与探索，摸索出以下课程实施原则和策略。

一、课程教学原则

（一）教学目标全面性

体育课程的教学目标具有全面性的特点。这个特点来源于体育深刻的内涵及其丰富的教育价值。体育不是简单的体育锻炼，其对人的影响是从里到外的。通过参加体育运动、体育锻炼、体育比赛，使人的身体强健、意志力坚定、道德品质优秀、内心强大，并在投入参与的同时，还能够感受到体育所带来的美感与震撼。体育有助于学生适应社会环境，完成人的社会化成长，知晓社会化规则。因此，在设置体育课教学目标时，目标的内涵和外延都主张全面性，关注学生的全面发展。在“五育”并举、“五育”融合的理念之下，民族小学体育课程的教学目标也充分体现了国家对学校体育的整体要求。

（二）教学方式多样性

体育课程教学方式多样性的体现，不仅仅在于课程基本架构的多样性，设置了基本素养课程、个性拓展课程以及综合活动课程，还体现在每一类课程中具体形式的交融性，产生极为丰富和更具价值的教学效果。如亲子运动会上对学生基本素养的激发、对学生个体专长的展示、对学生在团队项目中团队精神的激励，以及家校融合的形式，都对学生的综合性体育素养发展发挥了很大的作用和价值。除此之外，趣味运动会、田径运动会、体育嘉年华、校园冰雪项目等，形式各异、目标突出、效果多元的教学方式成了民族小学体育课程的显著特点，更是体育课程构建所秉承的作用原则。

（三）教学过程安全性

安全性摆在体育教学过程的首位。学校高度重视学生在进行体育锻炼时的安全问题，一方面，对体育教师进行严格的专业培训，提升安全意识，掌握安全问题处理办法，学会应急措施；另一方面，在学校体育场地和体育器材设施上加强安全管理、定期检查、定期维修、定期更新。体育教师在每一堂体育课之前都会认真备课、备学生、备教材、备场地，尤其是场地问题，预先了解场地，排除一切安全隐患。其次在教学过程中也会反复提醒学生注意安全，在组织学生进行游戏时，会讲清楚游戏规则、注意事项，以确保体育教学过程中的安全。

（四）教学效果育人性

教学的目标直指育人。因此教学效果的育人性是否显著，教学是否有效对于一堂体育课来说非常重要。而教学的有效性则重点体现在育人性上。在体育教学过程中，通过体育课中的组织、参与等，潜移默化地影响每一位学生，通过体育教学浇灌已经播种的“种子”，使体育教学能够切切实实地锻炼到身体，达到强身健体的目的，培养出优秀的具备体育核心素养的学生。教学效果育人性的保障，依托于对教育规律、学生成长规律的准确把握，更有赖于对学生个性特征的尊重，以及时刻将“和而不同”的理念贯穿在学校教育教学的方方面面。

（五）教学方法科学性

一方面，理论具备科学依据。民族小学的体育课程设置遵循三维设计理念，第一层次为以体育人，终身体育，通过体育培养健全之人，树立终身体育的理念。第二层次为校园体育核心素养，从健康行为、运动能力和体育品德三维目标培育学生。第三层次为学校体育课程分类，从基础素养课程、个性拓展课程和综合实践课程三大板块开展体育教学工作。因此，体育课程设置从设计理念上具备科学性。

另一方面，训练理论与实践结合，实践更加体现科学性。民族小学三大课程板块教学及训练的开展都遵循学生身体和心理发育规律，捕捉身心发育敏感期，通过适当干预促进学生健康发展。在体育教学实践上更加具有科学性，完整的一堂体育课分为热身环节、训练环节和放松环节，训练主题内容根据民族小学课程体系进度适当安排，具体训练动作依据学生身体素质发展水平而定。民族小学在以体育人整体上由上至下，从理论到实践，用科学性为学生的成长保驾护航。

二、实施策略 >>>>>>>>

（一）构建体教联盟

通过建立体教联盟，聚合各方资源，搭建平台，共同促进体育教育教学的发展，共同助力学生健康事业的发展，同时也获得双赢的效果。民族小学秉承开放、多元、民主的理念，与多方相关单位进行合作，联手打造体教联盟。与优秀的高等院校合作，在教育教学领域进行深入探究；与科研院所在科研领域进行合作，与社会体育场馆俱乐部等机构合作，实现教学场地的专业化以及场地利用率最大化；与兄弟学校合作，彼此交流学习借鉴，共同进步。体教联盟的建立，不但有效地促进了学校的发展，更有助于学生的培养，为学生打开眼界，体验更丰富的教育教学实践。

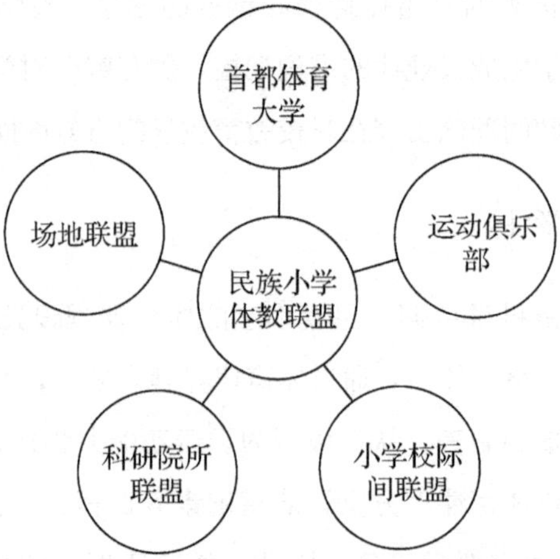

图 4-5　民族小学体教联盟示意图

聚合资源

民族小学高度重视体教联盟的开展，尤其体现在校园冰雪运动方面。学校成立工作领导小组，成员制定并完善符合学校发展要求的规章制度，包括招生、教学管理、训练、竞赛、安全防范等各个方面，并且制定出了详细的实施方案。为了规范冰雪运动管理，体育组设立冰雪运动工作专门档案，分类放置。

为了在校园中能够开展冰雪项目，学校拓展思路，集思广益。在师资方面，目前从各个冰雪俱乐部聘来专业的冰雪项目教练 6 人。本校教师也积极参加北京市教委、海淀区教委、首都体育大学组织的冰雪运动培训，已有 6 名教师取得了相应的冰雪项目证书，师资专业性得到了保证。

在场地方面，民族小学一方面与多家运动场所建立合作，另一方面，利用校内现有条件开展一些稍做简单处理就能开展的旱地冰雪项目。在所有器材、场地租赁使用、教师培训及教练聘请等方面，学校获得了“高参小”项目的大力支持。这为学校开展冰雪运动项目提供了非常有力的保障。同时，为了能够激励教师参与此项工作，学校在教师参与社团训练方面计入课时。

在开展冬季奥林匹克运动中，积极发挥核心辐射作用，与周边学校共同开展冬季奥林匹克教育，包括组织教师冬季奥林匹克相关内容培训，完善校园体育设施，宣传奥林匹克精神。

此外，积极开展社区服务，制作宣传栏，帮助社区组织旱地滑冰等一些简单易操作的冰雪运动项目，以学校为出发点，多个方面协同发展，共同开展以冬季奥林匹克为主题的校园文化活动。

在社区活动开展中，学校邀请了能够体现奥林匹克精神并精通奥林匹克知识的专家进入社区宣讲有关奥运会、奥林匹克等方面的内容，帮助社区人员普及冬奥知识，并且定期组织旱地冰雪项目，以学校带动社区，共同推动冬季奥林匹克教育的开展，促进学生全面发展。

（供稿人：康琳娜）

（二）形成家校联动

孩子的成长离不开家庭这片丰厚的土壤，家长是学生的第一任老师，他们的一言一行、一举一动都如春风化雨般渗透进孩子的内心，成为深植孩子骨髓的意识，是孩子性格养成、品性端立、形成正确价值观的根基。而学校作为孩子接受教育的专门性场所，遵循教育规律，为孩子提供科学有效的教育策略，促进孩子全面发展。家庭和学校对孩子来说，两者缺一不可。因此，只有家庭与学校、家长与教师相互配合，相辅相成，形成合力共同培育，才会对孩子的健康成长发挥最大的作用。对体育教育而言，也是如此。众多研究成果显示，家庭对小学生体育意识的形成、体育锻炼习惯的养成、健康体育行为的培养等多方面都有很重要的影响。因此，民族小学非常重视来自家庭的教育因素及其影响。通过教师、学校公开宣传平台等对家长进行积极的体育锻炼和健康行为的宣传与引导，让家长树立正确的体育观、健康观，与学校的教育理念相一致，聚力于学生良好体育习惯的养成和正确体育锻炼意识的树立。

民族小学是个温暖的大家庭，给孩子以学习、生活、成长的良好环境，也为家长提供了平台和机会，能够参与到学校的发展当中。通过家校联动，调动家长的积极性，发挥家长优秀的专业素养，共同形成家校携手共助孩子成长的积极局面。在体育教育教学当中，家长们献计献策，踊跃参加，形成了和谐的家校共育的氛围。

学校足球队御用摄影师

民族小学足球队的队员们在训练场上刻苦训练，奋勇拼搏。同时，在每个年级的足球队中，总有一个身影，挎着沉重的摄影器材奔走在场边，时而蹲下，时而坐着，有时甚至趴在地上，及时捕捉教练和孩子们训练的精彩瞬间。这就是民族小学足球队的御用摄影师——一位学生的家长。

寒来暑往，每个周末大家都非常期待比赛结束后的群内影像分享：孩子们不遗余力地拼抢，默契的配合，进球时的欢脱庆祝，失败时的悲伤不甘，相互之间的加油安慰，场边观战小队员们的专注表情，比赛间隙的嬉闹玩耍，分享美食的满足享受……每个镜头都恰到好处地记录着足球队的点点点滴，让时间定格在那美妙的一幕幕场景……这些都来自这位家长的辛苦拍摄、善于捕捉。他的影像资料，不但为孩子、家长和学校留下了成长的记录，也为球队的提升和发展提供了一手参考资料。民族小学的家长们就是这样，在每一个需要的角落随时出现，与学校共同携手，为孩子们的成长提供助力。

（供稿人：学生家长）

奥森里的比赛

2017 年 4 月 22 日，奥林匹克森林公园阳光灿烂，花红柳绿。一(6)班的同学们在家长们的支持下，准备在这里进行一场生动活泼的游戏比赛。瞧！孩子们兴奋地展开活动横幅，自豪地排成一队，迎接新伙伴的到来。

同学们有吹口哨整理队伍的，有举红旗领队的，井然有序地步行集合到森林小剧场空地。

首先进行的是跳大绳比赛。同学们平时练习和考试的都是单绳，会跳大绳的还真是不多呢，不过没关系，我们能现学现用。经过短时间的练习，很多不会跳的同学也能惬意地跳七八个了，甚至还能够两人联跳。大家虽然水平不一，但是仍然一个不落地参加了比赛，因为我们重在参与，重在锻炼！

接下来是拔河比赛，“小豆包”们个个积极踊跃、摩拳擦掌，等裁判的哨子一响，都使出了吃奶的劲儿，家长们一起喊口号：“加油！加油！”现场气氛十分热烈。通过拔河比赛，同学们更加懂得了什么是集体的力量和荣誉，以及怎样在团队中互助合作。

孩子们比完了，家长们也不甘落后，跃跃欲试，好吧，大家一起上，亲子拔河比赛开始了。这真是力量和技巧的竞争，家长们也仿佛回到了童年，安排人员次序，商讨一致行动，毫不吝惜气力，和孩子们一起斗志昂扬、奋力拼搏。

比赛间隙，同学们相互分享零食，补充身体能量，其乐融融。

最后，还进行了投掷沙包的比赛活动，由参加组织活动的郝嘉睿爸爸为大家分发了小奖品和奖状。

不知不觉已近中午，所有活动圆满结束，一年级6班大家庭在这明媚的春光里尽情挥洒了汗水，收获了欢乐和进步。

（供稿人：房顺康妈妈）

（三）多元化体质评估

开展体质评估，对学生的身体素质以及学校体育课程的开展效果进行评价，是民族小学体育课程实施和开展的重要内容。通过体质评估，改变以往以体育成绩、分数作为唯一评价标准的状态，让学生通过体质评估报告看到自己身体素质的改变和提高，从而引导学生树立体育运动信心，提升学生进行体育运动的自觉性和积极性。同时，也为学生提供合理建议和改进措施，通过体育锻炼提高自身身体素质，促进全面发展。

民族小学的体质评估主要围绕国家体质监测标准的几项内容开展，通过以下两种方式开展评估。其一，学生个体评估。按照国家体质健康监测标准和要求，对50米、仰卧起坐、俯卧撑、跳绳等项目进行科学测试和评估，进而通过单项评估结果和综合结果了解学生个体的身体素质情况，制定个性化身体素质提升方案，帮助学生个体实现改进和提升。其二，长期跟踪评估。建立学生体质监测数据库，记录学生从入学以来每一学期的体质监测成绩，从而形成一个长期的跟踪测评动态统计，从学生成长发展的角度全方位了解学生体质情况。这样的评估方式有助于全面客观地掌握学生身体素质的发展情况和特点，为其未来的身体健康成长及其体育锻炼策略提供重要的指导作用。同时，也根据这个跟踪结果，为学校体育教学提供参考，如内容的调整、教学模式的调整等，从而推动建立更加科学、完善的体育课程体系。民族小学对学生成长的关注，不仅仅着眼于在校的六年时光，更注重将教育目标定位于未来的健康成长。因此，在体育教育方面，也将学生一生的身体健康和体育意识、体育锻炼习惯等放在所有教学策略的首位。

学生体质数字化监测

民族小学对学生体育监测非常重视，自学生入学开始，每个学期进行两次国家体质监测，并且为每个学生建立体质跟踪数据库。数字化监测实行项目责任制，每个年级的学生由每个年级的体育教师负责管理。

(1)数据采集计划

以学期为单位的数字化跟踪监测，根据学期进行体质测试的安排，每学期进行实验前测、中测和后测，测试工作由该年级负责人进行，并且以学期为单位收集测试数据，统一保存。

(2)数据对比研究

横向研究，通过将采集的数据进行同年级对比研究，可以分析理解同年级、不同学生身体素质差异，从而有针对性地进行体育锻炼。

纵向比较，每个学期各年级进行前测、中测和后测，中测数据分析用来调整方案和进度，每个学期对3次数据进行纵向比较，分析其3年的数据变化，这样一个长时间的数据跟踪对于学生来说具有非常重要的意义。

（供稿人：杨二伟）

小学体育不同于其他年龄层次的体育教育，它的意义在于对小学生体育运动精神的启发和培养。在进行体育教学的同时，不仅促进身体健康，还能够学习更多的体育知识，提高学生的体育核心素养，完善人格，实现个体的全面发展。这足以见得小学体育的重要性和意义。民族小学的体育课在大体育观的指引下，实现全方位育人。所谓大体育观，是指将体育放置在培养学生全面发展的大目标下，从体育中激发出多种育人功能，使德智体美劳有机融合，又各显特色。体育是教人成长，使人社会化的最有效手段；体育课是让小学生健康成长的最佳平台，以健康第一为理念，实现学生的全面发展，推动学生文化学习和体育锻炼协调发展，树立终身体育的意识，为其一生的身体健康和全面发展奠定基础。

第五章　以美化人，温润美好心灵

“礼乐相济”是古代中国便拥有的美育传统。至近代，蔡元培提出了“以美育代宗教”说，首倡美育。中华人民共和国成立后，美育更被明确写进了教育方针。2015 年 9 月，国务院办公厅印发《关于全面加强和改进学校美育工作的意见》，倡导开展中小学美育工作。学校美育工作也越来越显示出它的重要作用。

习近平总书记在党的十九大报告中指出：“要坚持中国特色社会主义文化发展道路，激发全民族文化创新创造活力，建设社会主义文化强国。”在创新创造能力的培养上，美育发挥着至关重要的作用，是社会主义精神文明建设不可缺少的重要组成部分。

第一节　对新时代美育观的理解与思考

美育是指对学生认识美、爱好美、创造美的能力的教育，也称美感教育或审美教育。其本质是一种情感教育，是学生全面发展不可缺少的组成部分。在“五育”并举视域下，美育的目标同样聚焦于“人的全面发展”，是全面发展、“五育”并举的重要组成部分。美育与其他各育相互促进，有助于学生核心素养的形成，更有助于学生美好心灵的塑造。

一、新时代美育观

（一）教育事业全面发展下的美育观

2014 年 10 月 15 日，习近平总书记主持召开文艺工作座谈会并发表重要讲话，号召“我国作家艺术家应该成为时代风气的先觉者、先行者、先倡者”的同时，特别强调要“为历史存正气，为世人弘美德”。这一重要讲话回答了事关中国文艺繁荣发展的一系列根本性、方向性的重大问题，为学校美育改革发展指明了方向，提供了根本遵循。近年来，各大中小学美育工作全面贯彻党的教育方针，以立德树人为根本任务，落实文艺工作座谈会精神，抓住主要环节，着力解决制约和影响学校美育工作开展的基础性问题。各地制定了新政策、出台了新举措、探索了新路子、取得了新成效，美育工作取得突破性进展。

（二）新时代美育的基本要求

2015 年 5 月，教育部印发《中小学生艺术素质测评办法》《中小学校艺术教育工作自评办法》《中小学校艺术教育发展年度报告办法》，对学校美育质量进行全方位、立体化评价。同年 9 月，国务院办公厅印发《关于全面加强和改进学校美育工作的意见》，对当前及今后一个时期推进学校美育改革发展做出全面部署，为学校美育改革发展把好方向、定好目标。文件高度重视学校美育的育人导向，强调把培育和践行社会主义核心价值观融入学校美育全过程，引领学生树立正确的审美观念，陶冶高尚的道德情操，培育深厚的民族情感，激发想象力和创新意识，培养学生拥有开阔的眼界和宽广的胸怀，提升学生的审美和人文素养。

2018 年习近平总书记在给中央美术学院老教授回信中，指出“做好美育工作，要坚持立德树人，扎根时代生活，遵循美育特点，弘扬中华美育精神，让祖国青年一代身心都健康成长”。2019 年，《中共中央 国务院关于深化教育教学改革全面提高义务教育质量的意见》明确指出，要坚持“五育”并举，全面发展素质教育，并指出要增强美育熏陶，实施学校美育提升行动，严格落实音乐、美术、书法等课程，结合地方文化设立艺术特色课程。广泛开展校园艺术活动，帮助每位学生学会 1～2 项艺术技能。

为认真贯彻落实国务院办公厅《关于全面加强和改进学校美育工作的意见》，进一步强化美育育人功能，推进学校美育改革发展，北京市人民政府就学校美育工作提出《关于加强学校美育工作的实施意见》(以下简称《意见》)。《意见》指出美育工作的指导思想是全面贯彻党的教育方针，落实中央文艺工作座谈会精神，以立德树人为根本任务，围绕实现首都教育现代化的目标，把培育和践行社会主义核心价值观、传承和弘扬中华优秀传统文化融入学校美育全过程，培养造就眼界开阔、情趣高雅、文化自信、富有民族情怀和创新精神的德智体美全面发展的社会主义建设者和接班人。

新时代背景下，在建设“美丽中国”，努力实现伟大“中国梦”的过程中，美育可以说是培养杰出人才的必要方式。美育在培养学生思维能力、渊博学识，养成健全人格、塑成多才之身等方面有着独特功能。习近平总书记在给中央美术学院老教授的回信中提出“弘扬中华美育精神”，也为当代美育教育提出了指导方向。

二、民族小学关于美育工作的认识 >>>>>>>>

教育学家凯洛夫说过：“大美育是学生全面发展的一个不可缺少的部分，它的本质在于理解自然和社会的美，理解人与人相互关系的美，在于以艺术眼光来认识周围现实，也在于培养艺术上美的创造力。”[①]美育以人为本，关注人的全面发展。

在“和而不同，快乐成长”办学理念的指引下，民族小学美育工作根植于中华优秀传统文化，让学生在校园中通过美育诸要素的影响，以美启真、以美启善，通过美育促进“真善美”的形成，使每一个孩子“各美其美，美人之美，美美与共”。民族小学在“无处不美育，无时不美育”大美育观的引领下，着眼于教育整体的美育化，将美育视为整个教育的一种境界，把美育当成一种自觉的行为，主张把美育渗透在各学科的教学和学校教育的各个方面，从而达到美育普及的效果。在民族小学所有的课程中，在一切教育教学活动中，都有美育的因素，最终在时间和空间两个维度，使美育达到潜移默化、润物无声的境界。

（一）营造全景美育氛围

民族小学的美育无处不在。在空间维度上，教育者主动创设美育氛围，将美育浸润于校园环境之中。马克思曾说：“人创造环境，同样环境

图 5-1　立人书院

① 张驰：《建立美术学科的美育意识》，载《教育周刊》，2019(050)。

也创造了人。”民族小学本着环境育人的原则，以独特、和谐为目标，通过别具匠心的校园文化景点建设，营造美的环境氛围和文化氛围，丰富学校内涵，提升学校品位，使校园展现出丰富的自然美，让学生在优美的环境中接受美的熏陶，培养审美能力。

营造优美校园环境，美育无处不在

美育实现的途径离不开环境的营造。民族小学地处马甸回民聚居区，坐落于后黑寺遗址之上，拥有百余年的办学历史。悠久的历史和古建遗迹赋予了学校深厚的底蕴，为校园文化建设提供了肥沃的土壤。由于种种原因，十多年前，民族小学校内环境较差，建筑损毁严重，失去了百年老校应有的风采。面对困境，学校领导心怀对优秀传统文化的热爱，经过十多年的不懈努力，恢复民族小学原有的古建风貌，重新修整校园环境，使其焕发新的生机。

如今，走进校园，雕梁画栋的教学楼舍与桃红柳绿的花园美景迎面而来。大槐树下，四面通透的艺和工作坊里陈列的一件件精美绝伦的手工艺作品，是师生们精雕细琢制作而成的。励学楼内，逐层彰显的优秀传统文化、民族文化、世界多元文化的三层走廊文化布置，展示了学生生动的作品创作及学习的互动空间。“惜时”碑刻旁的民小国音堂，总有旋律牵动着你我心弦，余音绕梁；习思堂、铭史馆内，从花窗透进银杏树叶摇曳着的微光洒在脸上，映射下一年四季的色彩，让我们感受到历史给予我们的那份厚重。再去崇和馆周围，俯下身瞧一瞧师生种植的那些瓜果时蔬，硕果累累；穿过静心阁驻足那一幅学生笔下描绘的校园石榴的水墨丹青，体味着“各民族要像石榴籽一样紧紧抱在一起”。走进四合院，师生集字而来的楹联匾额耐人寻味，耳畔书声琅琅沁人心脾，墨韵堂一篇篇师生共写的书法作品翰墨飘香。

（供稿人：傅若乔）

（二）打造全员美育状态

民族小学的全员美育意味着全学段、全学科、全体教育者参与到美育中来。这是一种特有的群体意识，它能够将学校的外在美育环境与内在审美诉求结合，这种结合的发生并非由某个环节一蹴而就，而是一个长时间积累的过程。美育不仅仅是艺术老师的工作，也是所有教育者需要承担的教育理想。教育者的心理状态、精神面貌、言行举止以及工作态度与方式，对美育环境的塑造起着重要的影响。教育者须首先进入审美状态，才能潜移默化地带动学生进入审美状态。正如教师节各学科组的跨界艺术展演活动，充分体现了民族小学全员教师对于美的状态的追求。

通文达艺的民小教师

人们常说教学是一门艺术，那么作为教师就该具有艺术家的才气，以饱满、真挚的热情进行教学，从而“以美育美”。正如民族小学的教师们，他们不仅才华横溢，还多才多艺，新学期跨界艺术展演的教师节活动就展现了民小教师“美”的形象。

为了响应学校号召，我们语文组的教师在开学之初就一直在精心筹备教师节展演活动。歌曲合唱表演——《阳光总在风雨后》，这是一首青春励志的歌曲，旋律轻灵，歌词积极向上，在青年教师热情的演绎下，展现了民小教师高尚的音乐审美情趣。作为舞蹈表演的参与者，我能真实感受到教师们对舞蹈的兴趣，他们经常乐此不疲地反复练习。闻一多说过，“舞蹈是生命情调最直接、最实质、最强烈、最尖锐、最单纯而又最充分的表现”。在这种共鸣的动作中，人的情绪同时被传递而产生交流和感染，它让人在节奏中享受生命的快乐，体现了青年教师们对生活的态度，感受美的兴味。还有诗歌朗诵表演，中年教师们热情高涨、文思泉涌，共同书写诗歌、修改诗歌、练习朗诵。孔子提出“兴于诗，立于礼，成于乐”，“诗”可以给人精神力量，使情感得到熏陶。中年教师们不忘初心，追忆民族小学成长历程，在朗诵表演那天她们还穿上了民族服饰——旗袍，体现了中年教师们的创造之美、心灵之美。一场展演活动表现了民小教师的鉴赏美、感受美、创造美，这样的美好形象促使民小美育氛围的形成。

在民族小学，学生在享受美的同时能够感受到美育的陶冶。教师追求美的形象，潜移默化地影响着学生，从而促进学生美育的发展。

（供稿人：郝家玉）

（三）塑造全科美育追求

民族小学的美育不仅仅是美术学科的教育，对美的学习，应该是一种整体性的学习，需要语文、数学、科学、道德与法治等跨学科协同教学，利用自然美、社会美、科技美和艺术美等多种审美形态令受教育者获取多维度的审美体验，推进学科间的美育渗透，使美育成为全学科的共同追求。多学科融合的以诗篇描写校园、书画描绘校园、英文介绍校园、数字计量校园、朗诵传唱校园的“我爱我的校园”主题实践活动，即是民族小学全学科美育实践活动的亮丽品牌。这种跨学科的尝试使得美育突破课堂时空的界限，最终使美育成为所有学科共同的追求。

双语手绘地图，彰显学科融合之美

美术学科与英语学科携手举办的双语文化标志活动，把更多的美术作品应用到了校园各处陈列的中英文扫码标志设计中。学生通过手绘校园地图和各个景点标志，设计出了一幅幅漂亮的手绘地图，地图的另一面是对学校文化、历史的介绍。一时间，手拿一份手绘地图，畅游校园，在校园各处美景打卡，成了校园的新风尚，手绘地图也成为民族小学为来访者准备的一份特别的礼物。

图 5-2　学校建筑物双语标志

（供稿人：傅若乔）

数学“十五巧板”创造美

十五巧板是一种需要动手巧拼的传统民间数学益智器具，深受人们喜爱。这种拼接器具，取材容易，制作简单，操作时拼摆方法变化无穷。教学中，我在引导学生认识十五巧板前，首先从学生比较熟悉的七巧板、乐高拼装玩具等入手。

在学生互相交流各自对七巧板的了解时，利用七巧板历史由来的故事，引出十五巧板(也叫益智板)，让学生感受到十五巧板的图形更多，能产生更丰富的变化，并想象用它来拼摆的图案会更美观、更丰富。导入的环节激发了学生制作十五巧板的浓厚兴趣，他们纷纷跃跃欲试。而后，学生通过仔细地观看老师直观演示十五巧板的制作过程，在小组相互帮助下，成功地制作十五巧板，并迅速开展各自的拼摆活动。

活动开始后，有的学生先独立拼图，再与同组伙伴交流介绍各自拼摆的图案；也有的小组发挥每个组员的聪明才智，大家一起拼图，培养团队合作精神。学生们在趣味盎然的拼摆活动中，创造出形态各异的图案，其中有简单的人物、动物、植物、文字、建筑、交通工具及自然现象等，真是丰富多彩、花样繁多。拼完之后，大家更迫不及待地上台展示作品，并相互提出评价意见。

在整个教学实践活动中，孩子们学会提出问题、表达各自的主张，同时理解和尊重他人的意见，在创作和欣赏的过程中，培养了数学思维，提升了审美意识和创新精神，发展了空间观念和想象能力，感受到成功的喜悦。学生更在拼摆与呈现千姿百态、丰富多彩的图案当中，感受到数学实践活动所带来的无限乐趣，

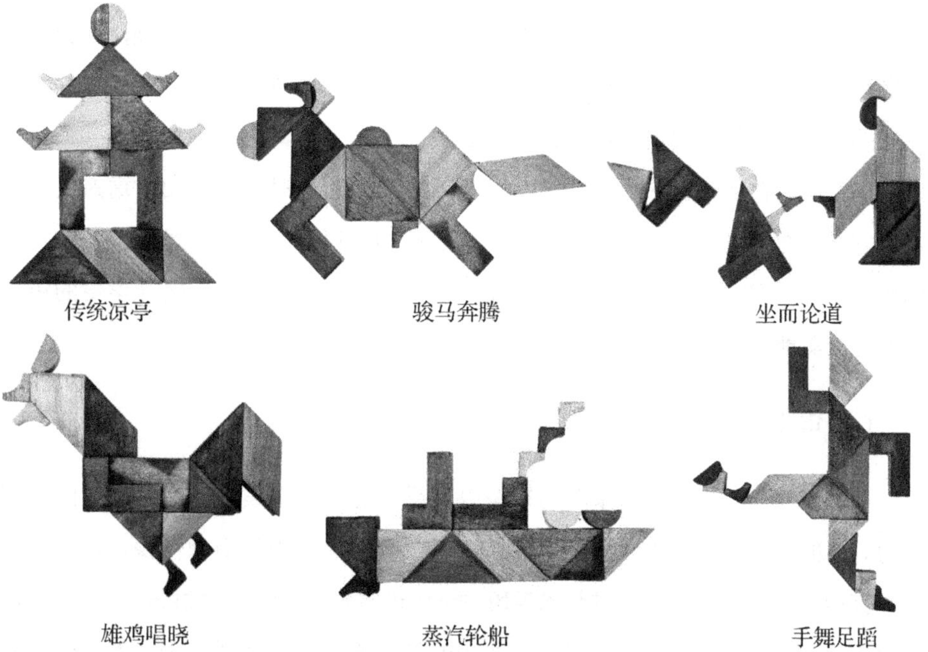

图 5-3　十五巧板作品

以及这种活动过程所蕴含的美感教育。

（供稿人：徐静霞）

第二节 民族小学美育课程构建的探索

美育的含义单从字面来看，就是审美教育，然而随着近几年来美育地位的不断提高，美育研究开始受到众多学者的重视，对美育的概念也有了深一步的认识，认为美育可以通过有计划、有目的地培养学生对美的认知，从而促使学生爱美以及创造美。民族小学致力于探索美育教育的新形式，力图为美育的“抽象”内容安上“形象”的翅膀。

一、民族小学美育课程目标

苏霍姆林斯基认为：美是道德纯洁、精神丰富、体魄健全的人的强大源泉。美育的重要任务，就是教会儿童从周围世界的美和人的关系中看出精神的高尚、善良和诚恳，并在此基础上在自己身上确立这种美。中国美育的目标是培养学生充分感受现实美和艺术美的知识、能力和兴趣。

民族小学在注重培养个体感知、理解美的能力的同时，也更加注重对受教者自身立美能力的发掘，同时达到美化心灵、行为、语言、体态，提高道德与智慧的培养目标。民族小学美育课程旨在通过审美教育与立美教育，提升学生的审美能力与立美能力，提升人文素养。

（一）审美教育

审美教育即通过传授关于美的知识以及反复的审美实践活动提高学生的审美能力，目的在于引领学生树立正确的审美观念，陶冶高尚的道德情操，培育深厚的民族情感。狭义地讲是通过艺术手段对学生进行教育，广义地讲是运用自然界、社会生活、物质产品与精神产品中一切美的形式给学生以耳濡目染、潜移默化的教育。一方面，民族小学的美育课程通过引导学生对于美术、音乐、书法等艺术学科的审美对象的感受、鉴赏与评价，培养学生内在感知能力与审美情趣。另一方面，在民族小学的校园中，学生处处可以看到人与物、思想与艺术、自然与现代、外在与内在的美的欣赏，在欣赏美、发现美、感受美、传承美的过程中，提高审美境界。

(二)立美教育

立美教育则是学生在审美内化之后，自然而然地反馈于自身的行为表现，实现从“物美”体验到“我美”塑造的自然转换，目的在于激发学生的想象力和创新意识，获得开阔的眼界和宽广的胸怀。教育者要遵循美育规律，帮助学生在实际操作层面掌握美的规律，达到自由驾驭规律、解决问题的目标，使学生体会和谐的、富有张力的、美的创造过程，获得美的发展。民族小学美育课程着力于引导学生在发现美、感知美的同时，发现美的规律，通过多种练习、创作方式，展现学生对美的客观体悟，发展自身的艺术美和行为美。

民族小学将美术课从教室“搬”到了校园，让学生们用画笔描绘美丽的校园四季，将美留在画纸上、留在心间。我们还将“画”变成学校的一种文化“符号”。把画印制在丝巾、书签、请柬、文化衫、帆布袋等多种校园文化产品上，学生们在校内外看到自己的作品出现都特别骄傲，激发了更大的立美潜力。

审美能力与立美能力是一对互为基础、相互渗透的美学范畴，审美的“内化于心”与立美的“外现于行”是民族小学的美育课程目标。民族小学的美育始于审美教育，亦始于立美教育，二者相辅相成。教育者对学生审美能力的培养势必会促进其立美能力的提升，反之亦然。这就决定了民族小学的美育工作要将审美教育、立美教育的手段广泛地渗透到教育活动的方方面面，并贯穿于教育过程的始终，使“教”所要传授的知识系统合乎“立德树人”的内容和美的形式，最终成为“美的客观存在”。唯有审美教育与立美教育建立生生不息、循环往复的关系，就像阴阳两极一样互为表里，对立统一，新时代的美育才具有创造美的价值，终而形成最为广义的“美育”。在具体的课程实施阶段，审美教育侧重于内化于心，包含感受、理解与鉴赏三个阶段；立美教育侧重于外现于形，包含练习、创造和表现三个阶段。两大过程的六个阶段在实施的过程中各有自己的特色和要素。

1. 感受：美很多时候是来自人内心的一种感受，民族小学的审美教育注重培

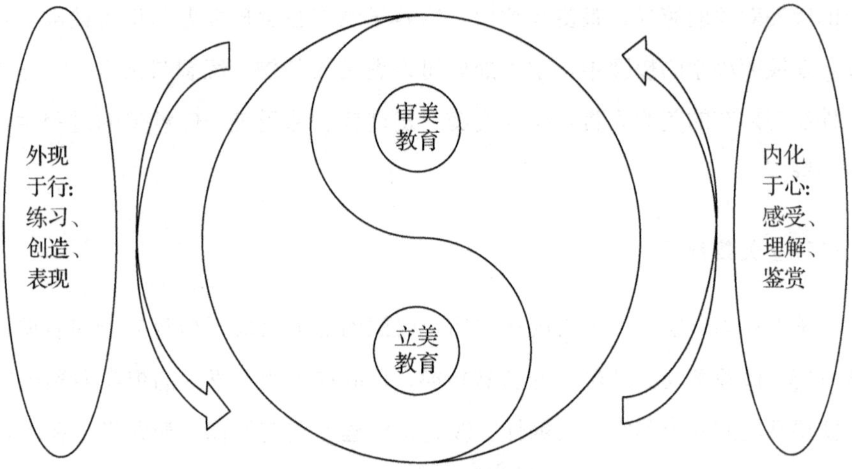

图 5-4　美育课程目标

养学生对美进行审查的心理体验过程。学生在这一过程的开始阶段能够在主观上准确判断美或不美，从日常生活捕捉美的客观存在，譬如校园里果实累累的石榴树、上学路上日出东方的朝霞、秋天南飞的大雁、文耘亭清脆悦耳的流水声。

2. 理解：在感受美的基础上，通过对审美的引导和美的考察，进一步理解美何为美，何为更美。从美学史上各阶段的优秀作品出发，探究美的发生原理，理解高邈的审美境界，譬如林泉高致的山水画、江左风流的“二王”行书以及柴可夫斯基的光明与深刻并存的交响乐。

3. 鉴赏：在提高鉴赏能力、理解了何为美之后，激发学生对美好事物的兴趣，引导学生建立对美的喜爱，从而促进人文精神、审美能力及审美品位的提高。

4. 练习：锲而不舍地练习是培养立美能力的基础，任何一种艺术门类，只有通过大量的技法练习，夯实艺术语言，才能使自己的表达合乎艺术规律。

5. 创造：在技法练习的基础上，结合自身的学习经历、生活感悟，积极引导学生发挥创造美的主观能动性，创造出合乎社会主义核心价值观的美的作品。

6. 表现：通过社团风采展示、艺术展演等多种形式，将学生练习、创造的优秀作品在校内、校外进行展示，激发学生创作美、表现美的兴趣，提高创作热情，在艺术实践中提高立美能力的同时，提升对美的感受、理解与欣赏能力，促成核心素养的终极发展，实现立德树人的教育目标。

二、民族小学美育课程构建策略 >>>>>>>>

2015 年国务院发布《关于全面加强和改进学校美育工作的意见》(国办 71 号)，要求各级各类学校应致力于“提高学生的审美和人文素养”，促进学生“德智体美各项素质”全面协调发展。2016 年《中国学生发展核心素养》正式发布，其中将“审美情趣”作为学生人文素养的重要内容，培养学生具有健康的审美价值取向，形成艺术表达和创意表现的兴趣和意识，使其能在生活中拓展和升华。基于此，民族小学将美育作为学校课程改革的重要组成部分。为了实现美育无时不在、无处不在的教育理念，民族小学努力探索新时代下美育课程构建路径，并采取了以下措施。

(一)组建全员美育队伍

民族小学主张人人都是美育教师，处处都有美育，摒弃了唯艺术学科教师参与美育的片面理解，使全员教师积极参与学校美育工作。倡导全员教师在日常教学过程中探索审美内容，带领学生感受和体验，逐步培养和提高学生的美感。

为进一步传承中华优秀传统文化，发挥书法艺术特有的翰墨育人作用，营造良好习书氛围，满足教师日常书法学习需求，提高教师临习技能和创作实践能力，掌握书法理论基础知识和历代经典书法作品赏析方法，增强对学生书法辅导的能力和水平，民族小学将书法学习纳入教师常规考核，面向全体师生提出“全民习字”动员机制。

“全员习字”项目促进书法教师队伍建设

民族小学自 2008 年起开设书法课程。近年来，学校书法学科建设稳步提升，现已成为民族小学的特色学科。

长期以来，民族小学秉承“和而不同，快乐成长”的办学理念，弘扬“三气精神”，面向全体师生提出“全民习字”的口号，并制定了一系列切实有效的措施。

1. 线下专家培训

学校与中国书法家协会共同组织“翰墨薪传”活动，邀请欧阳中石、卢中南、刘文华、李松等当代书法名家走进校园，为全校师生讲评作品。2014 年，北京市“高参小”项目开展以来，学校积极倡导和要求全校老师带头学习书法，为教师配备了专业的书法用具，并邀请“高参小”项目组老师依照不同书体，为全校教师开展书法培训。

2. 线上分组指导

从2014年开始，学校结合微信网络通信平台，利用周末及假期，将网络指导与线下面授相结合，在首都师范大学“高参小”项目支持下，邀请首都师范大学诸位书家为全校教师进行书法网络培训，让老师们领略到了当代书家严谨的治学风范及精准的教学指导。

①教师按书体进行分组，建立微信群，届时将会有相关负责专家进群。

②每周各位教师按专家所布置的内容进行书写练习，将书写练习内容拍照发至微信群(每次拍照内容不在多而在精，可以是3～5字)，由专家进行点评、讲解，并针对点评结果进行修改完善。

③每组组内将有教师负责记录考勤，并将专家临写示范下载存档。

④至学期末将进行教师作品展评，连续坚持打卡且书写水平有明显进步者，学校将给予鼓励。

截至目前，各微信群共发布书法学习视频400多个，学习时长超过2000分钟。

3. 作品展示

每逢周一，民族小学全体教师会将上周练习的书法习作悬挂至惠泽苑，以供展示，并定期由书法教师进行评比，参加全校师生书法习作展。

4. 参赛竞书

每学期由工会定期组织全校教职工书法比赛，组织老师们备战区、市级书法比赛，成立民族小学书法俱乐部，与外校的书法高手一起交流提高。

（供稿人：郑钟跃）

(二)根植优秀传统文化

美育工作可以从多方面提高人的文化素质和文化品格，在民族小学的美育课程构建中，十分重视对优秀传统文化的继承与追求。中华民族历来把美作为生活重要的组成部分，中华民族悠久的历史中，从来就不缺对美的发现、体认、洞察和表达。可以说，中华民族是一个懂美的民族，从古至今，美育不仅受到高度重视，而且在历史积淀中呈现出鲜明的东方文化思维特征。民族小学诸多美育实践均深入挖掘中华优秀传统文化思想，并应用到美育的具体教育实践中去。其意义最终归结为一点，就是引导人们有一种高远的精神追求，提升人生境界。

例如，中国书法作为民族小学师生三大必修课之一，是民族小学美育的重要环节。书法是以汉字为创作基础的造型艺术，而汉字就是传承中华优秀传统文化的重要载体。如张怀瓘所言："书之为征，期合乎道，故能发挥文者，莫近乎书。"书法教学不仅在"字"，更在于"文"。文者，文治教化。民族小学书法组在日常教学过程中不断实践小学书法教学与德育课程协同开发。小学书法教学和小学品德与生活、品德与社会课程在课标设计和教学实践两个层面中，具有培养良好学习生活习惯和提高传统文化素养、增强民族文化自信心两方面的协同开发的可行性。

校园里的四合院

美术课程"北京的建筑——校园里的四合院"属于"综合·探索"学习领域，是就前一课学习基础上而延伸的另一课"校园中的四合院"，将北京的建筑聚焦于拥有着百年建校史的民族小学的建筑风格和校园文化上。本课是将前期知识迁移到本课，从校园实践成果——师生手绘校园地图进行导入，以我校校本资源为基础逐步深入了解北京四合院的建筑艺术及人文价值，挖掘建筑背后隐藏的历史文化，从而萌生以小主人的身份自觉保护建筑艺术，培养学生热爱校园、热爱家乡、热爱祖国首都的情感态度。本课强调中华优秀传统文化的传承与发展，把核心素养研究植根于中华民族的文化历史土壤，强化民族性，落实立德树人根本任务。

（供稿人：傅若乔）

（三）丰富课堂形式

课堂是教育的主阵地。在课堂上，有意识地拓宽学生的艺术视野，拓宽审美教育的主体和范围，在开设好美术、音乐、书法等艺术课程的同时，突出学生自主学习，以创造性思维形成促进学生创新能力的发展，从而促进学生个性的形成和全面发展。民族小学美育课堂倡导启发式、探究式、讨论式、参与式的教学形式，通过跨学科主题教学、项目教学等方式为学生营造深度学习的环境，让学生学会学习。同时，教师积极利用信息技术助力教学方式改革，创新教学模式，尊重学生的选择和个性，关注学生的学习需求和获得感。

为了丰富学生的艺术体验，开设多种形式的艺术课程，如舞蹈、戏剧、文学、建筑、影视等，使学生接触到更多优秀的艺术作品，丰富学生的审美体验。在此之外，艺术的课程应该以教科书为基础，但不局限于教科书。教材的广度和深度应根据学生的认知特点进行拓展，从而逐步培养学生的审美能力。课堂形式是丰富多彩的，而课堂以外的地方可以为学生提供足够的鉴赏素材，对于开阔学生的审美眼界有着十分积极的影响。譬如，教师可以尝试组织课外美术实践活动，带领学生走出课堂，让学生学会在生活中发现美、欣赏美、剖析美。对于小学生而言，走出课堂的美术实践活动无疑是新奇而又轻松的，学生能在此过程中不断迸发出新的灵感。自然之美不仅蕴含着生命的发展规律，而且有着直观的色彩、明暗、线条等基础美学表现。对此，教师在培养学生的审美能力时，应先引导学生树立发现美的意识，让学生在亲近大自然的过程中逐渐萌发审美意识，最终实现良好的审美教育。

走出教室的美术课

我们海淀区民族小学的校园是一个菜园，是一个果园，是一个花园；有中式的教学楼，有古朴的四合院。为了表达对自然的热爱、对校园的热爱，每到春暖花开春天、枝繁叶茂的夏天、层林尽染的秋天，我都会带着学生到校园中去写生，并且把书上有关季节和写生的内容拿到校园里去上。

这学期响应学校的号召，我们美术组各位老师加强了校园写生的力度。拿我所教的六年级学生来说吧，学生们对校园写生的兴趣高涨。上半学期天气还是比较炎热的，有些学生选择的位置比较晒，我很心疼，让他们换个地方和角度。学生们不愿意放弃自己精心选择的角度，坚持在太阳底下认真写生。有些学生站着写生也不喊苦、嚷累。其中，七班由于其他原因写生课上得断断续续，快要入冬了还没有上完。我看天气逐渐冷了，就和学生商量把写生课挪到下学期上。七班学生都抢着说：我们不怕冷，就差一点儿就画好了，您就让我们去写生吧！看到学生们在冷风中缩着身子认真写生的样子，我虽然身上有些冷，但是心里却是暖暖的。

学生最后又经过自己课后的细心加工、小心收拾，呈现出不少生动的作品。在这些作品中，既有不同表现技法的展示，又有校园的不同景观的艺术再现。其实学生们在每个年龄段都画过校园。但是，这次的作品已经脱去了低年级时期的稚嫩、中年级时期的空洞，不是简简单单的六年美术学习成果的展现，而是学生对校园浓浓真情的抒发！在六年级家长会上，我把学生的写生作品进行简单的装裱后放到展板上展示给家长们看，受到了家长们的一致好评。

（供稿人：丁彦民）

（四）拓展社团活动

社团活动主要指具有共同兴趣和爱好的学生在教师引导下，自愿参加并依照章程而组建的共同体开展的教育活动。民族小学的美育社团活动旨在通过校本特色课程的延伸，助力学生个性发展。学校还协同周边资源单位及社区家庭力量有意识、有系统地开展美育实践活动，如组织学生参加音乐会、参观艺术展览、观看戏剧和电影。充分利用学校、家长和社会的教育资源，邀请有社会成就的艺术家或家长在学校举办艺术讲座。定期组织艺术作品展览和才艺展示，在中高年级开展独立设计课堂环境和校园环境等实践活动，为学生提供创造美的机会，提高学生的立美能力。

“和而不同，美美与共”——艺和工作坊的美育传承与发展

作为首批“北京市非物质文化遗产传承示范学校”“北京民艺家协会小小艺术家分会”以及全国唯一一所“书法教育实验校”的小学，民族小学秉承“和而不同，快乐成长”的办学理念，围绕学校课程框架，立足于探索民间艺术传承模式的创新型研究，成立民间工艺传习基地——艺和工作坊。确立了以艺和工作坊为总领，整合面塑、剪纸、陶艺、泥塑等七个民间工艺传承社团组成的指向学生核心素养的美育传承与发展途径。

艺和工作坊邀请非物质文化遗产项目传承人走进学校，学生也走出去拜访名家、亲临艺术，积极创设大艺术家牵手小艺术家的校园文化品牌活动。从传统授课变为工作坊模式的自主学习，伴随着“五育”并举的推进，艺和工作坊的培养目标在差异与合作中寻找创新，在继承与发展中以美树人。历年学生参加全国、市区各级各类比赛和活动，取得了优异的成绩。小艺术家们迎接过“中美教育智库对话”活动中美国教育学家、校长参观团，澳大利亚、美国、加拿大、英国等中小学参访团，新加坡学校文化浸濡交流活动，全国高校校长参观团等，他们对中华优秀传统文化、民族艺术的热爱和娴熟的技能感动了参观的一批批客人。

历经将近六年时间，艺和工作坊把优秀的民间艺术的传承与最具创造性的儿童美术教育融为一体，坚持做这件有意义的事情，并努力使其做得有意思，探索一条在小学范围内的美育传承与发展之路，乃至在更广阔的范围分享。2015 年，民族小学成立北京市民间文艺家协会小小艺术家分会，百名学生光荣成为“小小艺术家协会”的会员，民族小学美术教师被聘为“北京市优秀传统文化校园导师”；2016 年民族小学举办“放飞春天，放飞梦想”市民协小小艺术家风筝巡展；2017 年 1 月于中华世纪坛举办了“美美与共·快乐成长”美术成果展；2018 年举办的北京市“海棠雅集”书法笔会暨首都书法教育示范校展示活动；2019 年举办第四届“京津冀”非物质文化遗产进校园成果展。

（供稿人：傅若乔）

（五）创设美育校园文化

校园是美育的主要场所，校园文化是一所学校具有的特定精神环境和文化气氛，是以师生为主体的具有一定独特性的文化潮流，是社会文化的重要组成部分。

民族小学充分注重环境熏陶的作用，营造富有美感的校园环境，使美育理念在校园自然环境、人文环境中充分体现。校园环境的营造，要尊重孩子的天性，从孩子的角度出发，贴近学生的认知和欣赏水平，充分利用校园广播、电视、网络、教室、走廊、宣传栏等，营造具有“中国的味道”“自然的味道”“教育的味道”“孩子的味道”“家的味道”的校园育人环境，使孩子的身心在美的环境中得到浸润。

美育时空隧道——静心阁

民族小学艺术长廊——静心阁，就像一个凝结着静态与动态的美育时空隧道，更为直观地展示了师生通过艺术课堂而习得的书画、非物质文化遗产作品等美育实践成果。静心阁定期更换主题与内容：比如“美美与共，快乐成长”书画展，“我笔下的美丽校园”书画展，“大国小工匠”童趣景泰蓝作品展，“匠心筑梦，砥砺传承”非物质文化遗产主题作品展，教师或学生个人书画作品展……具有文化韵味的长廊不仅装点了校园，更搭建起一个师生自我展示和相互学习的平台。从此经过的师生、家长、访客等都会被这里的艺术氛围所吸引，他们愿意在这片饱含师生共生共长的土壤上驻足片刻，长时间的美育浸润的时光，被赋予了一种流动的美感，所凝结的更是一种和谐美好的校园精神文化。

（供稿人：傅若乔）

第三节　民族小学美育课程框架

美育以人为本，关注人的全面发展。美育包含审美教育和立美教育两个维度。教育学家凯洛夫说过：“大美育是学生全面发展的一个不可缺少的部分，它的本质在于理解自然和社会的美，理解人与人相互关系的美，在于以艺术眼光来认识周围现实，也在于培养艺术上的美的创造力。”

民族小学美育课程框架以美术、音乐、书法三大学科为基础，分为课堂教学、课外活动、艺术展演、校园文化四大板块。

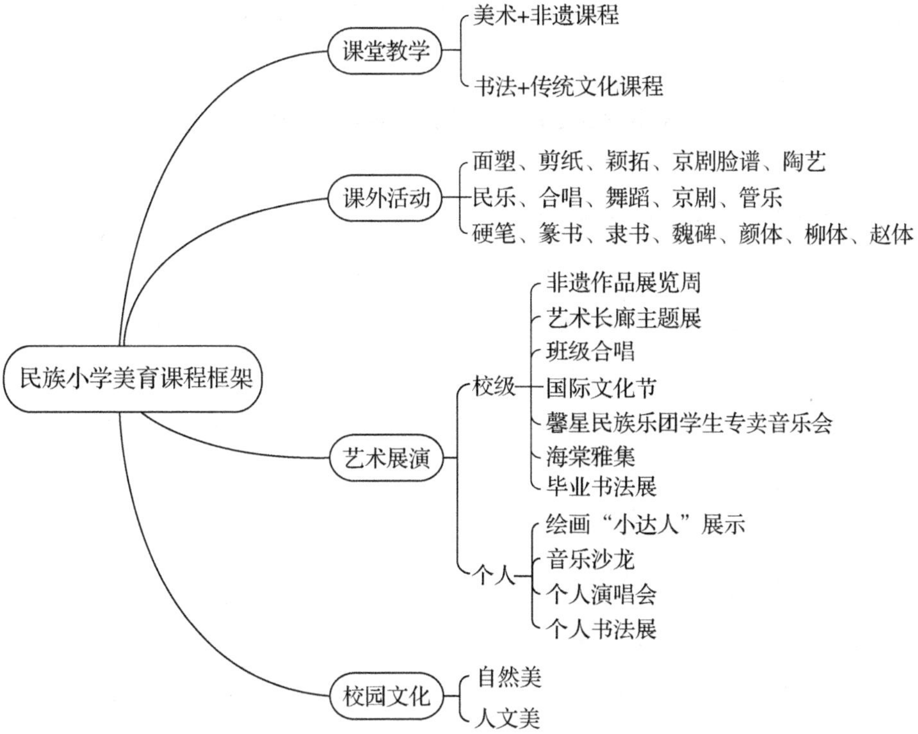

图 5-5　民族小学美育课程框架

一、课堂教学

美育实现的主要途径是课堂教学。从低年级学段到高年级学段，包括专业与非专业都在自觉与不自觉实施着各种途径的艺术教育，以提升自身的审美能力。

审美教育一直是中国小学美术教学中的重要部分，主要包括培养学生健康的审美意识、良好的审美品位等内容，但部分小学生缺乏挖掘自身能力的意识，此时就需要相关教师不断地启发和引导学生，以此培养他们的审美能力。

（一）探究学习方式

美是人类特有的一种语言，对学生的心理发展有一定影响，同时学生的心理特征直接影响学生对美的接受、学习、掌握。在小学阶段，只有符合学生心理和发展规律的学习方式，才能让学生乐学、好学，起到事半功倍的效果。民族小学的美育工作致力于分析小学生心理特点，以课堂为阵地，探索适合小学生心理特点的美育模式。

基于小学生心理特点的音乐学习方式的探索

儿童身心发展的阶段性、顺序性决定了他们学习音乐的程度。因此，音乐课上的学习要讲阶段性、顺序性。学生在获得音乐技能方面，一、二年级是基础；三年级是巩固；四、五、六年级是运用、提高，如果在一、二年级学习中一味地强调记忆、掌握，学生是不能理解的，而且在一、二年级学习的知识中，涵盖了一半的基础音乐知识，此学段是学习音乐的重要阶段，也是决定学生能否爱上音乐课的关键期。所以在音乐课中要注重学生的心理特征，为学生选择适合其心理的方式进行学习，循序渐进，帮助学生掌握。

例如：在一年级学习节奏“× — 走 噢，× × 走 走，×× ×× 跑跑 跑跑”时，我设计请学生表演一些动作，并用手将表演的节奏拍出来。

老爷爷走路：× — 走 噢

爸爸、妈妈走路：× × 走 走

小朋友快乐地跑：×× ×× 跑跑 跑跑

爸爸妈妈和我：× × 走 走

×× ×× 跑跑 跑跑

全家人一起出游：× — 走 噢

× × 走 走

×× ×× 跑跑 跑跑

学生从动作和拍手体会到音符时值的不同和相对比例，让学生牢记这几组节奏。运用适合低年级学生心理特征（具体到抽象）的教学方法，从简单、形象的记忆出发，不急不躁，帮助学生掌握知识，并为中年级继续学习打下基础。

（供稿人：赵志敏）

（二）丰富教学内容

民族小学在美育教学内容方面也进行卓有成效的探索，打破原有教学内容单一，审美对象单一，过分强调艺术美的局面，突出美育在立德树人方面的作用，而不是简单的艺术技巧、技能传授，渐进式引导学生对社会生活、人文素养的关注与积累。

1. 音乐学科

只有民族的才是世界的，民族小学音乐教育明确以民族音乐文化传承为基础，树立了以民族音乐文化为本的意识，深化学校音乐教学改革，在丰富教学内容方面进行一系列的改进。学校音乐组老师们努力探索，经过多次研究、讨论，大胆尝试进行音乐教学内容的取舍，将优秀民歌、古诗词歌曲、民族器乐曲等补充进我们的课堂，加大课程整合力度，提高课程的作用力。通过学习，让孩子们熟悉并热爱祖国的音乐文化，增强民族意识，培养爱国主义情操。

2. 美术学科

美术学科在课堂教学中结合民间工艺传承模式，引导学生学会学习、学会合作、学会生存、学会做人。由重“教”向重“学”转变，由重“学习结果”向重“学习过程”转变，将“我要学”转变为“我能学”。故此，民族小学的非物质文化遗产传习基地——艺和工作坊研究实施“我是小小艺术家”校本课程，正是在调整课程结构的基础上，更新了课程内容，更重要的是课程培养目标也伴随着素质教育的全面推进。

民族小学借助本地区丰富的民间艺术资源优势创设优秀的校本课程，开展指向学生核心素养的民间工艺传承模式的校本研究和实践，把优秀民间艺术的传承与最具创造性的儿童美术教育融为一体，探索一条在小学范围内可持续推广的民间艺术的教育与传承模式。逐步加深对中国传统的民间艺术的热爱，发展学生核心素养，积极引导学生践行社会主义核心价值观，为实现素质教育而开拓进取。

3. 书法学科

书法课堂教学中主要以欧阳询《九成宫醴泉铭》为范本，从基本用笔到结构取势、章法布局，循序渐进地学习软笔书写技法，提高书写表现能力。教学实践中，教师构建了“技法训练＋文化熏陶＋创意实践”的课堂模式，课堂上三者时间比例大致为5∶3∶2，力求以技法训练为中心，融合相关学科，深入挖掘优秀传统文化的育人内涵，实现对学生核心素养的整体提升。

“凡解一字，便是作一部中国文化史”，教师讲授范字时以“识篆习楷”为导入，从“字源字理”领域，通解音义偏旁，知其源流。在“汉字表现”领域，遵循“一课一字，一字多得”原则，以教材范字为基础，发掘校本资源，设置读帖分析与练习、效果评价等环节，检验学生能否通过观察、比较、探究等方法习得欧体楷书的结构规律。“赏析评述”领域，设置“课前五分钟”鼓励学生登台演讲作为导入，或讲述书家故事，领略名士风流；或带领大家走进故宫武英殿、国家博物馆，赏析历代法书碑帖。“创作实践”领域，学生临摹的碑帖、创作书写的内容多选自四书五经、唐诗宋词，教师在课堂上讲解儒家经典、诗词格律、诗文赏析，让书法形式美与中华优秀传统文化有机融合。

在技法训练的基础之上，教学中通过发掘校本资源，结合学情，寻找教材与学生之间的契合点，开展书法创意实践活动。例如：以节日为序列，书写节日贺卡。母亲节以“寸草心”、父亲节以“如山”表达对父母的感恩。或以四季节气为序列，创意实践：秋日落叶纷纷，满地金黄，捡一片银杏叶“墨趣书秋情”。让学生在书写中感知生活，书写美，创造美，使书法课堂实践真正走进学生生活，在有限的课堂时间与空间内将创设情境与书法实践相结合。

民族小学位于马甸后统黑寺遗址，现存古建筑遗迹有大殿基座、东西配殿及四合院。四合院是中国传统建筑艺术的经典布局方式，点缀其间的楹联匾额又是书法艺术的重要载体。近年来，民族小学深入发掘校本资源，以“四合院中的书法艺术”为主题构建起一套独特的校本课程。课程以探究、体验等方式学习传统建筑规制及楹联匾额的文化内涵，开发校本教材“校园文化五体书法集字字帖丛书”，以校园诗歌、楹联匾额为内容引导学生进行集字临摹创作。

（三）个性化评价

课堂教学是学校进行教学工作的基本形式，是实施课堂改革的主要渠道。课堂上对学生学习状态及成果的评价是教育教学的重要组成部分，民族小学注重依据不同学生的特点，突出实践性、鼓励性评价，关注差异，从多角度、多层次自主选择，对评价对象做出具有鲜明个性特征的评价，促进多元发展。

海淀区民族小学音乐学科课程评价方案

【指导思想】

以音乐课程标准为主体，贯彻新课标精神，全面推进素质教育，着眼于音乐教学的活动性、开放性，激发学生学习的兴趣，提高学生音乐学习的积极性。通过学生实践活动，完成科学的、开放的教学评价，有效地促进学生音乐素质的全面发展。

【评价目的】

发展性目的：

通过正确多方位的评价，鼓励并支持每一名孩子进一步学习。以新课程为标准，着重从全面发展，本着有利于学生发展的精神，为学生提供一个展示自己的舞台。在音乐课上关注学生的情感态度，鼓励学生努力提升自我，表达自己与众不同的观点，将音乐课堂变为学生展示自我的舞台，创设安全的环境，激发学生持续的学习热情。

重视学生正确价值观的形成，在音乐的学习中提升判断能力，学习发现美、感受美、创造美，同时培养学生的国家认同感，用音乐感受中国，对比世界，激发爱国情。

在知识与技能方面，允许学生存在差异，鼓励学生先多方发展自我，在自身的基础上不断提升。

阶段性目的：

通过对学生学习效果的评价，使学生了解自己的进步以及不足的地方，激发学生的学习兴趣，进一步培养学生的音乐能力。

【评价方法】

音乐学期评价为多次、多内容、多形式，加强对学生常态的评价，激发学生学习的持久性，综合地对学生进行学业评价。考评应当既是理性的，又是充满人类情感的；既符合学生的生理特点，又适应他们的心理要求；既促进当前学习，又立足于长远发展。

表 5-1

评价项目	评价内容及标准	评价方式
学习态度	1. 学生课堂学习用具携带情况 2. 学生课堂反馈（积极参与课堂活动，大胆表达音乐观点，能与他人合作）	评价方式： 现场评价，自评，生生、师生互评
学习效果	1. 一次评价：内容分别为音乐基础考核（包含单音及音程听辨，节奏、旋律听记模唱，节奏、旋律创作），音乐欣赏考核（欣赏作品听辨，乐器音色听辨），歌曲演唱（歌曲旋律演唱），器乐展示等内容，教师依据教材及学生情况进行选择 2. 二次评价：学生课堂笔记展评或音乐素养测试 3. 三次评价：学生课堂随堂评价，内容多样，包括音乐作品评价、乐器听辨、曲式分析、歌曲演唱等多种形式 4. 四次评价：学生自选评价，考核内容为学生自选，可以是乐器的演奏，歌曲的演唱，音乐作品的介绍等内容 学生可对不满意项目进行二次评价 一学期分四次进行随堂测评，内容可根据学生情况穿插调整，每次分值 20 分，每月测试一次，随堂记录学生学习情况	评价方式： 现场评价，自评，生生、师生互评

（供稿人：赵志敏）

二、课外活动 >>>>>>>>

民族小学的美育课外活动依托社团形式，尊重美育规律，创设适合学生自我发展、兴趣发展的活动时间与空间，结合各社团的育人目标，开设了丰富多样的社团活动，为学生搭建了艺术学习和提升的平台。为了保证美育实践活动课程的常态开设和社团活动的学习效果，学校采用日常活动有目标，检查有记录，期末社团活动成果展示等形式对其进行督导检查，使丰富多彩的社团活动能够扎实长效，充满活力地开展下去。以下是对民族小学社团的详细介绍。

（一）音乐社团

1. 民乐社团

民族小学馨星民族乐团成立于 2007 年 1 月，馨星民族乐团现拥有团员 200 余人，有A团成员120人，B团成员100人，每学期都有不同年级的学生主动要求加入乐团，乐团的规模也在逐步扩大。经过多年的努力，馨星民乐团先后获得2015年、2016年、2017年、2018年北京市中小学生艺术节大型器乐合奏、室内乐比赛金奖，海淀区中小学生艺术节器乐合奏一等奖第一名等优异成绩。曾在北京音乐厅、中山音乐堂、国图音乐厅、民族剧院、国音堂举办专场音乐会，并受邀参加首都中小学生演出季专场音乐会及tutti北京国际青少年音乐节演出。多年来，馨星民乐社团的孩子们与新加坡、英国、美国、德国、南非等国家的学生开展交流活动。乐团的成长、博纳精神以及孩子们的成长赢得了学生、家长及社会的广泛赞誉。

通过民族乐器的学习，培养学生坚毅的品质、合作的意识。通过演奏培养学生学习音乐的兴趣，弘扬民族传统音乐文化，通过民族音乐作品表达出对祖国山河的赞美和歌颂，培养他们爱国主义的情怀、民族自豪感，建立国家认同感，培养正确的价值观和高尚的情操，促进学生身心健康发展。

通过演奏不同民族、不同风格的民族音乐作品，让学生更好地了解不同地区的民族文化和音乐风格，培养学生音乐鉴赏能力和健康向上的审美情趣，在欣赏、学习中学会尊重、包容、接纳、认可、热爱中华民族的民族文化和音乐，做乐观、爱国、有毅力、会合作的民族音乐爱好者。

2. 合唱社团

民族小学童声合唱团是一朵盛开在民族小学的艺术之花。全部成员包括一个演出队、两个预备队，共130人。预备队以一、二年级的学生为主，演出队则以三年级至六年级的学生为主。每年一次的升班考核不仅是对孩子们努力提升自我技艺的激励，更是展示他们日益进步的平台。合唱团每年都要参与多场展示和演出，干净亮丽的音色、熟稔精湛的演唱技巧让队员们每每亮相都会引来赞叹。童声合唱团2015年参加北京市合唱周比赛，获青少年组银奖第一名，2015年参加东升中心合唱比赛获一等奖，2016年、2017年参加海淀区中小学艺术节合唱比赛均摘得一等奖的桂冠。在每年的北京市、海淀区各级各类比赛的领奖台上，都少不了民族小学童声合唱团队员的身影。更可喜的是，队员们通过训练都迈进了更广阔的平台，其中部分学生已经陆续进入杨鸿年合唱团、银河少年艺术团和中央人民广播电台少年儿童合唱团。孩子们用他们优雅而又轻盈的声音，为民族小学五色土上添上了绚丽的一抹色彩。他们的目标是——“用歌声描绘最好的我们”。

通过专业的合唱训练展现艺术作品，表达真善美的情感。学生在长期的合唱训练中，养成互相倾听的习惯，自觉融入集体，培养分工合作的社会精神，学会在集体中协调配合，相互适应。

童声合唱团契合民族小学提倡“和而不同，快乐成长”的教育理念，通过合唱团的严格训练能激发学生对歌唱艺术的热爱，做到自信、自然、独立有感情地演唱并建立起与别人合作演唱的经验，培养群体意识和团队合作精神，为学生提供展现自我的舞台和相互交流的机会，更好地推进素质教育。

合唱，为成长底色奠基

合唱中没有“我”，只有“我们”——这句话是我们合唱团的团规，在合唱团这个大集体中，每个人的声音都各具特色，声线有高有低。这个时候，每个人都需要更好地控制自己的声音，有的地方需要高声部的爆发力，有的地方需要低声部浑厚有力的支撑。只有每个高低起伏都恰到好处地融合，整个团体才能和谐，曲子才会悠扬美妙。因此身在合唱团，每一个组成分子都懂得如何利用自身的优势配合团队，将歌曲的效果表现到最好，从不会一味地想要自己出风头。

我们团里有一个小男孩，他叫小元。他对音乐的狂热让他每次一接触音乐就会不由自主地陶醉和兴奋，导致他在每次的排练中唱到他兴奋的地方，声音格外突出，听起来很不和谐。这可愁坏了我们，我们反复提醒他，他态度很好，想要改正，但总事与愿违。每到这个时候，他都用那双大大的眼睛告诉你：“我不是故意的，我太兴奋了。”时间长了，周围的同学们就都对他有些埋怨，总会跑过来跟我说：“老师，小元的声音太大了，我都听不到自己的声音了。”“老师，小元又唱错了！”久而久之，小元和周围的同学都产生了隔阂，他会发脾气，大声辩解着自己的无辜，甚至在排练过程中大喊出来。我看在眼里，急在心里，积极地想着对策。

在一次排练课后，我找到他：“小元，咱俩做个小实验吧。”小元疑惑地看着我点了点头，我说道：“你现在用你最大的声音喊出来，我问你问题，你得告诉我我问了什么问题，怎么样？”小元眨了眨眼睛，冲我点了点头。我说：“开始吧！”接着，他鼓足了气，喊了出来。与此同时，我问他：“小元，你知道我问你什么问题吗？”小元摸着脑袋，想了想：“老师，我没听到您的问题，能不能再说一下？”我说："好的，那我们再试一次。"接着他又试了一次，眼睛使劲地盯着我的口型。我问道："现在你听清了吗？"小元说："老师，我能看到您的嘴在动，但是我不知道您说了什么。"我说："那你现在用一般的音量再试试。"我们又尝试了一次，小元兴奋地告诉我说："老师，我这次听到了，您说的是我们今天的作业！""是呀，但是老师今天不是为了强调作业，你知道是什么吗？"小元摇了摇头，我继续说道："你看，刚才你用很大的声音，就没有听到我的声音，接着，你的声音减小了，你就听到我的声音了。这就像我们合唱一样，我们这么多人要发出一种声音，如果你的声音出来了，那还是一种声音吗？"

小元若有所思地看着我，我说道："在我们演唱的过程中，我们要做到声部均衡，那我们的小耳朵就要充分地利用起来，我们不仅要听到自己的声音，还要去听别人的声音，只有互相去听，互相去感受，才能出现美妙的声音，就像是我们总说的，合唱团中没有'我'，只有'我们'。如果每个人都各自发声，谁也不听谁的，你觉得还有美妙的声音吗？""没有了，就像吵架了！"小元摇摇头说道。"对的，就是这样，所以你知道应该怎么做了吗？"小元看着我想了想说："老师，我知道了。我不能总是听到自己的声音，我还要去听别人的声音，我们是一个团体，要互相听！"在这次交流之后，小元的状况得到了很大的改善，我相信他一定明白了合唱中没有"我"，只有"我们"。

合唱不仅仅是一种艺术形式，阳光合唱团也不仅仅是一个普通的社团，"合"是志同道合，是合而为一，是同心合德，是齐心合力，孩子们在合唱团中，会把成长的每一步都走得更扎实、更稳健。

（供稿人：刘克）

3. 舞蹈社团

舞蹈社团是民族小学最早成立的社团之一。2012 年民族小学增加了形体（舞蹈）课后，舞蹈社团逐步发展壮大起来。目前共有 30 名团员，分为 A 团和 B 团两个团。团员主要来自民族小学三至六年级各个班热爱舞蹈、有一定舞蹈基础的优秀学生。团员们个个热爱舞蹈艺术，热爱舞蹈文化，不怕累，不怕疼，认真刻苦地训练，追求精益求精的艺术境界。舞蹈社团在全面发展的素质教育中发挥着重要的作用，锻炼了学生们的身体，塑造优雅的气质，提高艺术修养，发挥了学生的舞蹈特长，也为中学输送了有舞蹈特长的文艺骨干。

民族小学舞蹈社团的训练内容与教育性和艺术性相结合，适合学生的年龄特点，基于美育教育的前提下培养学生“感知美、欣赏美、释放美”的能力，通过舞蹈训练能够乐观并自信地展现自我，让每一位学生都在舞蹈训练中享受美。社团以规范而且简化的芭蕾训练作为基本功训练，使孩子们的形态、姿态、线条，腰腿的软度、力度和控制进一步提高。在基本功训练的同时让学生学习我国少数民族舞蹈文化、舞蹈表现力，在多种多样的民族音乐、舞蹈风格中体验舞蹈带来的乐趣。

4. 京剧社团

民族小学京剧社团成立于 2017 年 3 月，社团由崔艳老师负责，聘请了“荀派”第三代传人方开柳老师等进行指导，目前有 60 名成员。学生们除了每周一节的集体课，还分别在青衣、花旦、武旦、老旦、老生、武生、花脸、文丑组进行学习。近年来，这些稚气未脱的孩子们在专业老师的悉心指导下，在国粹艺术的熏染下，学得认真、入神。一曲曲经典的名段、一句句稚气但韵味十足的演唱，赢得家长和广大师生的一致好评。

通过让学生学唱京剧唱段及了解相关文化，增强了学生对中国优秀传统文化的认同感、自豪感，提升了学生的审美能力、鉴赏能力。通过社团活动，培养学生对戏曲的学习兴趣，为学生搭建展示平台，让学生在自己擅长、喜爱的方面得到发展和提高。

5. 管乐社团

民族小学室内管乐团成立于 2017 年 1 月，目前，管乐团的人数已达 93 人。管乐团这棵音乐之苗，像一颗冉冉升起的新星，在各种活动中开始熠熠生辉。

升旗仪式、运动会、元旦晚会，在学校的各种大型演出活动中，他们开始崭露头角，开始作为压轴戏隆重登台，鲜花和掌声是对他们的信任和肯定。

管乐团正在民族小学这片沃土上茁壮成长，我们坚信，他们最终一定会更加成熟、更加完善、更加辉煌，为这个美丽的校园奏响最嘹亮的音符。

艺术教育对于学校的美育教育起着重要的作用，是推进素质教育的主要途径和内容。管乐社团独具特色，优势明显，受众面广泛，是艺术课程的最佳补充。乐器种类丰富，乐曲优美流畅，演奏气势恢宏，具有强烈的感染力，活跃校园文化生活，丰富学生的课外生活。为同学们提供广阔的音乐学习的机会，提供了才艺展示的舞台，能够提升学生的音乐素质，提高学生的审美观念和人格境界，增强学生的音乐鉴赏能力，还能够培养学生认识美、爱好美、创造美、感受美的能力。

行进管乐团中的苦与乐

在民族小学有一支团结奋进、意气风发的乐团——红领巾行进管乐团。它乐器配置齐全，日常训练严格规范，近年来成绩斐然，连续三届在海淀区风采展示活动中蝉联金奖。2019 年，乐团队员更是入选中华人民共和国 70 周年庆典的群众方阵，向全世界展示了新时代少先队员的精神风貌。红领巾行进管乐团不仅教会了队员韵律节奏和演奏技巧，更是队员学习集体主义、团结精神的大课堂，是培养少先队员践行社会主义核心价值观的一面亮丽的旗帜。

纪律是乐团的生命，乐团强调队员的纪律观念。每周只有两次专家课，其他的时间就要自己练习。乐团每日清晨训练，放学后学生回家打卡回课。老师从考勤打卡抓起，督促学生抓紧每一分每一秒练习，乐团建立了评比考勤制度，每周总结表彰守时的队员，对于迟到的队员问清原因，积极鼓励，力争不落下一个孩子。孩子们也把乐团训练当作生活学习的一部分，有的孩子怕放学做值日上课迟到，就在当天中午其他同学午休的时间补做；有的孩子因为拔牙没有办法吹号，就背谱子练指法，课后打卡没有缺勤过一回……

排练过程异常艰苦，有的孩子因为年纪小在专家课上没有达到练习要求，课下老师们就手把手教学补课；基本功练习枯燥无味，一个长音要上千次地练习，很多队员嘴唇被号嘴磨破了，手指被拉手磨出了泡，老师及时捕捉，并将此作为教育素材，鼓励孩子们把这些“小痛苦”当作培养吃苦耐劳的精神、磨炼意志的一门宝贵课程。队员们在乐团的训练中学会了坚持与成长。

为了提高水平、锤炼队伍，乐团报名参加了海淀区红领巾乐团展示比赛，这个决定让队员们兴奋不已，大家纷纷表示，一定要抓紧练习，为乐团赢得第一块金牌。

很快到了室外集训的日子，管乐团的队员迎来了最大考验。北京的夏天酷暑难耐，炙热的阳光晃得人睁不开眼睛，一到室外就好像进了滚滚热浪的大蒸锅，稍微动动汗水就止不住得往下流，更不用说背着沉重的乐器训练了。队员们挤出了所有的课余时间，顶着烈日在操场上挥汗如雨，汗水挂满了额头，上衣被一次次打湿。队员们怀揣着必胜的信念，凭借着坚忍的意志，斗酷暑、战骄阳，辛苦训练，全力备赛，这正是队员们强烈集体荣誉感的体现！

老师们看了焦急又心疼，想尽办法做好后勤工作，搬来矿泉水为孩子们补充水分，找来了清凉喷雾为孩子们送一份清凉，购买了小毛巾垫在孩子肩膀上减轻背大鼓的重量感。严中有爱的老师是乐团强有力的支撑。

比赛的日子终于到了，民族小学管乐团队员演奏旋律清晰高亢，队列变换整齐划一，精神面貌昂扬向上，圆满完成了比赛曲目。孩子们出色的表现博得了评委专家的一致好评，最终以全场最高分的好成绩获得了标兵示范乐团的荣誉称号。果然，战胜困难后的成就，才是最大的快乐！

管乐团的训练有苦有乐，它培养了队员的审美意识、纪律意识和集体主义精神，更赋予了他们努力拼搏、奋勇向前的顽强意志。希望在今后的日子里，雄壮的鼓乐声和这笔宝贵的精神财富一直陪伴着队员们一路前行！

（供稿人：李琳）

（二）美术社团

1. 面塑社团

面塑是中国传统的民间艺术之一。它以面粉为主要原料，加进颜色，捏塑小巧精美的观赏陈列品。通过活动了解中国民间传统工艺面塑的历史，引发学生对它们的兴趣，在参与制作活动中，引导学生能正确使用面塑工具和材料，掌握简单的造型技能，表现生活中的事物和对生活的感受，培养学生的观察、想象、制作和创造能力。在活动中培养学生健康的审美情趣和评品能力，弘扬中国的民间艺术传统，增强学生的民族自豪感。

2. 剪纸社团

中国剪纸是一种用剪刀或刻刀在纸上剪刻花纹，用于装点生活或配合其他民俗活动的民间艺术。在中国，剪纸具有广泛的群众基础，交融于各族人民的社会生活，是各种民俗活动的重要组成部分。在社团剪纸教学中，运用多样灵活的教法，引导学生充分发挥想象力，根据学生心理特征引导他们自己设计画面。在老师的引导下，学生了解了中国剪纸艺术的发展历史，创作题材、材料使用以及与生活的联系，正确使用剪纸工具和材料，掌握简单的剪纸知识与技能，剪出动态各异、栩栩如生的画面，从而培养了观察、设计和制作能力，更深层次地了解剪纸文化，在艺术实践活动中体验剪纸乐趣，增强对剪纸艺术的美感体验，弘扬我国的民间艺术传统，增强民族自豪感。

3. 颖拓社团

颖拓艺术是唐宋以来的中国传统拓片艺术，它能将各种器皿上雄浑优美的艺术花纹，利用颖拓技法，惟妙惟肖地呈现在纸上。颖拓艺术是一种传统而高雅的艺术，具有悠久的历史文化内涵，是一种罕见的艺术形式。颖拓作品有较高的收藏和艺术欣赏价值。通过在颖拓社团的学习，学生了解了颖拓艺术的历史传承，学会颖拓艺术制作的技能，并感受中国艺术家对文化传承的重视，以及颖拓艺术对于非物质文化遗产的学习和传承意义，为颖拓的传承做出积极的贡献。

4. 京剧脸谱社团

中国京剧脸谱艺术是人们非常喜爱的艺术门类，在国内外流传的范围相当广泛，已经被大家公认为是汉民族传统文化的标识之一。在京剧脸谱社团，学生通过脸谱艺术的欣赏，领略我国悠久的脸谱艺术，提升艺术修养，受到中国经典文化的熏陶；同时，通过脸谱基础知识和基本技能的学习与训练，形成良好的造型能力和用笔、用色的基本功，掌握脸谱谱式的特点，了解脸谱色彩与人物性格品质的关系，提高绘制脸谱的质量，为传承中国优秀的民间技艺打下基础。

5. 陶艺社团

陶艺社团以中国陶瓷发展历史为主线，遵循形式美法则，以点线面为基本元素，以成型方式为造型主导原则，紧密围绕中国陶瓷文化，在贯彻传统工艺流程的同时，以发展学生创造潜能为教学原则，以学生们喜闻乐见的题材为主导，以陶泥为最佳载体，在激活学生积极探索创造兴趣的同时，培养了学生的创新意识、创造精神和实践能力，把学习技能和创造活动融为一体，在自主创作中，促进了学生创造力的发展。民族小学的陶艺主题课堂在“传承中国传统文化，促进儿童理想发展”的教学宗旨下，以发展学生创造潜能为教学原则，采用专业、系统、统一的可持续发展的教学体系，在内容丰富、形式多样的专业陶艺课程中，学生们感知优秀传统文化的魅力，体验陶泥材质的表现力；诠释艺术来源于生活，艺术为生活服务的人文理念。

（三）书法社团

书法被誉为无言的诗、无行的舞、无图的画、无声的乐。学生通过对书法的学习，感受中华优秀传统文化传承的重要意义，感受学习书法带来的快乐，为书法艺术的传承做出积极贡献。在书法课程建设上，教师从“汉字表现”“赏析评述”“文化理解”“以书育德”四方面出发，将书法课程划分为“书写技法”“汉字知识”“鉴赏品评”“创意实践”四大模块，培训学生核心素养。通过讲解汉字的基本笔画、常用的偏旁部首和基本的笔顺规则，教会学生借助习字格把握字的笔画和间架结构，书写力求规范、端正、整洁，初步感受汉字的形体美，能用硬笔熟练地书写正楷字，做到平正、匀称，力求美观，逐步提高书写速度。通过学习硬笔、毛笔执笔要领和正确的书写姿势，了解笔、墨、纸、砚等常用书写用具的常识，学会正确使用与护理。注意保持书写环境的整洁。通过学习用毛笔临摹楷书字帖，掌握临摹的基本方法，学会楷书基本笔画的写法，初步掌握起笔、行笔、收笔的基本方法。通过临摹楷书经典碑帖，获得初步的感性认识，体会书写特点；学习欣赏书法作品，了解条幅、斗方、楹联等常见的书法作品幅式，了解字体的大致演变过程，初步感受不同字体的美。

书法社团助力自信、自律培养

书法社团作为众多艺术社团之一，除了丰富学生的课外知识，提升他们的书写能力之外，还肩负着培养学生良好习惯、形成良好的意志品质的重要责任。当然，对于大多数学生来说，他们能够较为容易的适应各项学习活动的要求，从而达到我们设定的培养目标。然而，还有一些学生，虽然具有独特的天赋，但由于行为习惯不佳，或是性格等原因，他们成了老师眼中的“个别生”。这部分学生往往会表现得缺乏自信、不善于自律等。在书法社团的学习活动中，我们是通过以下这些手段和途径来帮助学生养成自律习惯、树立自信心的。

一、立规矩，学礼仪

自律是一个人最重要的品质之一，我们每一个人天性上都存在着一定的劣根性，例如懒惰、磨蹭拖拉、爱给自己找借口、容易自满等。一个人如果不能自我克制，学会与这些劣根性做斗争的话，那么很可能终身一事无成。因此，培养学生的自律性就显得尤为重要。

学生在书写中不仅学到技法，更以此得以亲近古人，感受经典碑帖背后的文化意蕴。书法社团非常注重培养学生的书写习惯和书写礼仪。坐着的书写姿势、站着的书写姿势，有不同的要求；毛笔怎么拿、怎么放，蘸墨蘸多少、掭笔掭多少下，都是学问。甚至是写完字的废纸，我们也有细致的要求，要叠起来摞在一起，不能随意团成一团，到处乱扔。

这样细致的要求，对于那些老师们眼中的“个别生”来说，不可谓不苛刻。就拿我们书法社团的小刘同学来说，这孩子在写字上很有些灵气，但是习惯真的不行。刚开始的一段时间，他总是不能做到按规矩收拾废纸，他的桌面上东一团、西一团，都是废纸团。我问他，为什么要把纸揉成团儿呢？他说，觉得自己写的字太丑了，一生气就团成团儿了。我把纸团展开、铺平，仔细看了看，对他说，哪有你说的那么丑，而且有几个字写得很有感觉，并指给他看。他再看看，觉得好像真的没那么糟糕。我又问他，你知道为什么每次练习的作业纸，老师都要求大家叠好放在一边吗？他回答说，因为这样看着整齐。我告诉他，不仅仅是整齐，用过的纸叠好放在一个固定位置，也不影响你接下来的练字啊。你看，咱们的桌面就这么大地儿，你这左一团、右一团的，多影响你写字啊。再说，每次练习的纸保存好放在一边，等下课时，你还可以把前面写的字拿过来和后面写的字做个对比，看看自己哪个字写得好、哪个字进步了，还有哪个字不好、需要改进。而且每次辛辛苦苦练字的这些纸，积累成厚厚一摞，也很能够说明问题，对吧？你付出这么多的努力，难道就为了最后一团团都扔了吗？把你努力的这些成果带回家去给爸爸妈妈看看，让他们知道你在社团里都做了什么，我猜他们也很想看到你的字写得有多好。

经过我多次的提醒和鼓励，小刘同学确实有了很大的改变，他练字时桌面上再也没有纸团了，不仅如此，我发现他写字更投入了，书写水平也提升很快，就连他的班主任也告诉我，这孩子变化挺大，看来练书法确实有好处啊！

二、目标激励，良性循环

一个人想要成功，自信是不可或缺的品质。对于小孩子来说，主要是帮助他们获得对自己已有能力的自信。特别是特殊学生，他们往往是最缺乏自信的一批人，更加需要通过自己天赋能力取得的肯定、成就，来获得足够的自信。

在书法社团中，书写能力无疑是学生们的天赋能力。作为老师，我非常注意保护学生的自尊心，引导他们坚信自己的书写天赋是与众不同的。对于孩子们的每一份练习作业、每一幅创作作品，我都会给予积极的肯定，同时也会给他们定出一个努力方向。

记得前几年，我们社团里有一个小男孩，我们暂且叫他小童吧。小童参加书法社团很早，一年级就来了，在写字方面可以说挺有天赋的，但这个孩子胆小内向，平时不言不语，不像其他一些学生那样有表现欲，因此他的书写水平给人感觉总是不温不火的，进步迟缓。通过长时间观察，我发现，每当校内外有大型书法交流展示活动，我宣布有资格参与活动的高年级学生名单时，小童总是以一种十分羡慕的眼神看着那些被我点名的同学。我觉得这可能是个契机，于是我单独找到他，跟他说，你想不想下次也有机会参加展示活动？他沉默了一小会儿，点了点头。我告诉他，和同龄人相比，你的字其实已经写得很好了，但是离上台展示还有一些距离。不过这都不要紧，只要多多观察字的结构，努力练习，就会有提高。重要的是，在那么多人面前上台展示，你敢上去吗？这时候小童显得很是犹豫，不知道怎么办才好。我说，没关系，放学后来体育馆门口找我，咱们试试。

放学后，我把小童领进了体育馆，当时馆里都是网球、武术和健美操社团的学生在分组练习，没人注意到我们。我把他领上了舞台中央，对他说，你看，台下有那么多人呢，你感觉怎么样？紧张吗？他站了一会儿，看着我说，老师，我刚开始很紧张，现在好些了。我说，那我们定一个目标，下次展示活动，你也能够和高年级同学一起参加，你不但要提高自己的书写水平，还要克服上台的紧张情绪，能做到吗？

从那时起，小童练习书写的时候似乎更加用心了，偶尔我也会让他再去体育馆的舞台上站一小会儿，找找登台的感觉。后来小童果然如愿以偿，跟高年级的哥哥姐姐一起参加了书法展示活动。活动结束后我问他，感觉怎么样？他说有点儿紧张，但是总的来说感觉还不错。

其实书法社团里很多孩子的其他学科成绩并不是那么优秀，而书法，为这些孩子提供了另一种卓越的可能。我记得一个孩子在她的文章里写到，将来要当个书法家，做优秀传统文化的传承者。我们现在所做的不仅仅是教孩子练字，更是在他们幼小的心灵里埋下了一颗种子，期待将来终有一天能够发芽。

（供稿人：李乐）

三、艺术展演 >>>>>>>>

教育家蔡元培说：“美育者，应用美学之理论于教育，以培养感情为目的者也。”“我们强调美育，但是并不以培养艺术家为目的，毕竟，99%以上的孩子可能都不会直接从事艺术工作。”教育部艺术教育委员会委员孔新苗认为：“以兴趣为基础的艺术教育，给孩子带来的是长久的心性修养和人格素养，是为了培养一个有品位、会生活、懂欣赏的人。”①艺术展演作为激发学生学习兴趣的重要教育手段，展现了民族小学美育教学的完整性，对于美育教学的促进具有不可估量的作用。

（一）校级艺术展演

校级艺术展演是由民族小学学校层面组织，每一学期或年度固定向全体学生开放的艺术展演，具有专业化程度高、涵盖面广、活动组织能力强等特点。

表 5-1 艺术展演活动

美术：非物质文化遗产作品展览周，艺术长廊主题展
音乐：班级合唱，国际文化节，馨星民族乐团学生专场音乐会
书法：海棠雅集，毕业书法展

海棠雅集绽放书法之美

每年四月季春，和风春煦之时，就是一年一度民族小学举办海棠雅集的日子。在过往的六年里，来自各地的书法家们和民小师生齐聚在海棠花竞相开放的四合院，挥洒翰墨，书写对春的礼赞。在雅集现场，师生们或轻声细语地分享自己的感受，或驻足品味，目不转睛地细细观赏书家一笔一画的起承转合，这是一场民小书法学习交流的盛会。

书家来挥毫

“海棠院里寻春色，日炙荐红满院香。”每年“海棠雅集”的活动现场可谓书声琴韵，榜样云集。自第一届活动起，先后有中国传媒大学博士生导师刘守安老师、中国书法家协会理事杨广馨老师、北京市书法字协会副主席彭利铭老师、首都师

① 孔新苗：《首届全国美术高峰论坛闭幕学术总结发言》，载《山东艺术》，2018(005)。

图 5-6　海棠雅集

范大学书法院副院长宗成振老师、首都师范大学初教院副教授马龙老师在古色古香的四合院里挥毫。平时看似难以驾驭的毛笔，在书家的灵活运转下，无论是婉转精妙的篆书、隽永含蓄的隶书，还是抑扬顿挫的楷书，千变万化的行草书，都展现得淋漓尽致。书家们用富有张力的书法作品，诠释中国优秀传统文化的精神。学生们在活动现场，或轻声细语地交流着对书法的感受，或驻足观赏，细细品味书家的一笔一画，像是一个个小学徒，不断穿梭在书家身边，感受着书家的气质，接受文化的熏陶。

师生齐上阵

海棠雅集是民族小学全体师生每年坚持书法学习的大展示，也是民族小学师生零距离接触中国书法文化的大盛会。经过一年时间的书法练习，大家在用笔、结构、章法、墨法等方面都取得了长足的进步，海棠雅集就是展示的大舞台，在场的每一位成员都有机会伴随海棠花香，留下专属于自己的笔墨。和风朗朗，墨韵飘香，民族小学处处一派生机盎然的景象，书法展演通过与校园美的环境的融合，激发出强大美育价值与职能。

对学生而言，学习书法从最初的稚嫩到日渐成熟，从不知纸笔到初识规矩，书写水平取得了长足的进步。他们依托经典，深入法帖，一张张习作已然小有规模。学生的每一幅作品都能让我们感受到一个个鲜活的生命，虽稚气未脱，但笔墨黑白间挥洒的是对中华文脉的传承。对于老师而言，无论是专职的书法老师，还是学校的后勤、财务，乃至厨房掌勺的大师傅，都在民族小学"全员书法"潜移默化地熏陶下爱上了书法，在活动现场主动向专家交流请教，追寻美的脚步。

海棠雅集艺术展演是民族小学师生书法之美的集中呈现。学校还依托各方面资源，积极开展校外书法主题实践活动，努力拓宽学生的艺术视野。如组织学生参观国家博物馆“翰墨中国——全国书法作品大展”；前往国家图书馆的典籍博物馆开展“神奇的汉字”书法综合实践活动。通过参观、讲解、观看视频、动手制作、知识竞赛、自主探究等丰富多元的活动方式，整合多学科内容，促进学生对汉字、书法的深入理解，引导学生探秘汉字发展的知识，传承中华典籍文化。

“长风破浪会有时”，期待与你在最美的民族小学相遇，赏鸟蝶蹁跹，书万千胸臆。

（供稿人：盛夏）

题目：《礼记节录》
作者：徐珊
学校：海淀区民族小学

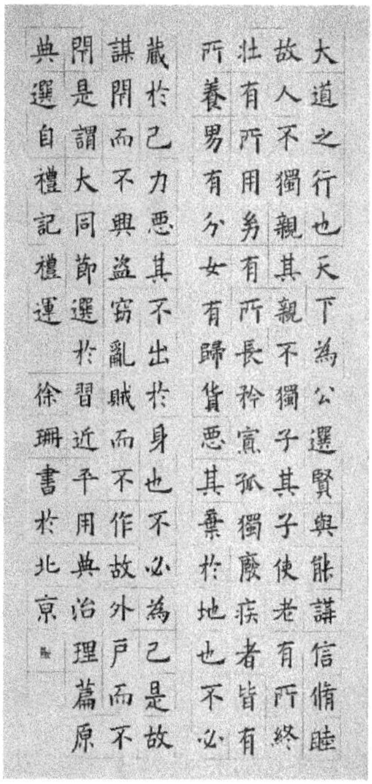

题目：《诫子书》
作者：陈丽蓉
学校：海淀区民族小学

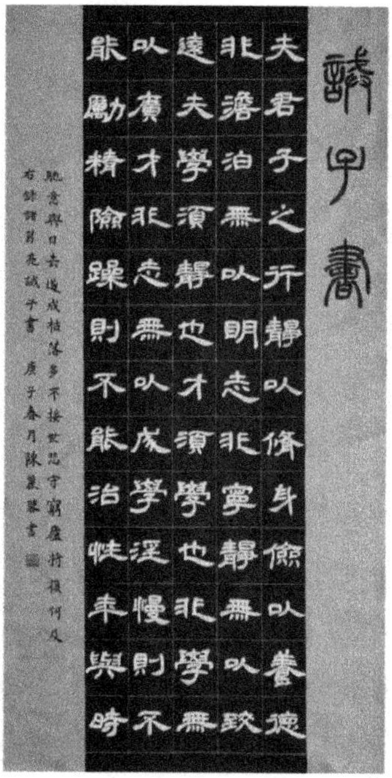

图 5-7

（二）个人艺术展演

个人艺术展演是民族小学学生在老师、家长的帮助下，自发组建的展演活动，往往面向一个或多个班级或社团，具有能动性强、形式多样、内容丰富等特点。

表 5-2　个人艺术展演活动

美术：绘画“小达人”展示
音乐：音乐沙龙，个人演唱会
书法：个人书法展

“小小达人秀”促进学生成长

都说失败是成功之母，我想成功更是每个人的愿望，更能激起人继续前进的脚步，何况是孩子，他们更渴望成功。成功意味着成长，成功会使人更加自信，是学生成长道路的宝贵财富。我们学校曾提出了尊重差异，善待差异，利用差异，实现立德树人的目标，为每一位师生搭建成长的平台。作为班主任的我们，最了解孩子的优点，很多时候我们局限于在班里给学生展示的机会，其实我们还可以给孩子提供更大的展示平台，给他们带来无限的自信的同时，促进“五育”并举、和谐发展，于是我们班就开始举办“小小达人秀”的活动。

我们班里的高同学特别喜欢画画，很多次看她拿回来的美术课上的作品，都特别漂亮，看上去有些功底。我就想，可以给她开个个人画展。不能只局限在班里，可以到学校层面开展，让更多的学生老师都认识她。于是我与傅主任和她的家长沟通此事，多方一拍即合，开始准备。

在这之后，我更加留意班里有才艺的孩子，尽可能为更多的孩子提供展示自己的舞台。后来我们班陆续开展了 3 个个人绘画展、1 个石头画展和 1 个写作展。每一次仪式上都有学生、老师、学校领导和家长参与其中，让更多的学生想参与进来，成为那颗耀眼的星。对于我们成人来说虽然是小小的启动仪式，没有什么特别的，可对于孩子来说，每一次展览无疑给他们留下了深刻印象。

参加“小小达人秀”的学生深有感受。

刘同学：“2019 年 11 月 8 日，我参加了学校的绘画达人秀活动，刘老师、丁老师推荐我开了个人画展，我特别高兴也特别感谢他们！我从小就喜欢画画，觉得它是一种表达自己情绪的方法，脑子里的奇思妙想都可以通过画画表达出来。画画使我感受到了线条的美和颜色的秘密，下一步我会开始学习素描。希望我能不辜负爸爸妈妈和老师们的期望，越来越棒！”

张同学说：“我非常荣幸地参加了学校举办的活动，举办个人画展。我和爸爸妈妈一起设计海报，一起挑选画作，再到准备发言，整个过程让我得到了书本外的锻炼。最后非常感谢老师们能够给我这个机会。”

不仅学生感慨，家长也觉得这个活动特别好。

王同学爸爸说：“今年初班主任刘老师提议开办孩子作文展时，我们充满了期待和感激，孩子更是莫名的激动和兴奋，民小确实是一个让孩子快乐成长的地方。准备期间，刘老师积极指导，督促王融昭收集和整理这几年积累的作文和素材，并准备好展板。正式展出时，刘老师组织同学们参加，详细规划了流程，并安排家长现场观摩，马校长、窦主任、语文年级主任等出席活动并发表讲话，特别是马校长‘播下一颗希望的种子’的发言，让我们深深体会到了‘和而不同，快乐成长’的民小精神，我们也从孩子们眼里看到了希望之光。孩子经过此次活动，更是完全变了一个人，更会观察，更懂得感恩！民小是扎根于中华民族之根的，她的教育理念是大气的，孩子们经过这六年的熏陶，未来一定是光明的！感谢刘老师！感谢各位老师！感谢马校长！感谢民小！”

通过这个“小小达人秀”活动，班里原本不自信的孩子变得更加自信，上课回答问题更加积极踊跃，让班里同学更加地了解他们，结交了更多的朋友，班级荣誉感增强，都觉得自己的班是最优秀的，自己也相当优秀。家长们看到老师对学生是真心付出，对班级里的事务更加关注，更加积极参与，同心同德，班级氛围也更加和谐。大家都觉得我们班是最好的班，我们班的孩子是最优秀的学生。作为老师，我们肩负重任，我们要实现我们的教育梦——帮助学生实现自己的梦想就是把中国梦落地生根。

（供稿人：刘晓京）

四、校园文化 >>>>>>>>

李岚清在《大学美育》的序言中说：“学校要高度重视美育，用美育来塑造人格，提升学生的精神境界，必然要提高学生的素质。那种以教化手段教育学生的时代早已过去，未来的世纪应以美去美化人们的心灵，净化人们的心灵，从而在美的欣赏和鉴赏中提高自己，完善自己的人格。”民族小学的校园从自然美与人文美两个维度出发，打造属于自己的美育校园文化。

(一)自然美

民族小学的校园建在森林里、花园中。民族小学的校园每个季节都有不同的自然景观展现其独特的魅力。春天，玉兰和海棠花依次开放；夏天，牡丹盛开；秋天，银杏树洒下金黄；冬天，腊梅展现生命的力量。民族小学的孩子们生活在其中，无时无刻不感受着自然的神奇与美丽，更从这些不同的景观中感受着我们每一个人也是不同的，每一个人都有属于自己的一片天地。

民族小学特别重视营造“五种味道”——中国的味道、自然的味道、教育的味道、孩子的味道、家的味道。还特别重视这五种味道的融合，经常在校园中举办各种活动，为孩子们搭建平台。同学们在玉兰树下读诗、在银杏树下唱歌、在石榴树下写生……通过这些不同的活动，切实地将自然与孩子、艺术与孩子、美与教育紧紧地融合在了一起。

银杏树下的乐章

学校的银杏林一直是孩子们最喜欢的乐土，孩子们经常在银杏树下玩耍。但每次来也都是拍拍照、捡捡落叶，怎样才能更好地感受到银杏树的美呢？怎样才能让这一片金黄更长久地留在孩子心中呢？于是便有了我们这次音乐会。我们在银杏树下唱歌、演奏乐器，将音乐之美与学校的自然之美结合起来。在潜移默化中培养学生的美感、提升学生的审美能力。

金秋时节，五(3)班的同学们在美丽的民小校园里举办了首届班级音乐会。金黄的银杏树下就是他们的舞台，他们坐在汉白玉石阶前聆听歌唱。五(3)班的同学人才济济，班级中有很多同学是校乐队成员，表演了经典曲目《星球大战》《少先队队歌》，其他同学也各显身手，有大提琴演奏《四季的回转》，小提琴演奏《新疆之春》，还有民族乐器中阮表演的《侗歌》等。音乐会中高潮迭起，有相声，有合唱，小主持人们还时不时与观众们互动，令许多路过的老师、同学们驻足观赏。美丽的四合院中，流动的音符和孩子们的歌声、欢笑声汇聚飘扬。

(供稿人：于昊)

(二)人文美

校园内有大量古建遗存，古色古香，雕梁画栋，学生置身于其中，感受到的是浓浓的优秀传统文化的味道、中国的味道。依托于此，学校有意识地构建民族小学独特的人文景观。古雅的文耘亭，精致的小桥流水，静美的四合院，宏伟的崇和馆，无不流淌着传统园林的创意。点缀其间的楹联匾额、古碑石刻，石阶上雕刻着名言警句、诗词歌赋，无不凸显学校的人文情怀。基于校园四季变化，学校还将“书院海棠”“文耘晚荷”“崇和秋色”“立人晴雪”评选为“民小四景”，倡导师生以“民小四景”创作诗赋书画，讴歌美丽校园。

“方圆居”的抱柱楹联为七言联：“长向静中参妙理，时与胜境养涵心。”这一七言联言明棋阵搏杀是于闲静中参悟道法之妙，感怀人生乃从弈局内涵养心怀之功。楹联每个字的出处如下。

“长”字为宋人黄庭坚书；“向”字为元人赵孟頫书；“静”字为清人梁同书书；
“中”字为清人高士奇书；“参”字为宋人王洗诜书；“妙”字为宋人米芾书；
“理”字为宋人米芾书；
“时”字为晋人王羲之书；“于”字为唐人陆柬之书；“胜”字为明人董玹书；
“镜”字为宋人米芾书；“养”字为宋人米芾书；“涵”字为宋人蔡襄书；
“心”字为宋人米芾书。

■ 上图是“方圆居”集字名匾

■ 上图是“方圆居”檐下抱柱楹联

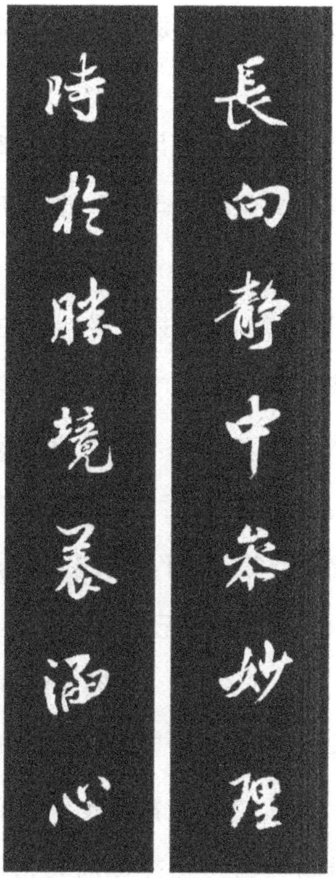

图 5-8

每一位漫步于民族小学校园的人，定当感受到一种扑面而来的美。高大的教学楼檐牙高啄，古老的大殿彩绘精美，精致的四合院回廊映翠，匾额石刻随处可见，书法、绘画“大作”皆由学生创作，装点着校园的每一处墙壁。学生乐在其中，丝竹悠悠，管乐铿锵；舞姿动人，歌声飞扬；画林泼彩，墨海飘香。民族小学的学生们在艺术的绿洲中，表达着对生活的热爱、对美好的向往。

悠久的历史和古建赋予了学校深厚的文化底蕴，修复后的四合院古香古色，散发着浓郁的文化气息。散落于校园各处的石碑，诉说着学校沧桑的历史，建筑前的石刻，富含教育意义。景观前的标志记录着建筑的文化内涵。学校小花园内的石阶上雕刻着名言警句、诗词歌赋。学生走在校园之内，感受到的就是中华优秀传统文化的独特魅力。

民族小学将四合院命名为立人书院，现在也是中国教科院的国学教育基地。在书院内，每周都有书法、茶艺、国画、风筝制作等传统艺术课程。

学校把每周五设立为传统服饰日，在这一天，学生可以穿上自己喜欢的传统服装，也可以是本民族的服装。每到周五这一天，行走在学校，会有一种穿越历史的感觉。

美术社团的师生就利用校园的传统美景与建筑，设计绘制具有中国味道的手绘地图、请柬、文化衫。现在，学校的文化特色鲜明，校园就是个灵动的优秀传统文化的教育大课堂。

所谓“名胜之境，半由天然，半由人力”。学校对传统人文景观的主动建构，使校园中充满了环境美和文化美，增强了美育意识，树立了全面美育观，使美育进入综合育人状态。同时，也正是在这一人文环境中，中华优秀传统文化作为视觉符号更加贴近学生生活，校园中经常会看到孩子们在写生、在测量、在观察、在写作、在歌唱、在吟诵，校园人文景观也在学生的主动建构下化为“日用而不知”的文化底色，润物于无声之处。

校园资源利用与开发之颖拓

2015 年，学校颖拓社团成立，社团活动中，结合颖拓和传拓艺术的特点，师生共同开发、利用校园丰富的传统文化资源，进行颖拓作品的创作和展览。任务驱动下，学生分小组对优秀传统文化的深入探究、分析是学习的方法，三者有机结合，使学生主动学习、探究中华优秀传统文化和颖拓艺术，感受民族传统文化的源远流长。通过研学、科学实践，在校园生活情境中，学生利用校园资源，从中汲取民族精神的源头活水，陶冶情操，实践创新，提高素养，进行传统文化的学习和传承。

一、校园文化的探索与美术课程的文化选择

文化怎样能更好地继承、发扬？校园的优秀传统文化资源如何开发、利用？学生如何积极、自主的探究学习？美术教育能够发挥怎样的作用？学生通过对颖拓艺术的学习，与优秀传统文化碰撞，挖掘颖拓的历史文化内涵，传承校园文化，传承中国的优秀传统文化。小学教育是中国学生发展核心素养的基础，学生是中华文化传承的核心，利用校园生活情境，营造有利于提高学生感受、理解与评述能力的文化氛围，结合对建筑构件的图像识读，学生在任务驱动下进行探索，多角度分析校园文化、诠释美术作品，如此激发学生对优秀传统文化的探究精神、对校园的热爱之情，学习颖拓艺术中蕴含的匠人精神，从而形成对颖拓艺术的鉴赏能力，提升审美。

文化是以价值观为核心的一定群体的生活方式，中国的文化有着悠久的历史和优秀的传统，这些文化在我们的校园中随处可见。关于我校最初的记载，于《钦定日下旧闻考》一书中，据清代英廉等人奉敕编订的《钦定日下旧闻考》记载：后黑寺，原名“察罕喇嘛庙”，为蒙古察罕呼图克图活佛于清顺治二年募化创建。因此，学校在修建过程中，发现很多历史悠久的文物古建，清代石刻碑遗迹、清代石构件、殿座遗迹上的螭首，大量的建筑构件上都有精美的雕饰与图案，传承着悠久的文化，积淀了深厚的文化内涵。校园中，作为民间建筑式样的四合院也得到了复建与保护，门墩、影壁、铺首都极具文化特色，丰富的校园文化是学生了解学校历史的重要途径，同时也是美术课可开发利用的重要资源。美术课程的基础是美术学科的知识与技能，从学科知识、技能到学科课程需要经过选择和组织，在教学中依据课程需要，需对校园资源的文化背景进行探索与学习，从而找到既有图案美感又有历史文化价值的建筑构件应用于颖拓教学中。

颖拓是唐宋以来中国传统的拓片艺术的传承，它将各种器皿上雄浑优美的艺术花纹、古代的临本，利用颖拓技法，惟妙惟肖地展现在纸上，呈现为一种传统而高雅的艺术作品，具有悠久的历史文化内涵，是一种独特的艺术形式，又有较高的收藏和艺术欣赏价值。

我校历史遗迹上的图案以及四合院中的建筑构件为颖拓艺术的学习提供了丰富的资源，社团活动中，学生以小组合作的方式，用搜集资料、参观体验、问卷采访、课程学习、技法训练、自我探究等方法实地考察进行研学。丰富多样的学习方式，使学生主动学习、掌握民族艺术的基本技能，提升美术素养。

二、探索完善学校文化建设过程中的融合模式

1. 依托校园资源，深化颖拓课程建设

以颖拓课程作为切入点，将非物质文化遗产与学校文化充分融合，开发"课堂+社团活动"的艺术教育模式，带领学生走出教室，颖拓校园里的碑刻、匾额，了解校园中遗留下来的诸多碑刻、古建筑，贯彻"三气精神"及"六个一"育人工程。2017年11月，"中国传统传拓技艺公益培训公开课活动"连续两周在我校开展，特邀国内著名的颖拓、全形拓名师崔隽川先生来课堂担任主讲。在此过程中培养学生爱校、为校的主人翁意识，树立学生从小传承中国非物质文化遗产的责任感和使命感，主动参与学校文化建设。

2. 借助颖拓课程，丰富校园文化生活

将学生的颖拓作品进行阶段性展览，讲出作品背后的历史故事，并进行"小小艺术家"的评选，这不仅是对学生学期成果的总结，也是对校园文化生活的丰富。社团在中华世纪坛举办的画展中现场制作、展示优秀颖拓作品；颖拓学校的传统图案，并制作文化衫，发现校园之美；毕业生结合书法，进行长卷创作，感恩教育；运用纸扇、绢扇等多种材料进行创作，呈现更多的作品形式。

3. 通过多维度校园文化宣传，完善颖拓课程建设

通过现场艺术展示、举办讲座等形式，对颖拓课程社团建设进行指导，让学生提升专业素养，并形成传帮带，让更多的学生参与进来，确保学生能掌握一项特色项目，传承传统文化艺术。社团作品结合校园文化和学校精神进行创作，分别在学校、中华世纪坛、稻香湖非物质文化遗产科学城、首都师范大学"高参小"项目成果展等多地进行展览。

三、继承与发展

美术教育面对着继承与发展两大主题，继承意味着我们必须接受人类社会积淀下来的各种有价值的观念、形式、方法和规范，如果它们与美学意义发生关联，相应的美术教育就要培养学生的审美能力。学生在对校园古建和颖拓技法的探究

中，逐步获得新知，能够联系已有知识、技法，运用新知，表现校园的古朴之美。

颖拓艺术的发展是形式的创新、题材的创新，学生利用校园资源、通过颖拓的学习形成了审美能力，表现了颖拓之美，传承了学校的历史文化，同样也传承着中华民族的非物质文化遗产。

（供稿人：王颖）

在新时代美育观的指导与引领下，民族小学精耕美育沃土，形成了关于美育独有的认识与理解。通过美育课程体系的探索，确立以培养学生审美能力与立美能力为目标，构建课程体系框架，提升人文素养，实现立德树人。在这一过程中，一批又一批优秀的学生带着内化于心、外现于形的美的人文素养，通过感受美、表现美、鉴赏美、创造美，形成艺术爱好，增强艺术素养，美好的心灵得到浸润和感化，走向了人生更大的舞台。

总有身边的朋友会问我，日日年年的乐器训练，不会使你感到厌烦吗？而我的回复就是面带微笑的摇头。想看到更美的风景，只有不懈地攀登。想演奏美妙的乐曲，只有不懈地练习。我向我的唢呐老师学习十年了，他不仅教我学会了演奏，还教会我怎样做一个合格的学生，一个合格的人！控制、专注、理解和爱！这些都不是天生就有的，而是要不断地学习、理解和训练！现在，除了微笑，我能回答询问我的朋友：训练并不枯燥，沉浸其中，你得到的远比训练本身更多！

——音乐社团毕业生王同学

早在孩子入学之前，就知晓海淀民族小学的馨星民族乐团的鼎鼎大名。孩子入学后，果断报名乐团，幸运地被乐团选中，进行中国鼓的训练。乐团课程安排非常合理，既有长短课时的安排，又有集中排练与分散练习相结合的方式，每年都有多场公开演出，高平台、多机会、高能指导团队开阔了孩子们的眼界，锻炼了孩子们的胆量。经过五年多艰苦的锻炼，孩子成长得非常快，不仅收获了乐理知识、打鼓技能，而且还收获了自信、勇敢，抗挫能力也得到了很大的提高。五年来，孩子和乐团老师们的辛苦付出得到了回报，各种奖项纷至沓来，各种荣誉收入囊中，但是馨星民族乐团人戒骄戒躁，坚守初心，不忘使命，始终如一的坚持训练、演出，孩子能进入这样的乐团，得到音乐大家的指导，实是幸运之至！

——音乐社团毕业生家长代表

我学习书法三年半了，一直练习隶书《曹全碑》。隶书庄重，略宽扁，横画长而直画短，呈长方形状，讲究“蚕头雁尾”“一波三折”。我喜欢《曹全碑》的秀逸多姿。每当开始练习，墨香纸香令我兴奋不已，秀美字体令我心旷神怡。在书法艺术中徜徉，需要真正的热爱、更多的认真和坚持不懈，我相信自己会在这“无言的诗，无行的舞，无图的画，无声的乐”中享受到更多乐趣。

——书法社团毕业生闫同学

每逢毕业季，在民族小学成长六年的莘莘学子都会献上他们感恩母校的毕业“礼物”，这份礼物的内容与题材源于我们欣赏到校园古建之美，礼物的呈现形式是通过教师指导和学生亲手创作，所表达的思想情感是对母校的眷念和至真至切的热爱。

——《一份难忘的毕业礼物：民小诗画》2016级全体毕业生艺术作品

六年前，我们怀着好奇的心情，踏进了这溢满书香的校园，是敬仰，是希望。六年后的今天，望着旗台上迎风飘扬的五星红旗，是不舍，是感慨。六年来，老师们的无悔付出，辛勤耕耘，是阳光，是母爱。哺育我们健康成长。即使离开了，但我们一定会把你铭记心中，因为你承载着儿时的欢笑和少年的青葱。六年来，我们在这里收获了更多的知识，学习了更多的技能，今天，我们用毛笔描绘你，四合院的门墩、影壁、崇和馆大殿须弥座上的螭首……这里的一草一木是那么熟悉又难舍，让我们郑重地对母校说一句：“再见了，祝愿你的明天更美好。”

——2016级全体毕业生

第六章　以劳树人，培固学生幸福根基

劳动教育是培育时代新人的必要途径，具有树德、增智、强体、育美的综合育人价值，决定着社会主义建设者和接班人的劳动精神面貌、劳动价值取向和劳动技能水平。人的一生，每时每刻都与劳动密不可分，正是劳动者的汗水与付出让我们的生活更加美好、幸福。提升劳动教育品质是践行“以劳动托起中国梦”的有效路径。劳动教育的内涵极其广泛，学生在某一学段接受的劳动教育所要达成的目标越清晰、资源越丰富，越能够激发学生的潜能，提升劳动兴趣和参与度，劳动能力提升效果也就越明显。因此，劳动教育资源和课程的开发与实施尤为重要。在“和”理念的引领下，民族小学十分重视资源的有效应用与整合，将学校、家庭、社会资源统筹规划形成教育共同体，形成以学校为主导、以家庭为基础、以社会为依托的教育模式，为学生搭建更加多元的实践平台，为有效、持续地开展劳动教育提供保障。注重劳动理论和实践相结合，从深入理解劳动教育内涵入手，依据当前时代特点和学生具体情况，深入挖掘劳动教育的育人功能，遵循劳动教育课程设计的原则，构建了民族小学劳动教育主题课程，引领学生深入生活、深入自然、深入社会开展有意义有意思的劳动教育主题课程，拓宽了劳动教育育人路径。劳动教育课程的开发与实施让学生在体验和参与中提高劳动兴趣，在理解和应用中提升劳动素养。有意义有意思的主题课程将劳动教育理论与实践有机结合，循序渐进地助力学生提升劳动兴趣，掌握劳动技能，传承劳动精神，为成为未来社会幸福的合格公民奠定了基础。

第一节　对新时代劳动教育的定位与思考

自中华人民共和国成立以来，中国教育界对劳动教育非常重视，但是不同时间对劳动教育的理解和要求也有所不同。新时代的劳动教育被赋予了新的内涵，更强调劳动精神的弘扬。民族小学以培养正确的劳动观念、弘扬劳动精神为目标，积极构建劳动教育新形式，将劳动教育贯穿在整个教育活动当中。

一、新时代的劳动教育观 >>>>>>>

（一）劳动教育的内涵

劳动教育是发挥劳动的育人功能，对学生进行热爱劳动、热爱劳动人民的教育活动。马克思主义劳动观认为，劳动创造世界、劳动创造历史和劳动创造人本身；劳动是实现人的全面发展的重要途径。陶行知提出“教学做合一”“在劳力上劳心，用心以制力”，强调了教育与生活劳动融会贯通。劳动教育强调以体力劳动为主，注意手脑并用的劳动教育形式，弘扬劳动精神；强调身心参与，注重手脑并用；继承优良传统，彰显时代特征；发挥主体作用，激发创新创造。

（二）新时代劳动教育新要求

1. 劳动教育的要求

习近平总书记勉励广大青少年要“热爱劳动、热爱创造，通过劳动和创造播种希望、收获果实，也通过劳动和创造磨炼意志、提高自己”；针对部分青少年中存在的“不珍惜劳动成果、不想劳动、不会劳动”的现象，提出了加强劳动教育的迫切要求，大力弘扬劳动精神，教育引导学生崇尚劳动、尊重劳动，懂得劳动最光荣、劳动最崇高、劳动最伟大、劳动最美丽的道理，长大后能够辛勤劳动、诚实劳动、创造性劳动。习近平总书记的有关论述，还包含了强国富民的时代担当，如“劳动者素质对一个国家、一个民族发展至关重要”。

习近平总书记从个体发展和国家发展两个层面强调了劳动教育的重要意义。为推进新时代劳动教育，我们应该重视社会主义劳动观念的塑造、劳动技能的培养和创造性劳动的价值，要重视劳动精神的培养。

2. 劳动教育的目标

《中共中央 国务院关于全面加强新时代大中小学劳动教育的意见》（以下简称《意见》）指出：“把劳动教育纳入人才培养全过程，贯通大中小学各学段，贯穿家庭、学校、社会各方面，与德育、智育、体育、美育相融合，紧密结合经济社会发展变化和学生生活实际，积极探索具有中国特色的劳动教育模式，创新体制机制，注重教育实效，实现知行合一，促进学生形成正确的世界观、人生观、价值观。”

《意见》从劳动精神面貌、劳动价值取向、劳动技能水平三个层面建构了新时代劳动教育体系，从而引导学生爱劳动、会劳动，珍惜劳动成果，尊重劳动者，形成劳动最光荣、劳动最崇高、劳动最伟大、劳动最美丽的价值观。劳动教育的价值聚焦并服务于立德树人、培养全面发展的社会主义建设者和接班人的教育目标与任务。

3. 劳动教育的实施

《大中小学劳动教育指导纲要(试行)》对小学阶段的劳动教育提出了具体明确的要求。根据小学生不同阶段的特点，从劳动观念、劳动能力、劳动习惯品质等方面给出了具体的要求。

低年级：以个人生活起居为主要内容，开展劳动教育，注重培养劳动意识和劳动安全意识，使学生懂得人人都要劳动，感知劳动乐趣，爱惜劳动成果。

中高年级：以校园劳动和家庭劳动为主要内容开展劳动教育，体会劳动光荣，尊重普通劳动者，初步养成热爱劳动、热爱生活的态度。

因此，在学校教育中应确立崇尚劳动的价值观，将劳动教育扎实落地，推进劳动教育课程建设，使之成为劳动育人的有效载体。

二、民族小学对劳动教育的解读 >>>>>>>>

在新的时代背景下，民族小学关注全面育人，从学生的需求和发展出发，以培养正确的劳动观念、弘扬劳动精神为目标，积极构建劳动教育课程。“纸上谈兵”式的劳动课程并不能真正提高学生的劳动素质，而且有违劳动教育的初衷，劳动课的课堂是更大的课堂、更开放的课堂。民族小学通过“非教科书式”的劳动教育课程，将劳动教育贯穿在整个教育活动当中，注重培养学生的劳动意识、劳动习惯和劳动能力，让学生在身体力行的劳动体验中获得切身经验，从而将劳动精神内化于心。

（一）劳动、学习、生活三者相互推动

劳动是人生的一部分，伴随孩子成长，促进孩子成长。劳动是实践的过程，既能够通过体力劳动强健身体，又能在体力劳动中渗透技能、鼓励创造、培养学生手脑并用的能力。这一过程极大地促进了学生文化知识的学习，同时为以后的生活提供了必要的技能和技巧的支撑。劳动促进情感升华，学生通过在劳动过程中的付出，或是帮助了别人或是创造了价值，有助于增强意志、培养吃苦耐劳的品质、收获成就感、体验幸福感，有助于学生更加积极乐观地生活。通过学习获取更多的知识应用到劳动中，创造出更有价值、更有创造性的劳动成果，促进自己更好地成长。劳动、学习、生活相互影响，互相推动，对个体的身心都有非常大的促进作用。

（二）劳动教育与德育、智育、体育、美育相互融合

劳动教育具有极强的渗透性。劳动教育中既有价值观的教育，也有身体素质、美感和创造性的锻炼，它是学生身心发展的实现途径和手段。

劳可育德。德育教育强调在知、情、意、行中实现立德树人，在实践感悟中完成德育内化。而劳动教育的核心目标是劳动精神的培养，要将思想道德渗透、落实到各项劳动活动中。民族小学挖掘劳动教育课程中的德育元素，开展班级项目制、志愿服务岗等多种形式的劳动主题活动，以家校共育为主要途径，培养学生在集体劳动中形成集体意识和友爱互助的良好品德，帮助学生体会劳动中的责任心、意志力所带来的收获劳动成果的喜悦，帮助他们增强自信心。

劳可培智。劳动教育强调实践参与，在亲身实践中培养学生“探究创新和学习科学研究方法，发展综合运用知识的能力”。劳动是创造的基础，劳动过程中需要综合运用各种知识，使学生把课堂上学到的知识和实际联系起来，帮助学生增强对知识的理解，同时促进脑力劳动和体力劳动的结合。通过引导学生在劳动实践中发现问题、提出问题、分析问题、解决问题，促进学生学习能力的发展。

劳可强体。所有的劳动都需要付出体力和脑力，要想使劳动有效地、高效地开展，需要进行基础的身体训练。健康的身体有助于劳动的开展，而劳动可助力身心的健康。适当强度的劳动不仅能够增强学生的身体素质，还能提升学生的耐

力和意志力，同时也有助于学生感受到身体素质在劳动创作的过程中至关重要的作用，从而树立终身劳动的理念。

劳可悟美。劳动可以助力学生认识美、发现美、创造美。整洁的教室、优美的校园、精美的作品无不是劳动创造出来的。为了使学生能在多种形式的劳动中感受不同的美，如秩序的美、大自然的美、设计的美，学校开展了非物质文化遗产、创客等课程，让学生在精雕细琢、反复修改中践行工匠精神，感受劳动是创造美好生活的源泉。

（三）劳动教育贯穿到学生培养的全过程

民族小学将劳动教育贯穿到学生培养全过程，即根据学生学段特点明确各学段的劳动教育目标，并设置有意义有意思的劳动教育活动课程。学校还特别关注学生课余时间或节假日时间的利用和指导，让学生在每个学段都有适合的劳动教育主题，能够达成的劳动教育目标以及与之相匹配的评价。学校将劳动教育贯穿到学生培养的多方面，即不仅关注学生在校期间的劳动教育课程，还要整合家庭、社会资源，扩大劳动教育外延，将劳动教育课程植入到学生日常生活中，通过浸入式的学习方式帮助学生逐渐体悟劳动精神的可贵，树立正确的劳动价值观。

第二节　民族小学劳动教育课程设计思路

劳动教育课程是以实践为基础的课程，关注学生个体体验，强调“做中学”“学中做”。民族小学根据学校特色和学生发展规律，遵循手脑并用、贴近学生生活的原则，明确劳动教育培养目标和课程设计的原则，探索劳动教育的实施路径，切实将劳动教育落到实处。

一、劳动教育育人目标 >>>>>>>>

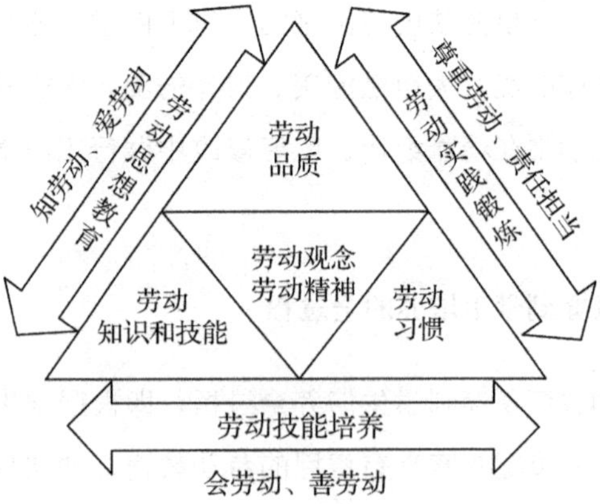

图 6-1 劳动教育育人目标

劳动教育旨在对学生劳动观念和劳动精神的培养，即树立劳动最光荣、劳动最崇高、劳动最伟大、劳动最美丽的观念。领悟劳动的意义和价值，形成勤俭、奋斗、创新、奉献的劳动精神。在习得劳动知识和技能的基础上培养勤劳俭朴、吃苦耐劳的劳动品质，从而养成良好的劳动习惯。

美国心理学家爱利克·埃里克森个性发展八阶段理论指出，小学阶段主要是获得勤奋感、克服自卑感和建立同一感。在学生身心发展的成熟前期，要加强个性、品德习惯养成和矫正，不仅要学习课本知识，更应该形成良好的习惯和正确的价值观。因此，这一阶段是劳动教育的关键期，要帮助学生理解劳动教育的内涵，树立崇尚劳动、尊重劳动的价值观，激发学生对劳动的热爱是首要任务。因此，符合学生年龄特点的劳动教育尤为重要。在培养未来社会合格公民目标的引领下，民族小学根据每个学段学生的特点和能力，有的放矢地设定了有梯度的劳动教育目标，以指导劳动教育活动的开展，促进学生的成长。通过三条路径实现劳动教育目标的达成，即：劳动思想教育着重引导学生知劳动、爱劳动；劳动技能培养助力学生会劳动、善劳动；劳动实践锻炼则是将自己的劳动技能应用到生活中，服务他人，服务社会，培养学生尊重劳动的意识。

二、劳动教育课程的实施原则 >>>>>>>

（一）遵循规律，重安全

安全是一切教育活动正常开展的保障。学校在设计劳动课程时，时刻遵循安全第一的原则。根据学生的年龄特点、性别差异、身体情况等特点，选择恰当的劳动教育内容。在实施场所选择、材料和工具的选用、流程制定等方面详细规划，劳动时间和劳动强度需要合理适度。同时，教育学生在劳动过程中学会自我保护，确保人身安全。比如，定期对学生进行安全知识和技能的培训，使学生了解遇到意外的应急处理方法。学校还开展了志愿者培训，以便能够及时帮助身边的同学。

（二）因地制宜，重实践

荀子在《劝学》里讲到“不登高山，不知天之高也；不临深溪，不知地之厚也”。劳动创造了生活，劳动教育离不开生活。学生只有亲临劳动现场，获得真切的感官体验，才能潜移默化地提升劳动知识和技能，形成劳动价值观。首先，要创设真实的劳动情境。既要在校园内组织体验性质的劳动实践活动，又要倡导学生参与家庭、社会生活中的真实劳动。例如低年级学生自己收拾书包、整理衣物等生活中必需的劳动；鼓励高年级学生利用假期参与社会实践活动并在全校给予展示的机会，激发学生的参与热情。二是鼓励真实参与、生成真实体验。劳动教育不是作秀、不是表演，要尽可能让学生参与一个完整的劳动过程，丰富劳动阅历，以此来带动学生思想认识的内化升华，真正做到尊重劳动成果、尊重劳动者。例如学校的“播种节”活动，学生从播种、培育到最后的收获，经历一个漫长的种植过程，学生能够真正懂得劳动的辛苦，劳动果实的来之不易，从而更加尊重、珍惜劳动成果。

（三）全面发展，重融合

培养全面发展的人是劳动教育的最终目标。劳动教育是一种综合性的育人活动，在开展劳动教育的过程中，首先要注重设计实现“多育”功能的综合性活动；其次要开发体现多学科融合的综合性课程。民族小学在构建劳动教育课程体系时，以劳动与技术学科课程为基础，结合文化特点、学校实际情况以及学生家庭背景等多方面因素，不断丰富和充实劳动教育课程内容。最后，劳动教育与未来同向，指学生自身的发展应聚焦学生综合素质的提升。例如，在“比如世界”职业体验活动中，学生参与到真实生活情境中，扮演着不同的角色，在活动中应用知识解决问题，体验正确沟通的重要性，学会遵守秩序、讲究规则，提升应变能力，学生的综合素质通过活动得到了锻炼和提升。

（四）紧跟时代，重创新

创新为劳动教育发展注入活力。一方面，积极开展创新性劳动教育活动。我们处在一个飞速发展的时代，符合时代特征和学生需求的活动更能激发学生参与劳动活动的积极性。民族小学在劳动教育内容、形式等方面不断思考、创新。例如，利用项目制的形式让每一个孩子参与其中，将劳动教育落到实处。另一方面，注重培养创新型人才。劳动能够激发人的潜能，随着劳动活动的深入开展，人们不断改进工具，创造出更有价值的劳动成果推动社会的进步。民族小学开设了创客、编程、机器人等个性拓展课程。比如：学生在创客活动中，经历观察生活、发现问题、学习技能、设计实施、创意物化等学习过程，综合运用知识解决身边的问题，不仅体验了劳动的艰辛与快乐，同时也为创造性地解决问题打下了基础。

三、劳动教育课程实施路径

在“和”文化的引领下，民族小学注重挖掘劳动的综合育人功能，通过融入常规课程、渗透劳动思想，开发多元课程、增强劳动技能，丰富实践活动、深化劳动育人，家校携手共育、养成劳动习惯，形成劳动价值观，实现劳动教育的育人目标，为孩子终身发展和人生幸福奠定基础。

（一）学科渗透，树立劳动意识

各学科组结合学科的教学内容，深挖蕴含在其中的劳动教育切入点，将劳动教育目标聚焦。通过学习、感受、交流，将正确的劳动观传递给学生。

例如，语文学科在备课时，将北师大版小学阶段关于劳动主题的内容进行梳理，设计循序渐进的劳动教育目标。

“劳动”这一主题，在小学阶段的语文教材中均有涉及。

表 6-1

教材	单元主题	劳动教育渗透
一年级上册	第十单元“劳动”	初步了解什么是劳动和劳动的可贵
二年级上册	第十一单元“努力”	体验努力的滋味
二年级下册	第四单元“植树”	通过自己的劳动绿化祖国，造福万代
三年级下册	第十单元“奉献”	明白什么是奉献，劳动的目的是对大家有益
四年级上册	第四单元“收获”	体验收获的快乐
六年级下册	第一单元“乐趣”	感受劳动带来的精神享受

以学习“劳动的开端”一课为例，教师基于单元整体的分析进行课时备课。

表 6-2

课题	“劳动”教育理解角度
《秋浦歌》	表现了劳动场面的壮美，歌颂了劳动人民积极向上的精神
《悯农》	突出了劳动人民艰苦的生活环境
《幸福在哪里》	展现了幸福就在有益于人类的劳动中的精神追求
《崂山道士》	说明了投机取巧、不劳而获的人最终只能落个失败可笑的下场
《劳动的开端》	表现了劳动人民的艰难，突出了作者克服困难的不懈精神和顽强毅力

通过对学生情况进行深入分析发现，学生最难体会的就是劳动的艰辛。因为学生生活的时代距离课文里所描述的时代较远，容易产生隔阂感，另外，学生的生活经验里没有体验过如此艰难的事情。这两点都是学生难以走进课文的原因。因此，教师在指导学生学习时应紧紧围绕表现“艰难”的词句，并利用多种方法鼓励学生体会作者的情感与精神。

制定了符合学情的教学目标，围绕“艰难的挑煤之路”品词析句，感受作者面对种种困难与挫折自立自强、不畏艰难的品质，了解旧社会劳动人民生活的艰难，理解劳动的意义。

教师通过系统的分析找到学生的最近发展区，设计合理的教学环节，循序渐进地将劳动精神渗透在课堂教学中，通过语文课堂字、词、句的学习以及丰富的教学形式多层次、多角度的体会劳动的价值。

（二）榜样引领，领悟劳动精神

苏霍姆林斯基说过，人只能由人来建树。榜样蕴藏着无穷的力量，是方向的引领者。榜样能够将优秀的品质具体化、形象化，让学生可以更加直观地感知、学习先进的作风，有助于学生主动参与到劳动活动当中，大大促进了劳动教育更加深入地开展。民族小学不断挖掘各类资源，引导学生向劳模学习，同时也更加关注身边的榜样，立足校园、家庭开展向榜样学习的系列活动。例如民族小学关注学生日常生活、学习中爱劳动的榜样，在升旗仪式上设立“荣誉小公民”颁奖环节，开展“最美少年”宣讲活动，宣传学生身边的小榜样。

（三）校本课程，习得劳动技能

在“和而不同，快乐成长”办学理念的指导下，民族小学尊重每一名学生的发展需求，开发了丰富的劳动教育校本课程，关注到了生活技能、生产劳动技能、服务性劳动技能等多种技能的学习，例如烹饪、编织、种植、创客、非物质文化遗产、机器人等十几门课程。每名学生每学年至少选择一门课程，学生根据学段和自己的兴趣自主选择，并深度参与其中。民族小学在校本课程实施中还特别强调劳动技能与学生的思维习惯、创新意识相结合。学生在校本课程中既体会到了劳动的乐趣，习得了劳动技能，也更加深刻地理解了劳动创造生活、劳动最伟大的道理。

（四）实践活动，体验劳动乐趣

劳动教育提倡“做中学”和“学中做”，手脑并用，知行合一。因此，实践活动是劳动教育的重要路径。而实践活动的设计应与学生年龄、兴趣以及劳动教育目标紧密结合，以实现教育目的。

北京师范大学张玉凤老师从自我决定理论的角度进行分析，认为学生具有一种基本的、内在的、自我决定的倾向性，这种倾向性引导学生从事感兴趣的、有益于能力发展的活动，并形成灵活适应社会环境的能力。因此，学生只有把劳动视为内在需要，才会表现出兴致和热情，才会积极主动地去劳动。

可见，实践活动设计要从学生的兴趣出发，才能够促进学生劳动动机的内化，使学生从“要我劳动”转为“我要劳动”。民族小学将有意义有意思作为劳动实践活动设计的原则，即劳动活动不是单纯为了热闹、学生高兴，而是以劳动精神的培养为目标。劳动活动遵循学生的成长规律，满足学生的自主需要，赋予学生更多的劳动自主权；满足学生能力需要，设计适合学生的活动；满足学生归属需要，能够在良好的氛围中促进学生主动参与并持续参与。在有意义有意思的活动中，学生把注意力集中到自我成长的内部目标，才能将劳动作为幸福的体验，劳动精神才得以在学生心中生根发芽。

（五）家校联动，养成劳动习惯

学生劳动精神的培养是一个持续强化的过程，除了学校开展的丰富多彩的劳动教育，家庭日常生活中也蕴含着丰富的劳动资源，是劳动教育独特的优势。依托民族小学教育共同体的理念，建立以学校为主导、以家庭为基础的劳动教育共同体，挖掘并引入丰富的家长资源。一方面，引进家长资源，定期开展家长大讲堂等活动。例如中国科学院大气物理所的专家走进校园，将自己的工作经历和感悟与学生们分享，学生们更加深刻地理解了劳动的意义和价值。另一方面，民族小学还关注家庭劳动和社会劳动的培养，例如：布置家庭劳动作业，设计家庭劳动评价量表，并鼓励学生利用闲暇时间参与社会志愿服务。学生学到的劳动技能不仅在学校中实践还能延伸到家庭、社会之中，使劳动成为生活的一部分。学生的劳动机会增多，为劳动习惯的养成了提供了有利条件。

第三节　民族小学劳动教育课程的构建与实施

劳动教育课程是实施劳动教育的基本保障，要结合学校实际情况，关注学生的学习需求和成长需求，将劳动教育融入学生的日常生活当中，并通过家校共育扩大劳动教育外延。民族小学以主题活动为载体构建劳动教育课程，使劳动教育和学生的生活结合起来，和学生能力发展培养结合起来。

一、课程构建 >>>>>>>>

立足校情，以学校的“和融”课程架构为依托，构建以“树立学生劳动意识，培养学生劳动习惯，帮助学生掌握劳动方法，提升学生劳动技能，引导学生传承和弘扬劳动精神”为目标的劳动教育课程体系，创新多元的劳动实践活动模式，将劳动教育贯穿学生的小学生活。

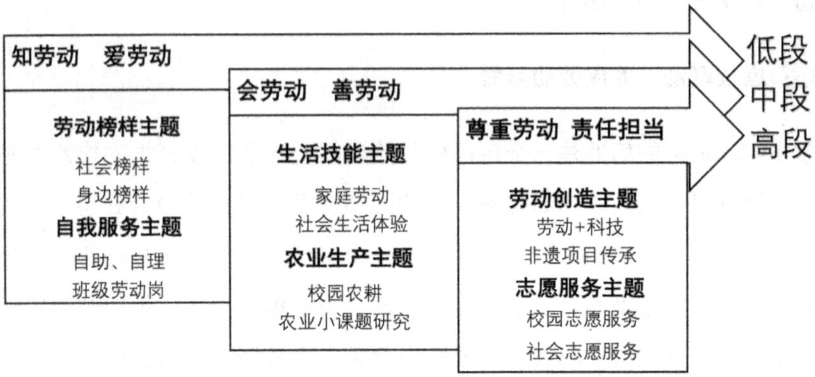

图 6-2　各学段劳动教育主题

根据不同学段学生的特点以及目标的设定，依据课程设置的原则和路径，民族小学构建了螺旋式上升的主题活动课程：劳动榜样主题、自我服务主题、生活技能主题、创意制作主题、农业生产主题、志愿服务主题。低年级段学生通过劳动榜样主题活动认识劳动、感受劳动的价值。在自我服务主题活动中践行劳动，感受劳动的乐趣、体验劳动创造的价值。中年级段的学生在对劳动有一定认知并掌握基本的自我服务能力的基础上，逐渐提升劳动技能，以培养学生灵活运用技能解决问题。通过生活技能主题活动和农业生产主题活动促进学生会劳动、善劳动。高年级段学生在知识与技能习得方面更加丰富、熟练，通过劳动创造主题能够将所学知识和技能灵活运用，初步形成创造性劳动的意识。志愿服务主题活动引导学生逐渐参与到学校、社区、社会服务性的劳动中，对劳动有更深的认识和体验。根据学生学段要求合理规划日常生活劳动、生产劳动、服务性劳动课程比例，以达到对学生“劳动教育”成效的持续发展，从而落实“劳动教育”的育人功能。

学校劳动教育课程内容由劳动教育理论课程和实践体验课程两大部分组成。

理论课程以班级为主，实践体验课程以年级组、社团活动、家庭为主，打通了由“知”到“行”的劳动教育发生路径。在知行合一的体验中实现劳动教育目标的培养。

二、劳动教育课程实施 >>>>>>>>

(一)榜样引领主题

劳动榜样是宝贵的财富和资源，他们不仅创造了价值，更为社会传递了劳动精神和力量。创设主题鲜明的榜样引领活动课程，帮助学生认识劳动、培养爱劳动的情感尤为重要。民族小学以劳动模范、身边的人和事为切入点，用队会、升旗仪式、家长讲堂等多种形式，引导学生感受我们身边的美好生活是靠劳动创造的，从而培养学生尊重劳动、热爱劳动的情感。

1. 学习劳模精神

在改革开放和现代化建设的最前线，劳动模范以忘我的奉献精神、主人翁的责任感和爱岗敬业的精神为了祖国的繁荣富强不断拼搏，创造了一个又一个奇迹。随着时代的发展，劳模精神的内涵在不断变化，而他们对事业的执着追求、不断进取、爱岗敬业、甘于奉献的精神没有变。民族小学将这些劳动模范的事迹作为宝贵的教育资源，组织丰富的实践活动：学习劳模事迹、感受工匠精神、讲述劳模故事等。学生在学习、交流中体会到劳动最伟大、劳动最光荣，为树立正确的劳动价值观打下了良好的基础。

中华百名榜样活动

2014 年 5 月 30 日，习近平总书记走进民族小学。在座谈会上，总书记向同学们提出了“记住要求，心有榜样，从小做起，接受帮助”十六字要求。为了落实习总书记“心有榜样”的重要讲话精神，弘扬劳模精神，民族小学面向全体师生、家长开展了“中华百名榜样”征集活动，大家都积极投入到推荐榜样的活动中。其中，劳动榜样有的推荐了时传祥、王进喜等时代楷模，有的推荐了袁隆平、钟南山等科学家……通过此次活动，少先队员们对劳动榜样的事迹进行整理，在学校班级分享、交流，用榜样的精神鼓舞自己进步。最后，这些故事被进一步整理，由教育科学出版社于 2020 年 10 月出版。

（供稿人：徐威）

学生感受：

通过这次活动，让我明白了一些道理："一是一分耕耘，一分收获，不能不劳而获。二是我们要在生活中找一些榜样、标杆，来促进、督促我们不停地学习、进步和完善。"我爱这次队会。

六(8)班　张茗泽

家长感受：

通过这次活动，李思妍也确定了自己心中的榜样——钟南山院士。学习到了他不畏困难、刻苦钻研的精神以及宽厚仁爱的品质。为了能把榜样的事迹真实、生动地传递给同学们，自己反复练习。积极主动地找出克服困难的方法。今天，知榜样，立志向；明天，学榜样，永争先。

六(8)班李思妍家长

2. 身边的榜样

民族小学通过升旗仪式开展"荣誉小公民"评选活动、每学期评选"明星教师""优秀家长"等多种形式寻找学生身边的劳动榜样，校史课程的开展也向学生展现了"向着目标永不停歇，遇到困难锲而不舍"的奋斗精神。学生在这样的氛围中潜移默化地提升对劳动的认识。

校史文化课程(节选)

一、课程背景

校史文化是学校办学实践在精神层面的凝聚，来源于学校的历史实践。民族小学的发展和变化经历了一个漫长而艰难的过程：破——建——新。残破的庙宇平房、贴满广告拉着铁丝网的围墙、低矮破陋的内院、被出租屋占据的教学楼。面对这样的困境民族小学并没有退缩，校领导带领着老师们克服重重困难，通过努力使这所老校焕发出新的生机，成了一所崭新的优质学校。一所学校的成长与发展，承载了太多的志向抱负、奋斗拼搏，深挖校史的育人功能正是劳动精神传承的鲜活课程资源。

二、课程目标

1. 了解学校的发展变化，增强归属感和荣誉感。

2. 认识到美好的生活是靠劳动创造的。

3. 学习校长、老师的爱岗敬业，艰苦奋斗，争创一流的劳模精神。

4. 作为建设者和接班人，通过校史学习，明确目标，树立志向，从身边的小事做起，传承劳动精神。

三、课程实施

1. 参观一次校史馆

校史馆是一个学校发展的记载与见证，以图文并茂的信息和文物古迹展示了学校的发展和变化。在每班挑选对学校历史非常感兴趣的学生首先进入校史馆了解学校的历史，通过少先大队的培训成为小讲解员。再分批组织学生参观校史馆，小讲解员为各班学生进行细致的讲解，帮助大家了解学校的发展历程。参观后，以班级为单位进行小组讨论并交流感受。

2. 看一次校园剧

2019年“六一”儿童节前夕，海淀区民族小学的原创校园剧《做最好的我》成功上演。漫漫历史，十余年的时间片段微不足道，但十余年的艰苦奋斗让学校翻天覆地换新颜，这便是浓重的一笔，意义非凡。每一位学生、家长和老师都认真观看，以“沉浸式”的形式走近学校的发展历程，颇受感染与感动。

3. 讲一个校史故事

组织学生开展研究性学习，针对校史中自己感兴趣的方面采访校长、老师，查阅资料并进行整理，加入自己的感受和收获进行分享，讲出深入心底的校史故事，引导学生将劳动精神内化于心。

（供稿人：窦丽娜、时利娜）

（二）自我服务主题

自我服务主题活动主要是学生料理自己生活的各种劳动以及以班级为单位的集体劳动，把对劳动的初步认识融入做好自己身边的小事儿中，在自我服务的过程中习得自我服务的劳动技能，体悟劳动创造的价值并增强团队意识。例如，自己整理书桌、自己打饭、自觉保持班级卫生的整洁等活动。学生通过这一系列的活动，在劳动中形成正确认知的基础上形成行为认同，做到知行合一，将劳动教育落实到行动上，达到更持久的教育效果。

1. 自助、自理

学生自理能力缺乏会导致不能很好地适应新环境，影响正常的学习。民族小学从培养学生自助、自理能力开始，通过多种形式的活动开展基本劳动技能的学习。例如自助餐、自理能力竞赛等。

自助餐里的学问

用餐是我们的日常行为，而这日常的一日三餐中蕴藏着不少学问。《礼记》认为，原始的礼仪行为是从人们的饮食活动中产生的，也就是所谓的“夫礼之初，始诸饮食”。民族小学通过学生自助用餐的午餐模式，让孩子们探索自助餐里的学问。

现在的孩子多生活在“包办型”的家庭中，过着饭来张口、衣来伸手的生活，家长的宠爱与代劳导致孩子的生活能力比较弱。以前，学校的午餐都是由学生志愿者和老师负责，同学们等着吃就好。这样孩子们的基本生活能力没有得到锻炼，10多岁的孩子还不知道怎样打饭，这与我们培养有担当、有能力的好少年的目标是相违背的。

自助餐模式开始以后，孩子们慢慢学会自取、自食、自立。第一次开饭时，学生们带着好奇又激动的心情认真排队，在老师的指导下，学习自助打饭。刚开始尝试时，他们手握餐勺，颤颤巍巍的，全身都在使劲，但是那调皮的饭菜却怎么也不听话，需要尝试几次才能把饭菜盛到碗里。尽管慢了一点，但是每个学生都很开心，因为他们是通过自己的劳动，吃到了想吃的饭菜，这饭菜也显得尤为美味。现在孩子们独立取餐变得越来越熟练，自助用餐对他们来说是得心应手，而且乐此不疲的。

取餐的过程中，孩子们知道了如何选择，了解了营养搭配，学会了自觉自律和遵守秩序；在自己动手的过程中，孩子们也真切地体会到劳动的辛苦，对之前服务自己的老师和志愿者同学充满感激，对用心准备餐点的厨师们表示尊敬，他们相互监督节约粮食。自助餐让孩子们参与劳动、享受劳动，在劳动中快乐成长……

（供稿人：窦丽娜）

2. 班级劳动岗

自我服务是提升孩子劳动意识的重要途径，是对劳动认识的践行，为更丰富的劳动实践奠定了基础。一个人只有付出了劳动才懂得珍惜劳动成果，才能逐渐树立起热爱劳动的思想感情。在学生能够自我管理的基础上，学校以班级为整体开展了班级劳动岗活动，通过项目制的形式进行具体实施，班级中的每个孩子承担一个小项目，在帮助学生更加深入地感知劳动并习得一定的劳动技能的同时培养了集体意识。

我的地盘我做主

班级卫生项目制开始实施时出现很多的问题，比如卫生没有值日生做得干净，做卫生花费的时间比较长等。但既然做了这件事，就要做细致。在教室撤掉垃圾桶后，所有学生立刻感觉到“束手束脚”，扔垃圾很不方便，这时老师告诉学生：尽量不产生垃圾，就不用天天找垃圾桶啦！教室里的垃圾不外乎就是废纸、橡皮屑、鞋底从操场踩回来的小草屑，怎么避免这些垃圾呢？我们先引导学生观察垃圾产生的过程，接着一起讨论解决办法，得出结论：从操场进楼时先蹭蹭脚；平时不撕纸，产生的橡皮屑不推到地上，而是收拾到一起，可以放在自己的小垃圾袋里，等每天喝完酸奶或吃完水果时随着垃圾一起扔掉。就是这个方法让学生意识到劳动这门课里充满了学问，干净整洁的环境要靠大家保持。然后，老师还要进行指导培训，教给学生怎样打扫卫生，什么时间、什么情况下需要收拾，哪些人负责检查等，有自查，有互查，有卫生项目负责人的整体检查。

在实施的过程中，我们发现，学生在项目制实施的过程中达到的水平不一样，当时实施的方法没有让所有同学都能实现目标。

根据学生在项目制工作中的表现，可以把学生的行为水平分为三个层次，分别是低、中、高水平。我们如何做才能让所有学生都实现自觉劳动、自主劳动呢？对于执行程度较差的学生，教师根据“最近发展区”给他们一个通过努力就能完成的简单项目，并给予一些帮助，比如找一个同学每天不断地鼓励和提醒，21 天培养一个好习惯，我们帮助他能做好。有的同学检查他人放餐布特别负责任，但自己的卫生一直做不好，老师就安排一名同学督促他必须自己先做好才行，将他律转化为自律。对于中等水平的学生，教师的任务是让他知道换位思考，明白“你为人人，人人为你”的道理，各负其责，相互配合，各项工作的开展要井然有序，同时加强督促的力度。对于已经能比较好地完成所有项目工作的高水平学生，可以尝试把学习项目制的工作交给他们去做。

好的劳动习惯具有延续性和辐射作用，我们的学生不仅在教室里这样做，他们走到任何地方，也能做到讲卫生、不乱扔垃圾，形成爱护环境的责任意识，这种卫生习惯和环境意识在行动中感染其他人，久而久之也会形成一种文明的社会力量。

小结：

班级项目制的推行通过扁平化的班级管理模式，“放权”给学生，在此过程中为学生提供了锻炼手脑、参与劳动的机会，是培养小学生劳动意识，加强小学生劳动教育的一次有益尝试。实践过程中，将体力劳动与脑力劳动有机结合，充分调动了学生的劳动积极性，培养了学生正确的劳动意识，使他们热爱劳动、积极参与创造性劳动活动。

（供稿人：李欢）

（三）生活技能主题

无论是在家、在学校还是步入社会，我们每个人都是集体中的一员。干净、温馨的环境是学习和生活的保障。学校和家庭的无缝对接是保证劳动教育持续推进的有效措施。民族小学善于发现学生生活中存在的问题并给予有效的方法指导，在不同的环境中不断实践，使学生不仅提高了生活技能，集体意识和劳动意识也都有明显提升。

1. 家庭劳动

家庭是孩子的第一所学校，家长是孩子劳动教育的启蒙老师，只有家校合作、家校互通才能让劳动教育深入到孩子内心。学校通过家长会、班队会、家长委员会等多种形式助力学生家庭劳动的开展。

居家生活也充实

疫情防控期间，学校将劳动教育作为教育的重点，不仅深入学习劳动模范的精神，更是制定了详细的方案，把家庭劳动内容纳入课表。

疫情劳动教育方案片段：

(1)学校引导。根据国家劳动教育相关文件要求，通过劳动技能的训练，培养学生热爱劳动、尊重劳动成果、尊敬劳动者的情感。学校根据学生学段和劳动能力不同，开展“我是父母好帮手”“我是快乐小厨神”“我是家居小能手”等非常接地气的家务劳动展示活动，鼓励学生争取做到“三个学会”：学会整理物品，学会刷碗、洗衣，学会做简单的饭菜，引导学生在劳动实践中增强生活自理能力和动手实践能力，从而形成尊重劳动成果、树立劳动光荣的观念。

表 6-3　海淀区民族小学家庭劳动指导量表

年级/内容	居家防疫	卫生清理	内务整理	物品规整	加工食物	手工制作	衣物洗涤	垃圾分类	种植养护	照顾家人	情感态度
一年级	每日自测体温、五步洗手法	摆碗筷、扫地、墩地、擦桌子	系鞋带	整理书包	洗水果	包书皮	洗袜子	掌握垃圾类别	给花浇水	端水捶肩	愉快地试着做 ↓
二年级	熟悉家务防疫内容	碗筷洗刷、倒垃圾	叠衣服	整理书桌	洗菜、择菜	剪纸画	洗红领巾、洗内衣	自觉进行垃圾分类	给花施肥	剪指甲	坚持不断地做
三年级	重视个人消毒	晾衣服	叠被子	整理书柜	切菜、淘米	缝制沙包等	刷鞋	掌握垃圾分类的意义	喂养小动物	沏茶	↓
四年级	掌握消毒通风等劳动技能	马桶冲刷	刷鞋	整理衣柜、分类摆放	制作凉菜	编织	洗涤自己的衣物	带动身边人进行垃圾分类	帮助清理动物卫生	照顾弟妹	积极主动地做
五年级	监督家庭成员居家防疫	罩被罩	铺床单	整理房间	包饺子	贴绣	洗涤家人衣物	宣传垃圾分类	自觉爱护动植物	会使用螺丝刀等工具	
六年级	宣传防疫内容	会使用吸尘器	有条理地整理房间	帮助整理家里	独立完成 2～3 道菜品	剪刻手工装饰	会使用洗衣机	垃圾分类创新做法	宣传爱护动植物	制定出行攻略	

(2)家校联合。劳动教育不同于其他教育，具有动手实践和一对一言传身教的特殊性。学校要向家长传递一个信息：每一个家庭都是学生劳动实践“微”基地，从而强化家长的劳动教育“第一老师”角色。利用多种方法调动家长的家庭劳动教育传授积极性和主动性，让更多的家长有意识地带领孩子开展劳动。以亲子劳动教育提升孩子掌握劳动技巧的能力，提升家庭亲子关系，加强疫情防控非常时期家校合作实效性。

(3)同伴激励。学校和班级充分利用微信公众号筛优取新，定期推送各年级、各班级优秀劳动成果，师生家长共享，多点带面，互相学习，提升学生劳动兴趣，形成良好的居家劳动实践活动氛围。

学生感受：

这些日子，我学会了切菜、打鸡蛋、摊鸡蛋等。我觉得能为妈妈分担一部分家务劳动十分开心，而且自己做出来的东西味道吃起来更香！在接下来的日子，我会继续帮助妈妈做一些力所能及的事情！

——二(4)班 殷思邀

家长感受：

今天孩子已经吃完饭了，居然主动等着给我们洗碗，这个在以前是没有的。

看到她用小小的手托起大大的盘子的时候，因为有油和洗洁精的缘故，盘子很滑，我很担心，但是我忍住了，没有叫她停，一个劲儿地夸她做得棒棒的。最后她成功地把盘子、碗筷都洗干净了，自信心大增，还问我以后能不能教她做菜。看来，孩子不是不愿意做家务，是我们得给他们机会，让他们去尝试着做。做得不好、做得慢也没有关系，家长耐心指导就好。

——二(10)班 邬雨菲家长

学生在家庭实践中感受到自己是家庭中的一分子，在培养担当意识的同时激发劳动兴趣，培养劳动技能。

（供稿人：窦丽娜）

在学校精心策划、教师用心引导下，学生逐渐愿意尝试参与家庭劳动，家长的支持和鼓励也大大地促进了孩子的热情和兴趣。在这个过程中学生体会到了家长的不容易，更加体谅家长；家长也转变了观念，感受到劳动教育对孩子的影响和帮助。这是一个良性循环的过程，在未来将更好地促进学生劳动观念的形成。

2. 社会生活体验

为了帮助习得社会生活中的劳动技能，体验不同职业劳动者的辛苦，民族小学开展了社会生活体验活动，家长将自己的工作环境在校园中模拟，部分学生体验家长的工作，另一部分学生参与到生活场景中进行真实体验。这样不仅帮助学生学会了基本的生活技能、礼仪，也感受到了父母工作的不容易，更加懂得尊重劳动。

职业及生活体验主题活动

一、活动背景

通过职业及生活体验活动，引导学生关注他人、社会，培养社会责任感。让学生树立尊重劳动、尊重普通劳动者的观念，体认劳动不分贵贱，一切劳动和劳动者都应该得到鼓励和尊重；同时，体验社会生活中的劳动，掌握劳动技能，为以后的生活奠定基础。

二、课程目标

1. 通过真实的体验，感受现实生活中的场景，经历实际问题的解决过程，掌握解决问题的方法，培养与人交流，随机应变的能力，以达到在服务行动中获得丰富劳动体验的目的。

2. 在劳动体验中学习并综合运用语文、数学、英语、美术等其他学科知识，助力劳动教育实践。恰当地运用相关学科的有益方式和方法，丰富劳动教育实践。

3. 通过参与职业及生活体验活动，学习在公共场所排队，不大声喧哗等基本礼仪，感受公正、诚信、友善等社会主义核心价值观。

4. 通过争当各类服务人员等活动，让学生体会劳动创造美好生活，体认劳动不分贵贱；热爱劳动，尊重普通劳动者，进而培养学生积极向上的劳动观、人生观、价值观。

三、整体安排

各学科针对自己的情况，将医院、银行、电影院、急救中心、图书馆、面点房、快递站、餐厅、游乐场、公交车这些活动地点可进行的学科活动进行梳理，设计版块及材料。

表 6-4　职业生活体验主题活动整体安排

活动版块	角色	活动具体内容安排	材料清单	负责人	活动地点
医院	1. 挂号缴费处：1名学生 2. 小医生：内科、口腔科等诊室各2名学生 3. 药房：1名学生	1. 学生利用美术课设计海报、比如币 2. 学生在家长的帮助指导下，先了解基本的看病流程 3. 现场体验：入院看病的全过程：挂号、排队、就医、取药、缴费	活动海报、医药箱、听诊器、处方单、桌椅、医生服装、比如币等	医生家长负责指导、某某教师	体育馆

续表

活动版块	角色	活动具体内容安排	材料清单	负责人	活动地点
银行	保安：2名学生 收银员：5名学生 收银员负责人：1名学生 大堂经理：1名学生	1. 设计海报，及如何填写存折 2. 提前了解银行活动的体验流程 3. 现场体验：银行存取款业务的全过程：拿号、等候、办理业务、评价	活动海报、虚拟币、保险箱、名牌及满意度评价的提示牌及服装等	银行家长负责指导、教师	大体育馆主席台
电影院	售票处；卖品部；保洁；放映厅；影厅；检票处；安保处： 每个地点2～4名学生	1. 了解观影活动流程 2. 现场体验：观影的流程：选择影片、买票、找座位、买零食、找零等	活动海报、电影票、影片、糖果若干、展示立牌、小椅：3D眼镜、投影仪+幕布、笔记本电脑、宣传海报、垃圾桶	影院的家长、教师	音乐教室
急救中心	1. 护士：4名学生 2. 医生：1名学生 3. 司机：1名学生 4. 电话处：1名学生	1. 设计海报 2. 现场体验： 接听急救电话、接病人、及时护理、治疗、缴费、拿药等	急救中心的牌子、就诊科室（外科、烧伤科、抢救室）牌子、治疗盘、纱布、棉签、水、夹板、服装、名牌贴、假人（娃娃）、听诊器、学生医护服装（自备）、急救药箱（空箱子即可）	医生家长、教师	大体育馆
图书馆	1. 借阅登记处：3名学生 2. 阅览管理：4名学生	1. 设计宣传海报 2. 提前了解体验的流程 3. 现场体验：借阅全过程：借书、登记、看书、还书	阅览室书籍的分类，贴上贴纸条，写好序号，登记表	家长、教师	三楼阅览室

续表

活动版块	角色	活动具体内容安排	材料清单	负责人	活动地点
面点房	1. 门迎：2名学生 2. 糕点师：5名学生	1. 利用美术课设计海报，用橡皮泥、彩泥制作面点 2. 现场体验：观摩、体验、制作、烘烤、领取饼干	活动海报、现场布置、面点材料、材料卡片、卡通造型的饼干模具、厨师帽、围裙、袖套、小面团、钟面	8名家长、教师	教工食堂
快递站	1. 引导员：2名学生 2. 快递窗口：5名学生	1. 设计宣传海报 2. 现场体验：寄快递全过程：选择快递物品、填写快递单、缴费	快递物品、快递盒、快递单、模拟币	6名家长、教师	小体育馆
餐厅	1. 门迎：2名学生 2. 服务员：5名学生 3. 收银台：2名学生	1. 宣传海报 2. 现场体验：餐厅用餐全过程：等位、叫号、点餐、用餐、结账	秋季制服、小围裙、厨师服装、菜单、点餐记录单、模拟币、餐厅背景音乐等	家长、教师	教室
游乐场	1. 售票处：4名学生 2. 检票处：每个项目处2名学生	1. 制作海报 2. 现场体验：排队买票、等待、体验	少数民族服装、门票、印章、模拟币	家长、教师	操场、操场主席台、教室
公交车	1. 司机：1名学生 2. 售票员：1名学生 3. 安保人员：1名学生 4. 报站名：1名学生	1. 制作海报 2. 现场体验：等候、买票、上车	车票、模拟币、站点知识	家长、教师	二楼科学教室

表 6-5　课程实施方式与课时安排

活动内容	课时安排	实施方式(画√)			
		课堂教学	专题讲堂	活动体验	总结、展示、交流
设计海报、比如币	1	√			
前期培训	1		√		
活动实施	2			√	
总结阶段					√

学生心得体会：

一年级下学期，学校组织大家参加了职业及生活体验活动。我还记得糕点制作活动，本以为制作小小的面包非常容易，一定能够轻松完成，但实际并不尽然。经历一番周折之后，当小小的、金黄的面包出烤箱时，我才发现自己后背都湿透了，小手也酸麻了，但我心里非常高兴，因为我通过自己的双手做出了面包。

看着小小的面包，花费了将近一个小时，学校食堂的叔叔、阿姨们每天为我们制作数以千计的饭菜，得花费多少时间啊！付出了多少辛勤的劳动啊！我们一定不能浪费粮食。我将来应该像他们一样，学好知识，通过自己的劳动，为他人的美好生活做出贡献。

——邢砺腾

我问爸爸，天下是什么意思？爸爸告诉我：天下就是世界，天下是由很多个像我们一样的家组成的，天下就是国家，小家也是天下。我好像懂了，就和我幸福的家一样，家里的每个人都努力工作，辛勤劳动，就是建设天下，就会创造出越来越美好的生活。

成长于新时代的我们，很希望从烦冗的学习生活中走进模拟社会，参与职业体验，从而学习多个学科领域的知识，积累更多生活经验。在学校组织的职业体验活动中，通过对餐厅服务员、快递员和环卫工人等不同职业的体验，让我亲身体验了普通劳动者在平凡工作中诠释着的不平凡，感悟到不同行业的艰辛，每一种职业，每一份付出都值得尊敬。活动还让我体会到了爸爸妈妈的辛苦，学会尊重、体贴爸爸妈妈，想象着未来的我也会成为和他们一样对社会有用的人，也让我懂得了对爸爸妈妈、对家庭、对社会的感恩，更明白了“美好生活，劳动创造”的道理。

——刘婧焱

小结：

民族小学以培养“全面发展的人”为核心，通过真实的情境，感受生活中的场景，丰富孩子们的阅历，培养劳动意识。

活动开展之前，各班根据丰富的家长职业资源选取适合的主题，他们以自身职业为背景，做了系统可行的培训准备，一次次来到学校，走到孩子们当中，为孩子们耐心细致地讲解各个职业的工作内容和要求。比如医生的培训，孩子们懂得了看病的流程、看病的交流方式，体会到了这个职业对生命的敬畏之情，感受到了医生的无私和伟大使命；还有电影院的培训，孩子们明白了如何遵守公共秩序、文明观影、紧急情况的理性应对等。在培训中，孩子们感受到了不同职业的辛劳，小小的培训有了大大的力量，孩子们增强了责任感和使命感，懂得了如何做一个守秩序、懂礼貌、有担当、有责任的好孩子，对爸爸妈妈们的职业也投去了欣赏和崇敬的目光，他们就是我们的大榜样呀！

（供稿人：朱梁岩、王宇靓）

（四）农业生产主题

农业生产主体包括校园农耕和农业小课题研究。民族小学有着优美的校园环境，是学生的“小植物园”“小动物园”和“小菜园”。学校充分利用这些资源开展农业生产主题活动课程，学生不仅体会到劳动的艰辛和收获的喜悦，还将学习的知识运用其中，在失败中摸索经验、寻找方法。

1. 校园农耕

当学生对劳动有一定的认识后，需要进一步将这种对劳动的认识转化为对劳动技能的培养。这一阶段的转化会为培养学生的社会责任感打下坚实的基础。开展校园农耕活动，在实践中学习劳动技术，体会粮食的来之不易，是实现这一转化的重要途径。民族小学充分利用学校资源，将小菜园进行划分并承包给班级，为学生提供了农耕实践基地。

“快乐农场，伴我成长”播种节活动

一、课程目标

现如今，社会飞速发展，多数学生缺乏亲自农耕劳动的经历，珍惜劳动成果的意识有待提升。农业种植主题实践活动可以提升当代学生对农业知识的了解，体会劳动的不易，对培养学生会劳动、善劳动的劳动品质有着很重要的推动作用。可见，农业种植是引导学生树立正确劳动意识、培养劳动技能和劳动品质的重要途径之一。

二、课程方案

表 6-6 主要活动内容

周次	活动计划	备注
第一周	年级组会议，布置工作，联系校工	留存图片资料
第二周	1. 各班征集懂播种的家长(建议爷爷奶奶辈的)资源至少一位，进群形成播种圈子(科学老师、年级主任、项目负责人)，包括年级圈和班级圈 2. 组建农耕小队，策划种植家长大讲堂和家长与学生、老师集体的翻土工作	1. 留存图片资料 2. 形成播种的班级圈和年级圈
第三周	1. 农耕小队各班积极分地 2. 班级圈讨论启动仪式 3. 准备种植需要的物品(学校提供、自行购买或者准备)	留存图片资料
第四周	1. 播种圈子策划开展各班家长大讲堂，讲解班级所选植物的生长特性以及种植方法 2. 各学科结合种植活动，策划学科活动，形成学科任务单 3. 开展种植活动	留存图片资料
第五周	开展“播种节”启动仪式(介绍活动意义、准备情况，并发起倡议，倡导爱护植物、保护生命)	留存图片资料
第六周至第十四周	继续维护种子，组建浇水小组，形成统一的观察时间(中午或者科任课)，完成学科实践单	留存图片资料
第十五周	收获与总结、展示	留存图片资料

三、具体实施

孩子们在园艺师傅的指导下亲手在校园里种植了花生，回家也种下了自己喜

图 6-3

欢的植物，并用英语记录了植物生长的过程。播种、浇水、呵护、期待、定期记录……整个学期下来，孩子们体会到了种植的快乐，感受到了种植的艰辛，懂得了No pain, no gain 的道理，感受到了生命的可贵，认识到要尊重生命、尊重劳动成果。

在欣赏孩子们的种植作品时，能够感受到孩子们种植收获的喜悦和成长。

图 6-4

以下是学生们对花生成长的过程性记录。

(一)英文版种植日记

Diary of planting seeds [二(7)班 赵翀]	
Sunday, May 15	Today, I planted some shallot seeds and watered them with my mom. I hope they can come up soon.
Sunday, May 22	In the next few days, I went to watch and water the seeds every day. I am glad to find that the shallots come up today.
Saturday, May 28	One week later, the shallots became tall but they are very thin. They are not as strong as I expected.
	It's interesting to record the growth of seeds.
Diary of planting seeds [二(7)班 赵翀]	
Sunday, June 5	Today I planted some coriander seeds with my grandma. I do not like to eat coriander but I want to know how it grows up.
Sunday, June 12	I watched and watered the coriander every day. They came up and grew up very fast in the first week.
Sunday, June 19	In the later days, the coriander grew very slowly. They were almost the same as one week before.
	It's interesting to record the growth of seeds.

图 6-5

(二)中文版种植日记《我的小豆苗》

英语老师留了种植日记实践记录的任务，我开始种小豆苗，并试着用英语记录。刚种小豆苗时，不知它们的生长速度会有多快。种下几天后，小豆苗就长出了绿色的茎和嫩绿的叶。又过了几天，小豆苗在太阳公公的照耀下，在水滴的浇灌下，由以前弱不禁风的小苗变成了强壮的豆苗，其中有一颗长得格外高，似乎站不住了，害羞地低下了头。看着这些茁壮的豆苗，我想它们一定能结出豆子吧。

一路陪着小豆苗走过，让我知道生命的过程中需要关爱呵护。我就像小豆苗一样，爸爸妈妈和所有关爱我的人就如同阳光、雨露一样，一路伴我成长。

小结：

通过举办以上植物种植实践活动，学生在这个过程中收获颇丰，从原本没有接触过植物种植，到亲自照顾幼苗、了解种植周期，再到之后成功把植物种子种植出来，整个过程让孩子们获得了很大的成就感，也让他们体会到劳动成果的来之不易。与此同时，这样的农业种植主题活动也培养了他们的专注力和探究能力，对于植物生长过程中发生变化的记录能够提升他们的观察能力、思考能力和反思能力。

从劳动教育课程体系的角度来看，植物种植活动提升了学生的劳动技能，让学生们会劳动、善劳动。但更重要的是激发了学生热爱劳动、尊重劳动、富有责任感的劳动精神，这也为今后实现更高阶段的责任担当、尊重劳动的劳动品质做好了铺垫。从更宏观的角度来看，这也间接为实现立德树人这一教育的根本任务铺上了坚实的地基，为培养未来社会主义接班人和全面发展的人才奠定了基础。

（供稿人：戴欣、党琦、韩玉钦）

2. 农业小课题研究

在种植过程中学生会遇到各种问题，教师们将这些问题作为课程资源，鼓励学生查阅资料，积极解决问题，并在科学老师的带领下针对一些有研究价值的问题开展小课题研究，通过反复的实验得出结论，树立了科学种植的意识。

科学教室环境下不同介质营养液常春藤养殖对比实验研究(节选)

一、研究背景、目的和意义

实验小组在2018年海淀区少年科学院研究课题《海淀区××小学科学教室环境下常春藤养殖初探——土培、水培对比实验研究》中，初步探索了水培养殖常春藤，通过 Hoagland 营养液和清水水培方式的对比实验，探索出科学教室环境下快速繁殖常春藤的水培方式为：先将常春藤放在清水中，约长出 10 条气生根，再放到营养液中增强营养，使之能更茁壮地成长。

多少浓度的 Hoagland 营养液是较适合科学教室环境下常春藤水培的液体，一直是我们的困惑。因此，我们带着困惑和思考来进行研究，将研究成果推广到学校的各个班级、社区等，为学校班级、社区的绿化提供合理性建议。

二、研究内容

1. 研究目标

通过对常春藤水培的研究来学习植物水培养殖相关的实验方法；通过 Hoagland 营养液配比，来锻炼我们的科学实验动手操作能力；通过对比实验等方法，逐步探索出养护好科学教室常春藤的水培方法；学会在实验过程中发现问题并改进实验方法，锻炼科学思维方式和解决问题的能力。

2. 研究内容

研究内容主要分三部分，一是常春藤枝条在清水中生根培养；二是培养瓶不遮光条件下，生根常春藤枝条在 4 种浓度 Hoagland 营养液中的生长研究；三是培养瓶遮光条件下，生根常春藤枝条在 4 种浓度 Hoagland 营养液中的生长研究。

三、实验流程与方法

实验主要包括配置 Hoagland 营养液、选取常春藤枝条、实验观察、叶绿素提取、实验数据分析 5 个过程。

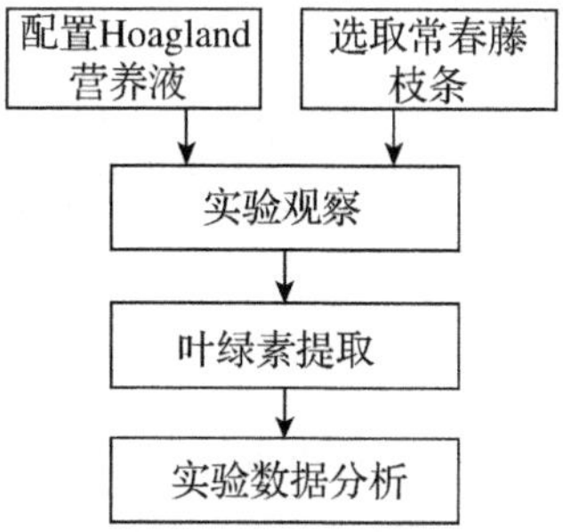

图 6-6　试验流程图

四、培养期0～4周生长过程对比记录

表 6-7

营养液 生长态势 时间		培养 第 1 周	培养 第 2 周	培养 第 3 周	培养 第 4 周
0 （清水）	叶片	颜色油绿，无枯萎	颜色油绿，无枯萎	颜色油绿，无枯萎	颜色油绿，无枯萎
	茎部	无附着物	无附着物	无附着物	无附着物
0 （清水）	根部	有新生根	有新生根，长度增加	有新生根，长度增加	有新生根，长度增加
	营养液	清澈	清澈	清澈	较清澈
1/10 Hoagland 营养液	叶片	颜色偏暗，无枯萎	颜色偏暗，无枯萎	颜色偏暗，无枯萎	颜色偏暗，无枯萎
	茎部	附着少许丝状物	附着少许丝状物	附着少许丝状物	附着少许丝状物
	根部	无变化	无变化	有新生根	新生根变黑
	营养液	清澈变较浑浊	浑浊，浅绿色	浑浊，明显绿色	浑浊，明显绿色
1/4 Hoagland 营养液	叶片	颜色偏暗，无枯萎	颜色变黄，无枯萎	颜色偏黄，部分黑色斑点	颜色偏黄，出现枯叶
	茎部	附着少许丝状物	附着少许丝状物	附着丝状物增加	附着丝状物增加，1 根枯萎
	根部	1 根底端变黑	2 根底端变黑	3 根底端变黑	1 根枯萎
	营养液	清澈变较浑浊	浑浊，有明显绿色	浑浊加重	浑浊加重
1 Hoagland 营养液	叶片	颜色偏暗，个别叶片变黄	颜色均变黄，出现 1 片枯叶	颜色均变黄，出现 4 片枯叶	全部枯萎
	茎部	附着少许丝状物，明显比前三种营养液多	附着丝状物变多，颜色变黄	1 根枯萎	全部枯萎
	根部	3 根底端变黑	3 根变黑	变黑程度加重	全部枯萎
	营养液	清澈变较浑浊	浑浊加重	浑浊加重	浑浊加重

五、建议

1. 建议水培常春藤时，选用 Hoagland 营养液会让常春藤生长态势更好，选用 1 倍浓度的 Hoagland 营养液培养常春藤会提高叶绿素含量，有较好的增绿作用。

2. 建议水培常春藤时，对水培容器采取遮光的方式，或者采用不透光容器作为水培常春藤容器。

六、创新点

在实验中贯穿植物种植理论知识，做到知其然也知其所以然。通过两组对比实验，运用直接观察和数据采集的对比分析，研究结果一目了然。

本研究以前期研究成果为依托，并对我们上一研究中思考展望的问题做出了回答，用实践的方式培养了我们发现问题并解决问题的科学研究能力。

（供稿人：李士畦、许茗妍、赵子琦）

（五）劳动创造主题

未来的劳动不仅是为了生活必需品，而是注重融入文化内涵，使得劳动过程及产品具有叙事、伦理、审美等厚度，其本质是一种文化生产。[①] 劳动教育要注重让学生学会赋予产品以独特的文化内涵。创意制作正是实现这一目的的重要途径，学生学习使用多种劳动技术进行设计制作，体验丰富的劳动形式，提高劳动认识，养成创造性地应用技术解决问题、服务生活的习惯。学校开设了非物质文化遗产、创客、机器人、编程等创意制作类选修课程，学生可以根据自己的兴趣选择课程，更利于学生全身心地投入到课程中，提升学生的创新能力。

1. 劳动＋科技

随着年级段的升高，学生的需求也越来越高，在基本技能的基础上，将劳动教育与科技教育相融合，提高学生创新意识，为学生创造性的劳动奠定了基础。劳动＋科技主要以项目式的学习形式为主，在真实的情境中发现问题、解决问题，真正体验劳动和科技给生活带来的变化和便捷。

地铁导流系统的设计与制作（节选）

一、研究背景

爸妈带我们坐地铁上学时，经常会看到空一点的车厢从身边飞驰而过又来不及赶过去。我们发现，地铁到达站台时，有的车厢很难挤上去，有的车厢人会少些。要是能提前知道哪个车厢人多、哪个车厢人少，就能提前选择在人少的车厢排队了，那该多好呀！因此，我们想运用创客社团学习的知识解决这个问题，希望研究的结果能够为地铁运营方的叔叔阿姨提供参考。

---

① 柳夕浪：《未来的劳动教育》，主题演讲，2019-8。

二、研究过程

我们的研究分以下几步：

(1)思考地铁各车厢乘客人数不均的原因，找出问题的关键；

(2)对关键问题进行调查研究；

(3)通过模拟沙盘验证并演示；

(4)总结分析、优化设计方案。

三、作品展示

图 6-7　地铁导流系统列车模型

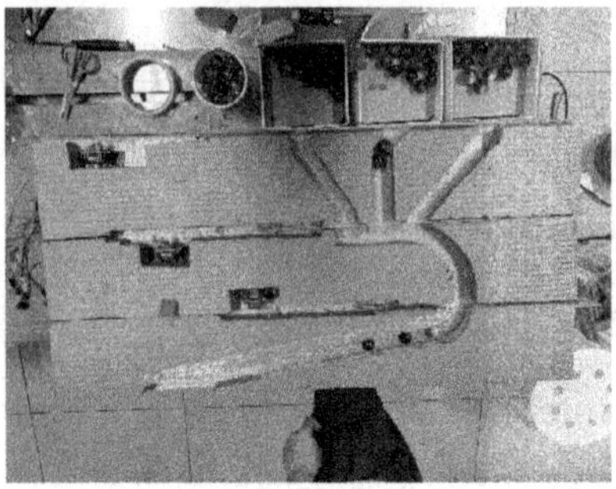

图 6-8　地铁导流系统站台模型

四、运行过程及结果

(1)在模拟车厢放置不同数量的玻璃球，模拟各种场景；在站台入口处放置玻璃球，模拟要进站的乘客；

(2)列车启动，各车厢自动称量玻璃球重量，计算出模拟乘客人数，并自动通知到站台。

(3)站台自动显示地铁人数和拥挤情况，并自动计算各个屏蔽门前等候乘客的人数分配方案。

(4)开启进站闸机和人流分配闸机，按预定方案，让进站的玻璃球自动分配到指定的屏蔽门前等待。

(5)列车到站后，打开屏蔽门，所有候车玻璃球都可自动进入车厢内。

(6)列车重新自动计算车上人数，并通知到站台，站台在 LED 屏上显示出分流后的人流效果。

(7)通过多次模拟沙盘实验，在进站玻璃球充足的情况下，玻璃球可以被平均分配在三节车厢内。

我们的模拟沙盘虽有不足之处，但可以直观地看到通过引导人流来解决地铁拥挤问题的效果，这是我们三个人感到自豪的地方。未来，我们的设计不但可以应用在地铁上，也适用于货物自动分拣、车物导流、飞机安检导流、景区导流等地方，愿我们的设计可以在祖国的发展中发挥更大的作用。

（供稿人：那宸与、邵思涵、杨璟琦）

通过观察生活、发现问题、调查核实、设计方案、修改调整等一系列的活动，学生不仅学习了知识和技能，更重要的是培养了创造性地解决问题的能力，学生更加关注生活，发现生活中存在的问题和不便，将自己的所学应用到社会的进步当中，形成正确的劳动价值观。

2. 非物质文化遗产项目传承

非物质文化遗产的保护和传承是弘扬民族优秀传统文化的前提和基础。民族小学设立了多项非物质文化遗产保护项目，涉及书法、泥塑、面塑、剪纸、陶艺、颖拓、风筝制作、京剧脸谱等艺术门类。这些项目中蕴含的工匠精神凝聚着中华民族的文化和精神，学生在非物质文化遗产项目的学习中感受精益求精的品质，在专注的创作中对工匠精神有了更深入的理解。

景泰蓝的制作

一、学习景泰蓝知识，了解传统文化

在学习景泰蓝的制作时，同学们走进了珐琅厂，听着工艺师的讲解，更加深入地了解了景泰蓝(珐琅)传统技艺的流程。在国家级非物质文化遗产传承人及专家老师的指导下，同学们学习并亲身体验了珐琅制作工序。

二、实践景泰蓝制作过程，感受工匠精神

1. 制胎：以红铜板制出器形。

2. 掐丝：将压扁的铜丝依设计饰纹粘牢于胎体。

3. 烧焊：将其再次焊接牢实。

4. 点蓝：依饰纹中颜色依次上釉彩，先点地，次点花，再点蓝，后加亮白。

5. 烧蓝：点一次蓝即烧一次，重复多者可达 3 次。

6. 磨光：以细砂石、黄石及木炭分别逐次打磨光滑蓝料与铜丝的粗糙处。

7. 镀金：抛光除锈的最后一道工序。

三、收获作品，体验劳动价值

历时两个半月的辛苦付出，同学们亲手设计、制作的景泰蓝作品终于华丽面世，成为一件件精美、端庄的景泰蓝工艺品！

（供稿人：傅若乔）

学生感受：

我原本觉得掐丝是多么简单的事情，可当我拿起铜丝和工具后，发现一切都没那么简单。要先用掐活的镊子把铜丝捋直，再用镊子一点一点与图纸完全吻合地窝丝，尖的地方要用钳子夹一下，而圆润的地方，又要用手或镊子把它窝圆，小心翼翼生怕丝和图纸不吻合。因为时间有限，我们的掐丝是在家里完成的，把丝截好后，用白芨做成的胶一点一点粘在纸上，看似简单的图案，我竟然用了10个小时才完成。这让我体会到了艺术家们的辛苦和执着坚持的精神。

——五(3)班 李思洁

我不但学习了景泰蓝的制作，还体验到传统工艺的匠人们的坚守，每件作品都是他们的心血。而我最大的收获就是自信，还有不放弃的精神。这件事让我对今后的学习生活更加充满信心，只要用心去做，一切困难我都能去克服，相信我会做得更好！

——五(4)班 王薇雅

(六)志愿服务主题

志愿服务是培养学生责任意识和责任担当素养的重要途径，也是劳动教育的重要活动方式，需要学校、家庭、社会共同配合，形成教育共同体。学校将志愿活动分为以下两种：校园志愿服务岗，即在校园设置岗位由同学来认领；社区、社会志愿服务，即利用节假日等闲暇时间积极响应学校号召，结合实际开展了各种志愿服务活动，以“立足校园，奉献社会，服务他人，锻炼自我”为理念，参与活动的学生们用实际行动服务社会，在为学校、为社会做贡献的同时，更营造了十八大以来习近平总书记提倡的“劳动崇高”的社会氛围。通过校园志愿服务岗并利用假期闲暇时间开展志愿服务活动，培养学生的社会适应能力，形成良好的公民意识和社会责任感。尤其是在社会志愿服务中，学生将自己的时间和精力都无偿奉献给了需要帮助的人，体现了更多的奉献意识和奉献精神。

志愿服务之花开满民小校园

民族小学的志愿服务活动包括校园志愿服务和社会志愿服务两部分。校园志愿服务主要是以校园志愿服务岗的形式，让在校学生自主认领服务岗位，为同学们服务。社会志愿服务主要是学生利用闲暇时间与家长一起参与到社区、社会的志愿服务当中，如社区值守、志愿讲解等。民族小学通过多种形式将志愿服务落到实处，学生真正体会到劳动的快乐和劳动的价值。

一、学校多样教育，让学生从志愿服务中享受乐趣

1. 依托少先队假日小队组织，让志愿服务成为学生暑假生活中的一部分

小队是少先队的最基层组织，为了引导少先队员积极参加实践活动，各级少工委大力倡导学校开展假日小队活动。民族小学抓住这一活动形式，并使之与志愿活动相结合。针对志愿服务，学校前期建立活动体系，规划志愿服务活动内容，利用队会课程向每个学生及家长宣传志愿活动细则，使得同学们感受到志愿服务的机会就在自己身边，每个人都可以从服务他人中体会到快乐。少先队还积极寻找社会资源，从2017年起结合“志愿北京”活动项目，在假期中开展“大手拉小手”志愿服务活动，鼓励同学们注册成为社会志愿者。现在每到寒暑假，最令孩子们期待的，不是去各处游览，而是与小伙伴结成假日小队完成志愿服务任务。暑假后，孩子们在新学期的开学典礼上，相互分享小队志愿活动内容：前往太阳村慰问留守儿童、参加长城小站整理书籍活动……孩子们在志愿活动中感受到了“人人参与、人人奉献、人人受益”的精神。

2. 红领巾志愿岗为民小学生参与社区、社会志愿服务打下基础

为培养学生志愿服务精神、社会参与意识和公民责任感，民族小学设立了分餐员、黑板美容师、窗台管理员、节能小卫士等十余种红领巾志愿岗，每个孩子可通过自主申报，自愿承担集体中人、事、物的管理任务，从小形成“人人为我，我为人人”的意识。很多孩子在担任校内志愿岗时学习了劳动的技能，感受到了为集体志愿服务的快乐。现在就读于民族小学五年级的小璟琦从二年级起就担任班级图书管理员，这份工作不仅培养了他的责任心，更激发了他对图书管理学的兴趣。四年级的暑假，他报名参与了国家图书馆青少年志愿活动，在活动中学习分类号和索书号等大型图书馆中排列书籍顺序的知识，为他开启了专业学习的大门。现在，长大后到北京大学学习图书馆专业成了小璟琦的志向。这样的例子还有很

多，民小志愿服务教育在学生心中种下了未来职业规划的种子，为他们参与社区、社会志愿服务打下基础。今天的小小志愿者将成为未来的社会建设者。

3. 推广红十字教育，弘扬“人道、博爱、奉献”精神

红十字组织是志愿服务不可或缺的一部分，民族小学红十字组织体系健全，制度规范，经常组织全校师生开展志愿奉献活动。学校多次邀请北京急救中心医生来校开设“保护自己 关爱他人”知识大讲堂，民小娃还在老师的带领下走出校园，来到北太平庄邮局等周边友邻单位开展了急救知识普及的志愿公益活动。孩子们在红十字活动中将“人道、博爱、奉献”的精神植入心田。2020 年年初，新冠疫情暴发，孩子们看着远在湖北疫区的人们缺少防护设施，心中很着急。家长们经过多方联络找到一家一次性医用防护服厂家，孩子们自发组成了捐赠小组，毫不犹豫地用零花钱购买了最紧缺的防护服，想办法送到了武汉市汉阳区社区工作人员的手中。疫区的工作人员收到后感动万分，这场跨越 1200 千米的爱心接力是民族小学学生与国同心、共克时艰的一次行动，更印证了民族小学志愿服务教育的成功。

二、学生假期参与情况

在民族小学志愿服务活动体系的引领下，孩子们以服务社会为荣。每年寒暑假，学生们都投身到志愿服务中，有的去养老护理中心陪伴爷爷奶奶，有的参与公园绿化保洁，还有的跟随家长来到老少边穷地区参与捐赠活动。多年来，民族小学参与志愿活动的次数已达万余次。以 2018 年暑假为例，民族小学共有 190 余组假日小队参与活动，600 余人次参与，占民族小学少先队员的 65%。近年来，民族小学多次得到市区级表彰，2017 年民族小学志愿服务项目荣获海淀区志愿服务一等奖；现已毕业的小彦尊仍坚持到红十字血液中心献血点做小小志愿者，2016—2018 年，小彦尊多次获得了“首都无偿献血志愿服务表彰奖”的荣誉称号；2020 年疫情防控期间，民族小学师生多次向武汉疫区捐献物资，相关单位发来感谢信。民族小学向全社会展示了小学生的责任感和感恩之心。

二(8)中队的小伙伴们参与了“长城小站”捐书组织整理图书的任务。在整理的过程中，孩子们不仅奉献了自己的爱心，更通过实践总结出高效的劳动方法，小梓豪说：“我们的主要任务是整理捐赠来的图书并分类归纳，可是小屋里存放着 3000 册以上的图书！面对这个任务我们不害怕，带好劳动手套说干就干。我们先

把所有图书从箱子、袋子里拿出来，在书架上按年级组贴上标签，之后把图书按照标签重新码放。慢慢的我发现如果按照‘拿书、贴签、码书’的方法来，速度很慢。于是我们就自己结成组，有人专门拿书，有人只负责码书，这样果然快了很多，我们用三小时的时间就整理好了全部图书！后来，妈妈告诉我，这种好方法就是一条‘流水线’，她也为爱动脑筋的我们点赞！”

四(3)中队的小伙伴们前往首开寸草养老院，用自己的才艺为爷爷奶奶们送去一份安慰。临行前他们进行了周密的安排，他们怕老人们听力不好，就去学校借了小型扩音器，把每一个字都清楚地送入他们耳中；小思瞳的特长是古筝，她特意问了家中老人爱听的歌曲，专门练习了古筝曲《小小竹排江中游》，让爷爷奶奶能边听边唱。演出当天，孩子们的卖力演出换得了老人们的掌声与笑声。小思瞳在日记中写道：“我们的演出得到了爷爷奶奶的喜爱，我觉得自己做了一件有意义的事，特别有成就感。演出结束后，爷爷奶奶舍不得我们走，架着拐，坐着轮椅送我们。我感动得想哭，以后有机会我希望大家都去看望他们，给他们带去一丝欢笑，一份温暖。”志愿服务触动到孩子心里最柔软的地方，将“善良”二字根植于孩子的内心。

志愿服务带给孩子“奉献、有爱、互助”的心灵力量，这份经历成为孩子们童年的宝贵财富。

三、收获与反思

1. 重视志愿服务前的精细化指导

在开展志愿服务前对学生进行动员可激发学生热情，但教师对每个假日小队的活动内容的精细化把关、指导更有助于提升志愿服务的时效性。在选择内容时，教师一方面向学生强调志愿岗是个资源丰富的大课堂，我们应该拓宽思路去寻找志愿劳动的机会；另一方面也要说明，志愿服务的过程就是奉献爱心、自我实现的过程，不要互相攀比，要在实际能力范围内去选择服务项目，不要让志愿服务成为一种负担。

2. 重视大榜样的作用，营造大手拉小手的志愿服务之风

在民小孩子身边，父母老师都是志愿服务的大榜样。在平日里，学校图书馆召集家长担任校级志愿者，当学生看到爸爸妈妈付出个人的时间及精力来校服务，换得图书馆的整齐环境，方便学生借阅图书，无不对志愿奉献的精神有了更真切

的理解；疫情防控期间，党员教师下沉到学校附近社区，和社区工作者筑牢抗疫防线，也使得孩子们感受到志愿服务的巨大作用。家长、老师的言传身教对学生产生了莫大的示范效力。

3. 注意活动后总结

参与志愿服务后的总结有助于学生进一步加深对志愿精神的理解，更为进行相似的志愿服务打下良好的基础。每次假期后，各中队都会利用队会进行总结，大队对参与志愿服务的同学进行表彰，并邀请相关同学分享心得。在民族小学的志愿服务教育中，学生参与活动的热情一浪高过一浪，志愿服务之花开满民小校园。

（供稿人：李琳）

三、劳动教育课程效果与愿景 >>>>>>>

（一）劳动教育课程效果

1. 学生的劳动兴趣增强

民族小学注重在实践中进行劳动教育，设计有意义有意思的实践活动，学生容易接受并在不断地付出中深入参与，理解劳动的意义，对劳动本身产生兴趣。如学生积极参与学校的志愿服务岗，积极探索高效劳动的方法。

2. 养成了良好的劳动习惯

在家庭、社会、学校这一教育共同体的作用下，民族小学将无时不劳动、无处不劳动落到实处，劳动成为学生日常生活中的一部分。学校将劳动规范和正确的劳动程序作为劳动习惯培养的重要环节，学生正确、规范的劳动习惯已经逐渐养成。例如，不管是在学校、家里还是公共场所都能自觉维护环境卫生。有家长发来信息说，孩子已经从民族小学毕业了，现在在马路上看到垃圾都必须要捡起来，扔进垃圾桶。

3. 树立了正确的劳动价值观

学校劳动教育课程关注学生发展的全过程、多方面。学生已经能够正确认识劳动，体会到美好的生活要靠劳动创造，在家主动做力所能及的家务劳动，利用闲暇时间主动参与社会志愿服务，促进了家庭、社会的和谐。

（二）劳动教育愿景

民族小学劳动教育课程的实施中虽然已经取得了一定的成效，但是仍然需要不断完善。

1. 加强与劳动教育基地合作，确保教育与生产结合

小学校内劳动教育资源相对较少，学生实践活动与生产结合还需要加强。学校应更加重视校外资源的开发和利用，积极与社会更多的资源融合，形成劳动教育生态圈，为学生提供更多的实践机会。

2. 完善劳动教育评价体系

新时代劳动教育实质上是立足人的全面发展的教育形式。学校应发挥整合性的评价功能，积极探索评价策略，发挥评价对劳动素养的培养、提升和激励的作用。

（1）关注过程，全面评价

教师在评价时除了评价劳动结果和劳动技能以外，还需要关注劳动态度、劳动习惯、合作意识、探索创新等多方面因素，从而促进学生全面发展。在劳动过程中，全面关注学生劳动前的准备、劳动中的表现和劳动后的反思等一系列活动，进行过程性评价，以促进劳动习惯的养成。在评价时不仅要关注学生的进步、亮点，还要指出问题、明确努力方向，对学生劳动技能、劳动认识给予正向的引导。

（2）关注主体，多元评价

在评价时要关注主体的参与，加强主体能动性。从自评、互评、师长评价等多角度进行评价。自评可以以问题的形式帮助学生反思，促进劳动意识的深化。互评主要是指学生之间相互评价，侧重合作意识和责任感。师长评价主要是在劳动活动中给予引导和督促，并促进家校合作和劳动习惯的延续。评价时关注方式的多元。通过展示、交流、竞赛等多种方式激发学生参与劳动的热情，传递劳动精神。

新时代背景下劳动教育更加强调劳动的育人功能，重视劳动观念的培养、树立正确的劳动意识。《尚书·无逸篇》中说，“不知稼穑之艰难，乃逸乃谚。”的确，劳动教育强调真实体验，只有身心参与，手脑并用，才能真正理解劳动的内涵。要想达到这一目的，就要将劳动教育渗透到学生的学习、生活、实践当中，构建

劳动教育课程，整合家庭、学校、社会资源形成教育合力。

民族小学在深入理解新时代劳动教育内涵的基础上，不断探索劳动教育路径，确定了符合学生年龄特点的劳动教育目标，不断完善劳动教育课程框架，从感受劳动乐趣、学习劳动技能、培养劳动习惯、渗透创造性劳动等多个角度培养学生树立正确的劳动价值观。在设计劳动主题活动时注重与信息技术、传统文化、研究性学习等多种学习形式融合，强调手脑并用，全面挖掘劳动教育中的德育、智育、体育、美育价值。让学生在多样化、连续性、创造性的劳动实践活动中体会劳动创造的价值，逐渐养成劳动习惯，传承劳动精神，为成为全面发展的建设者和接班人奠定基础。

第七章　多元实践，引导学生笃行致远

多元实践课程就是在“五育”融合理念的引领下，依据学生认知发展规律，整合校内外资源，融合多种学习方式，全方位满足学生多元化发展需求的实践性课程。基于实践哲学和建构主义的理论基础，民族小学构建的多元实践课程框架以学生的实践活动为核心，以学生的已有经验为基础，发挥学生的主体性，引导学生在实践中主动探究、积极创新、笃行致远。多元实践课程包含主题研究实践课程以及社会实践课程两大类别。

主题研究实践课程是围绕某一主题的多学科融合课程，强调学科内容的综合运用，打破学科壁垒和课堂边界，是一种多学科融合的综合实践课程形态。它改变了课程内容的组织结构和课程组织形式，使课程更加贴近学生的生活，更加符合学习者学习的规律，满足学习者多元化的发展需求。其前提是学生成长的内在需求，它具有教育性、融合性、创新性、实践性、自主性等特征。

社会实践课程根据出行时间长短、地点远近，以及实践的深度和广度不同，又分为春、秋季社会实践和研学旅行两个板块。春、秋社会实践活动的落脚点应该是“实践和学习并重”，实践的过程既是学生欣赏大自然、参与体验的过程，学生在实践的过程中要用自己的眼睛观察、用自己的方式探究，学习的目标则是希望学生在社会实践的经验中提升团队合作能力，磨炼意志品质，帮助学生在自然、社会和自我的互动中，进行自我建构，促进自我的全面发展。研学旅行课程引导学生在旅行中开展多元融合式学习，旨在培养学生可持续的学习能力和研究能力，在旅行中激发学生对祖国大好河山的热爱之情，帮助学生深入感知并传承中国传统文化精髓。

第一节　多元实践课程构建

民族小学在阅读与语言、数学与科学、道德与健康、审美与艺术、劳动与技术五大领域，以国家课程为基础，不断将国家课程校本化，依据学生个性发展需求，积极开发校本课程，形成基础素养课程、个性拓展课程和多元实践课程三大类课程组成的“和融”课程体系。其中，多元实践课程就是在“五育”融合理念的引领下，依据学生认知发展规律，整合校内外资源，融合多种学习方式，全方位满足学生多元化发展需求的实践性课程。这类课程着眼于不断打破学科壁垒，让学习过程走出教室、走出课堂，以任务、项目为统领，让学生在实践中体验、探究、创新，重点培养学生的研究能力、实践能力、创新能力和解决问题的能力，让学生在学习和生活中养成良好的习惯，形成健康的人格，为将来的学习与生活奠定基础。

民族小学多元实践课程在“五育”融合理念引领下，以实践课程的理论为指引，遵循学生的认知发展规律，不断在探索中发展、完善，主要包括主题研究实践课程以及社会实践课程。

表 7-1　民族小学多元实践课程框架

年级		一年级	二年级	三年级	四年级	五年级	六年级
主题研究实践课程		苗苗成长	感恩教育	民族团结课程	绿色环保课程	国防教育课程	青春法治课程
		三爱教育	公共安全教育	国际理解课程	人与自然课程	理想榜样课程	毕业成长课程
社会实践课程	春、秋季社会实践	野生动物园、孔庙、国子监、北京蟹岛公共安全体验馆……		紫谷青少年活动基地、南宫地热博览园、君地益木作文化传承园、蟹岛绿色生态科普教育……		红星快乐营、北京市道德与法治教育基地、中国人民革命军事博物馆……	
	高年级研学课程					徽州传统文化研学、山东传统文化研学、西安历史文化研学……	

第二节 多元实践课程的实施

多元实践课程作为一种全新的课程模式，其开设与实施经历了从最初的理论探索到课程常态化实施的发展过程。在课程实施的过程中，以综合实践课程理念为指引，关注学生学习过程的主体性、自主性、研究性、开放性、体验性，努力实现学生多种学习方式的融合，让学习真实地发生。

一、多元实践课程实施的理论基础

(一)实践哲学观

实践哲学观的主要观点有三个方面：[①] 第一，实践哲学注重人的主体作用。人类的实践活动本质上是社会性活动，人作为社会实践活动的主体，通过实践活动作用于包括人自身在内的客观世界。实践哲学观强调人在实践活动中主体作用的发挥，关注的人是活生生的、鲜活的生命。这里的人不仅仅是作为实体存在的人，更为重要的是有着思维和意识的人，是有主动性、创造性和能动性的人。作为实践主体的人，在实践活动前会带着目标，制订计划，选择策略，用来保证实践活动的顺利进行，能够打破自然界和自身的限制，不断超越现实，达到理想的未来。[②] 第二，实践哲学的本质特征是理论和实践的统一。这种统一性既体现在理论服务于实践，指导人们的实践，也体现在主体在运用理论指导实践的过程中，形成对理论更为深刻的理解和反思，从而使理论得到进一步的发展。第三，实践哲学以生成论的范式为主导。首先，作为实践的主体，人是不断生成的、变化的。在实践的过程中，会有很多生成性的东西，我们要根据变化不断调整计划、方案和策略，以确保达到预期的目标和效果。

---

① 杨培禾：《综合实践活动课程论》，66页，北京，首都师范大学出版社，2019。

② 王楠楠：《从实践哲学视野看综合实践活动课程》，载《教育科学论坛》，2011(6)。

(二)建构主义心理学理论[①]

建构主义强调学生经验世界的丰富性和差异性，认为学生的经验世界的差异性本身便是一种宝贵的资源。知识具有主观性，它只是一种解释，一种假设，不是最后的答案。知识还具有情境性，人们是以自己的经验为基础来建构和解释事实的。

对于学生的学习，建构主义认为，学生的学习不是从外界吸收知识的过程，而是学习者以自己原有的知识经验为基础建构知识的过程。这需要教育者关注学生的已有经验，关注学生最近发展区，发挥学生的主体性。另外，建构主义心理学还认为，学生的学习具有社会互动性，是通过对某种文化的参与而内化相关的知识和技能，这个过程常常需要一个学习共同体来完成。

基于实践哲学和建构主义的理论基础，民族小学构建的多元实践课程框架以学生的实践活动为核心，以学生的已有经验为基础，发挥学生的主体性，引导学生在实践中主动探究、积极创新，实现多元化的成长。

二、主题研究实践课程 >>>>>>>>

(一)主题研究实践课程的概念界定

主题研究实践课程即以学生的德智体美劳全面成长为出发点，聚焦核心素养，关注学生个性兴趣，以主题整合为策略的跨学科融通式课程。它强调在不改变国家学科课程的基本结构的前提下，从语文、数学、英语等学科中拿出若干课时，实施一个主题性的多学科融合课程，强调学科内容的综合运用，打破学科壁垒和课堂边界，是一种多学科融合的综合实践课程形态。它改变了课程内容的组织结构和课程组织形式，使课程更加贴近学生的生活，更加符合学习者学习的规律，满足学习者多元化的发展需求。其前提是学生成长的内在需求，它具有教育性、融合性、创新性、实践性、自主性等特征。

① 杨培禾:《综合实践活动课程论》，71页，北京，首都师范大学出版社，2019。

表 7-2　民族小学主题研究实践课程框架

年级	一年级	二年级	三年级	四年级	五年级	六年级
主题研究实践课程	苗苗成长	感恩教育	民族团结课程	绿色环保课程	国防教育课程	青春法治课程
	三爱教育	公共安全教育	国际理解课程	人与自然课程	理想榜样课程	毕业成长课程

(二)主题研究实践课程实施的特点

1. 教育性

主题研究实践活动的目标离不开立德树人的品德教育，从活动的目标设计，到活动的过程，以及活动的反思与评价等不同阶段都要关注对学生品德的塑造和价值观的引导。每一学年、每一学期德育处都有相应的德育主题教育，学校的主题研究实践活动正是在这种德育体系的引领下，进行课程的开发与实践的。

表 7-3　民族小学各年级德育教育主题体系

年级	上学期	下学期
一年级	行为习惯教育	队前教育：爱党、爱国、爱校
二年级	感恩教育	公共安全教育
三年级	民族特色教育	国际理解教育
四年级	绿色环保教育	人与自然教育
五年级	国防教育	理想榜样教育
六年级	青春期心理、法治教育	毕业系列课程

“绿色环保季”主题研究实践活动

为了积极响应教育政策，让学习真实发生，让学生走进自然，民族小学的老师们把生态文明教育融入实践课程中，开展了有意思和有意义的“学科联动”之绿色环保季主题实践活动。该主题课程基于真实情境问题，以任务驱动为主要学习方式，多学科联动，引导学生开展项目学习。活动开展前，邀请家长以讲堂的形式对学生开展生态教育讲座。活动中，我们通过各学科联动开展生态文明教育活动。在语文课上，学生学习环保知识，书写环保倡议书。在数学课上，学生通过做节电、节水相关题目，提升环保意识，同时学习统计图的相关知识，统计分析家中废旧物品的数据及去向，发现问题并解决问题。在英语课上，学生学习环保的词语、语句，绘制环保手抄报、撰写环保宣传语。在科学课上，学生了解回收再利用的相关知识，制作环保创意小作品。在美术课上，学生学习民族服装的文化，利用旧物制作别具特色的民族服饰。在体育课上，学生体验了传统器械，利用旧物制作体育器材，并进行体育活动。在音乐课上，学生学习了环保歌曲，用歌声唱出“绿色环保”的理念。展示阶段，我们举办了以“绿色环保季”为主题的展示活动。环保服装秀、环保歌曲的合唱、科学环保小作品、环保手抄报、环保倡议书、环保宣传语等作品的呈现，让生态环保的理念更深入地植入孩子们的心灵。很多学生纷纷表示，主题课程既有趣又有意义。活动后，学生们增添了对大自然的敬畏之心，懂得了在生活中践行环保的理念。

（供稿人：曹雅芳）

2. 融合性

主题研究实践课程基于学生已有的兴趣和专长，在一定的主题架构下，打破学科界限、课堂边界、资源边界、时空边界，将知识的学习运用、学生能力形成等方面有机组合在一起，将多样化的活动方式融合在一起，实现了资源的全方位整合和融通。在课程实施过程中，体现了多方主体的参与，其中包括师生、家长以及社会各界人士。例如，在六年级的“生活中的法律专题研究”主题实践活动中，民族小学邀请了法律专家到学校讲座，帮助学生了解生活中的法律问题以及法律的专业知识，引导学生打开研究的思路。同时，学校还邀请家长参与到学生法律专题的研究中，并将家长和学生的共同研究成果以大讲堂的形式进行展示和交流。整个学习过程将听取讲座、自主探究、家校互动、交流分享等不同的学习方式融入其中，给学生全面的发展搭建了多元的平台。

3. 创新性

主题研究实践课程具有生成性，其课程方案的制定本身就是开放的、创新的。教师团队在开发课程的过程中，要基于学生的经验，遵循课程开发的原则，结合课程实施中出现的问题，不断调整、创新、完善课程的方案。

主题研究实践活动课程资源的开发与创新
——以“爱心义卖”主题实践活动为例

“爱心义卖”主题活动是每位二年级学生都要参加的传统项目。每一年活动准备阶段，二年级组的老师们都会在传承的基础上，将活动方案进行创新，促使活动更有意思有意义。

传统的“爱心义卖”活动的前期准备中，学生整理归纳自己的闲置物品，包括文具、书籍以及玩具等，通过学习给物品估价、标价，体验知识在生活中的运用。通过创设“爱心义卖”活动场景，让学生利用所学的元角分知识，进行买卖交易活动，并且将义卖所得的钱以爱心奉献的方式捐献给新疆手拉手友谊校。整个过程引导学生在活动中关注社会、树立责任感、培养爱心。

已有的爱心义卖课程融合了数学(标价、零钱兑换)、语文(物品介绍)、英语(中英文介绍)、美术(海报绘画)等多个学科，以活泼新颖的方式给学生搭建了实践成长的平台。在后期的课程开发中，能否挖掘学生更多经验，融合更多学科，创新更多活动方式，让课程更为丰富呢？二年级团队的老师对课程进行大胆创新，让学科融合这一理念落实得更为广泛细致。比如：除了已有的语文、数学、英语、美术四大学科外，还引入书法学科(标语撰写)、音乐学科(学生“卖”艺)、创意游戏体验、活动安保管理、小记者站、红十字应急站等新颖的项目和方式。创新后的主题实践活动将更多学科纳入活动中，学生角色变得更加丰富，不再是单一的商人与顾客，有的可成为活动安保人员，有的是吹拉弹唱的才艺高手，还有英语导购、游戏达人等，学生在多角色体验、多语言交流、多学科融合中获得更多的成长。

(供稿人：胡彬)

4. 实践性

主题研究实践课程强调学生亲身经历各项活动，在“动手做”“实验”“设计制作”“反思交流”的过程中体验，获得感悟，形成认识，在全身心参与的活动中，发现、分析和解决问题，发展实践和创新能力。

在“国防教育”主题实践活动中，学生要接受一周严格的军训练习，在实践中体验军人坚强的意志，感悟国家国防的力量。很多学生在体验结束后表示，特别理解军人们为国家安全付出的辛苦和努力，要在以后的生活中学习军人自律的品质，对自我严格要求，从一点一滴的行动中去诠释爱国情怀，坚定了长大要报效祖国的理想信念。

（供稿人：徐威）

5. 自主性

主题研究实践课程尊重学生的兴趣、爱好，提倡发挥学生的自主性。在活动前、活动中、活动后，教师要引导学生围绕主题自主探究、体验、反思、实践，提升自我管理能力和自主学习能力。通过个性化的学习经验，不同的学生在已有的水平上获得不同程度的“全面”发展，落实了因材施教、“五育”融合的育人理念。

“项目制”让学生成为实践活动的主体

——“生活中的法律研究”主题实践活动反思

六年级的德育主题是青春法制，我们结合学生青春期的年龄特点，从孩子们生活中的法律问题出发，将问题转化为小的活动主题，引导学生通过实践活动加强法制教育宣传，增强学生的自我保护意识，引导学生知法、懂法、守法。

从学生生活中的法律问题出发，各个班迅速组成项目研究小组，将“生活中的法律”主题分解为六个子课题，包括研究《预防未成年人犯罪法》《未成年人保护法》《道路交通安全法》《刑法》《义务教育法》以及《环境保护法》等。各个班级项目组根据自身情况，自主选择不同的研究课题。之后，班级项目组进行内部统筹策划，进一步将研究课题分解，团队同学分工合作，每一位同学结合课题、依据自己的特长再分别认领六大子课题分解以后的小课题。通过后期的一系列自主研究的过程，最终，小组形成并分享课题的研究成果。

表 7-4　学生法律研究专题分工

班级	负责的法律专题
六年级一班同学	《预防未成年人犯罪法》
六年级二班同学	《未成年人保护法》
六年级三班同学	《道路交通安全法》
六年级四班同学	《刑法》
六年级五班同学	《义务教育法》
六年级六班同学	《环境保护法》
六年级七班同学	旅行中的法律

在大讲堂交流活动中，各个班级讲师组的同学为大家带来精彩的法律专题讲解，他们或是进行现场互动，或是进行案例解说，精彩纷呈，让每一位参与的同学都得到不同角度法律知识的普及与教育。活动后，很多同学表示，这样来自同学的研究汇报非常贴近他们的生活和思维方式，很吸引人。

（供稿人：杨二伟）

6. 研究性

主题研究实践活动课程要体现研究性，在实践的过程中，学生会用不同的方法获取知识和经验。科学研究的方法有很多，如文献研究、观察法、调查法、实验法等。教会学生正确运用这些方法是开展实践活动的目的之一。在实际的操作中，学生缺乏方法、渴求方法，希望在方法上得到点拨。教师要研究不同的科学方法，并且在活动过程中对学生进行适时的点拨和指导。如学生在观察的时候，要明确观察的目标和方法，教师需要适时引导他们掌握对事物具体的观察方法和要领。

“走进中华民族园”实践活动之研究方法指导

“要去中华民族园进行实践活动了！”这是民族小学四年级学生近期非常期待的活动，每到课间的时候，孩子们总会聊聊自己知道的关于民族的话题，为即将到来的实践活动做一些准备。四年级组的各学科老师们为迎接此次实践活动，经过多次的小组学科对话、集体备课等方式共同研讨、开发活动方案，设计实践学习单，力图将这次看似简单的实践活动变成学生的深度研究，变成学生自主合作学习的平台，变成学生“研究性学习”的宝贵经历。

2018年10月14日上午10点20分，在学校礼堂，四年级的全体师生汇聚一堂，聆听了科学于佼月老师为同学们带来的走进中华民族园的准备课。于老师现场介绍了观察法、访问法、阅读展板、网上查阅、阅读书籍、科学实验等六种研究方法，对每一种方法的使用技巧进行了细致地解读，并鼓励同学们研究一个问题要综合运用多种方法，才能使研究全面、深入。

同学们认真听取了每种方法的使用技巧和要领，并且通过现场模拟的方式展现了访谈研究的过程。这样的方法培训课使得学生在未来的实践活动中有了研究的“工具”，也慢慢抓住了研究过程的“核心”，促进了其科研能力和实践能力的提升。

（供稿人：于佼月）

（三）主题研究实践课程的实施过程①

在主题研究实践课程的实施过程中，要处理好学生自主实践和教师指导的关系，教师是学生活动的组织者、参与者和促进者，在不同的阶段，应给予学生相应的指导。下面以“我爱校园”主题实践活动为例，介绍整个活动开展的基本过程。

1. 活动准备阶段

(1)确定活动主题、目标和内容。教师要充分结合学生的经验，依据学生的年龄特点和认知发展规律，并结合学生所在年级的德育主题，确定合适的活动主题、目标和内容。例如，围绕“三爱”德育主题，结合学生的年龄特点，老师们组织开展了“我爱校园”主题实践活动。

(2)确定活动方案。在确定活动方案的过程中，既要体现教师的自主性，也要体现学生的自主性，在一次次讨论和研讨中，确定合理的时间安排、责任分工、实施方法和路径。

“我爱校园”活动方案

一、活动背景

校园是学生熟悉的场所，是学生们生活的乐园。校园里有伙伴们欢乐的笑声，有古朴壮硕的大槐树，有孩子们写不完的诗，唱不完的歌 ，画不尽的校园一角。“我爱校园”主题实践活动，以校园为真实情境，引导学生走出课堂，深入了解学校，把美术、语文、音乐、英语等学科综合起来，融合多种活动方式，突出课程的开放性、实践性、多元性，培养学生的实践能力、创新能力以及爱校爱师的情感价值观。

二、活动目标

知识目标：学生从学校的规模、设施、环境以及历史等多角度了解学校；在测量校园的过程中，学会基本的测量知识和技能。

情感目标：激发学生热爱校园的情感和为校争光的集体荣誉感。

能力目标：培养学生多渠道收集信息、整理信息的能力；通过小组的集体活动，培养学生小组合作和创新实践的能力；培养学生用绘画、语言、音乐等方式进行表达的能力。

---

① 杨培禾：《综合实践活动课程论》，175页，北京：首都师范大学出版社，2019。

三、活动内容

通过实践活动，带领学生走进校史馆，观察校园，用英语描述校园的某一个场景，用合适的工具测量校园，用手中的笔赞颂校园，用书法作品展现学校的优秀传统文化，用画笔画出眼中的校园，多种学科参与促进学生综合能力的发展，培养学生的多才之身、聪慧之脑。

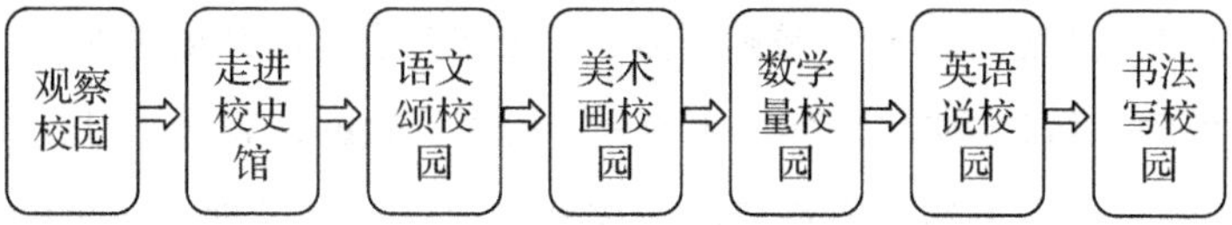

图 7-1 “我爱校园”主题研究实践活动内容

（供稿人：卢丹，党琦）

2. 活动实施阶段

（1）积极开展实践体验。教师要创设真实的情境，为学生提供亲身经历和现场体验的机会，经历多样化的学习方式能帮助学生在观察体验、自主探究、设计制作以及交流表达等多种活动方式中发现和解决问题。

（2）掌握正确的活动方式和方法。教师要加强对学生活动方式和方法的指导，帮助学生找到合适的学习方式和实践方式。学生从低年级到高年级，对活动方法的掌握程度不一，教师要根据学生的特点，用激励、讲解、点拨、引导等多种方式，因材施教，抓住学生最近发展区，不断提升学生活动的质量。

在“我爱校园”的主题实践活动中，语文老师为学生设计了以下活动指导方案。

表 7-5 “我爱校园”主题“语文学科”活动指导方案节选

（一）活动进程 1. 带领学生观察校园，指导学生观察时按照一定的顺序 2. 把自己喜欢的一处或者两处景物写下来，要能够抓住景物的特点 （二）指导要点 1. 观察是否有顺序 2. 表达能否抓住重点 3. 语言是否能够体现情感 （三）形成成果 采用思维导图的方式帮助学生梳理写作思路，抓住写作重点，并且能够围绕重点展开写一篇“我爱校园”的小文

续表

(四)活动展示形式 各小组以“我心中的最美校园”为主题写作文并进行展示评比。首先是班内作文漂流评比，每班选出优秀作品进行年级展示

3. 活动总结阶段

(1)开展交流与总结活动。教师要指导学生选择合适的结果呈现方式，鼓励学生采用多种形式进行交流与呈现，如绘画、摄影、戏剧、表演、幻灯片课件和手抄报等，对活动过程和结果进行系统的梳理和总结，促进学生自我反思和表达、同伴交流与对话。

学生在“我爱校园”活动中的作品：

我爱校园

我爱学校的四季，
春天有无限的花朵开放，
夏天让花更美丽更漂亮，
秋天地面上洒满了黄金，
冬天广阔的操场变成了乐园！

我爱校园的建筑，学校的体育馆是多么宽敞多么大气，
学校的四合院是多么古朴、多么正义，
学校的走廊是多么漂亮、多么安静，
学校的大门能显现出学校的文化！

我爱学校里的老师，
我们的老师非常热情，
看到不会的同学会耐心地教他，
每一个老师都严肃认真，
代表了对同学们负责任的态度！

（作者：杨棋文）

学生在“画校园”活动中的作品：

（作者：刘安卓）

（作者：许昭乐）

（作者：曹程雅）

（作者：李羽　付英鸿　王若卿）

（作者：钱子柚）

（作者：张晴岚）

(2)师生同反思。教师首先要指导学生学会通过撰写活动报告、反思日志、心得笔记等方式，反思成败得失，提升个体经验，促进知识建构。同时教师要对整个活动进行自我反思，针对活动中出现的问题进行归纳总结，从而提升教师本身的课程开发和反思能力。

“我爱校园”主题研究实践活动反思

新学期，海淀区民族小学的小朋友们迎来了融合语文、数学、英语、美术、书法等多学科于一体的“我爱校园”主题实践活动。美丽的民族小学是孩子们生活和学习的地方，让孩子们用自己的方式表达出对学校的喜爱是一件很有意思的事。孩子们带着任务，在老师的指导下体验校园的美，用画笔画校园，用文字赞美校园。一系列实践活动培养了学生从小就爱学校的意识，对孩子们集体观念和自身荣誉感的建立是很有意义的。

“你爱这个校园吗?”

“很爱！特别爱！非常爱！超级爱!”

“你是怎么表达这份爱的?”

“我用油画棒画了四合院!”

“我们小组测量了网球馆!”

“我写了赞美校园的小诗!”

“我做的英语小报以后可以拿给国外的客人们和老师们看啦!”

“嗯……我拥抱了校园的老师!”

这就是孩子，简单，淳朴，他们表达爱的方式有很多很多。就像有一个孩子，他给了老师一个拥抱，这就是他表达爱的方式。很多学生从这次活动中建立的情感，或许会影响他们很久很久。许多年后，他们还会记得这次的活动吗？我想，大多数会的。因为，这次的活动不仅仅是一份份实践体验，更是童年校园生活浓墨重彩的一笔……

(供稿人：胡思齐)

(四)实施的保障机制

主题研究实践课程的开发和实施建立在学校年级跨学科的团队管理及学校独具特色的项目管理组成的双轨制之上，既保障了课程开发师资队伍的多元性，又保障了课程项目开发以及实施的系统性。

首先，主题研究实践课程的开发要打破学科的壁垒，实现多学科的融合。民族小学跨学科的年级团队管理机制给多学科教师之间的深度交流和对话搭建了平台。在年级团队中，有两位主题研究实践项目的负责人，负责项目计划的整体制订和实施，年级的跨学科的教师队伍要从不同学科的角度对项目计划的制订和实施提出自己的见解。在“我爱校园”主题研究实践活动过程中，语文、数学以及英语等不同学科的老师结合校园主题和学科特色，创新性地提出了学科活动的方案，为整个课程方案的开发提供了机制保障。

项目制是民族小学教学管理工作的一大特色，项目管理就是以项目为管理对象的系统方法，通过专门的团队组织，对项目进行高效地计划、组织、指导和监控，以达到项目效果最优化的过程。民族小学对学校的很多教学活动进行了项目的界定，将教学工作中的一些问题转化为项目进行研究，包括阅读工程、跑步项目、主题实践等，以此来激发教师主体的能动性，实现教学管理效果的优化。

系统设计与跟进的项目管理模式

主题研究实践项目的管理采用的是系统设计与跟进的模式，它主要包括启动、计划、实施、监控和总结五个大的环节，这五个环节贯穿于项目管理的整个生命周期，这个实施过程需要循序渐进地、系统地、连贯地进行，才能保证项目的顺利开展，获得最佳的效果。

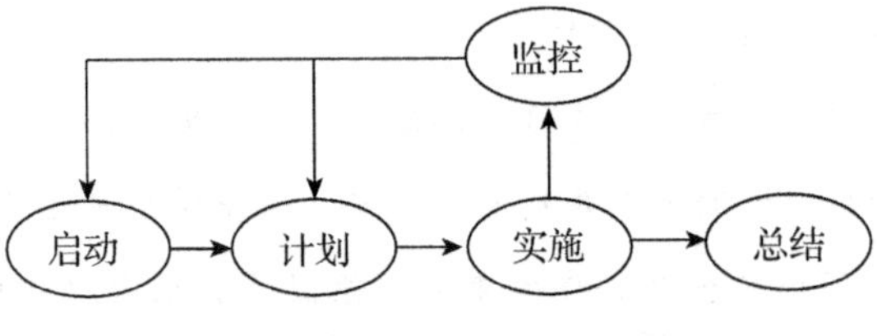

图 7-2　系统设计与跟进项目的管理模式

一、组建团队是项目管理的关键

项目执行离不开团队的努力和配合，组建一支高质量的团队是项目取得成功的关键。在组建主题实践项目组的时候，学校充分考虑教师个体的自身特点，优先考虑在实践课程开发方面有特长和经验的老师，同时匹配学校负责德育管理的副校长成为项目的主管领导，为项目组整体把控方向。

表 7-6　各年级主题研究实践课程项目负责人

项目名称	主题实践
主管领导	徐威
项目负责人	于佼月
一年级	张博
二年级	廖祎
三年级	王晓佳
四年级	胡彬
五年级	杨静
六年级	曹雅芳

项目组的老师对项目实行全权负责制，负责本年级的项目的全程管理。制订项目工作计划与方案→(若需经费)预算管理→推进每项工作的落实与开展→定期检查反馈→组织年级相关活动→新闻宣传→档案整理→成果展示→总结反思。

二、项目计划是项目管理的中心

我们要建造一座大楼，需要设计好图纸。项目的计划书就是这个项目实施的蓝图。整个计划书的科学性和可操作性关系着项目能否达到预期的目标。教师团队要对项目计划书的内容进行细致的修改，确保项目实施的方向和质量。主题实践项目实施前，各年级项目组老师要组建跨学科的年级团队，围绕学期德育主题共同讨论研发主题研究实践课程的方案。在研发前，项目负责人要将课程开发的原则以及要求向年级团队进行说明，以确保方案开发的质量。

在各年级跨学科的开发团队共同开发课程方案以后，项目组要召开例会，相互听取方案内容，并且提出合理建议。

三、项目实施与监控是项目管理的核心

项目监控是项目实施中的关键环节，项目在实施的过程中难免会出现障碍，关键在于项目组本身是否能及时发现和调整。项目管理团队要及时深入教学实践一线了解情况，发现问题，纠正偏差，同时调动项目组各位成员的积极性，克服困难，完成任务。在主题实践项目制的推动过程中，例会制度为问题的发现和纠正提供了制度保障。例如在六年级“生活中的法律”主题实践研究课程的实施过程中，项目组老师发现学生在进行具体的研究时，缺乏具体方法的引导，并且在例会上将问题进行阐述。基于问题，项目组安排专业的老师，为学生进行方法指导，帮助学生进行自主探究。

四、处理好项目的总结与反思工作

自检与反思是项目总结阶段重要的环节。在项目实施的收尾阶段，项目组的老师要全面调查师生在项目过程中的感受和收获，分析项目开展的优势和问题，并且撰写项目反思，为项目的进一步完善提供支持。

学校在教学管理活动中引入项目制，极大调动了教师的积极性，充分发挥了一线教师在课程开发中的作用，为主题研究实践课程的开发提供了机制保障。同时，各学科教师组成的年级团队把各学科的教师紧密联系在一起，实现了跨学科的整合，教师们在跨学科教研中集思广益，取长补短，开阔了视野，提高了课程开发能力，也促进了个人的专业成长。

（供稿人：于佼月）

三、社会实践课程 >>>>>>>>

民族小学社会实践课程根据出行时间长短、地点远近，以及实践的深度和广度不同，又分为春、秋季社会实践和研学旅行课程两个板块。

表 7-7　民族小学社会实践课程框架

年级		低段	中段	高段
社会实践课程	春、秋季社会实践	野生动物园、孔庙、国子监、北京蟹岛公共安全体验馆……	紫谷青少年活动基地、南宫地热博览园、君地益木作文化传承园、蟹岛绿色生态科普教育……	红星快乐营、北京市道德与法治教育基地、中国人民革命军事博物馆……
	研学旅行课程			徽州传统文化研学旅行、山东传统文化研学旅行、西安历史文化研学旅行……

(一)春、秋季社会实践活动课程

春、秋季社会实践活动是由市级中小学生实践活动专项经费支持的、学校每学期必做、深受家长和学生喜爱的实践课程。这类实践活动主要利用社会大课堂资源平台，引导学生通过多种方式走进社会资源基地，开展学科拓展性学习、主题和专题学习以及研究性学习等实践性学习，以满足学生了解大自然、锻炼综合能力、树立团队意识等多样化的学习需求和发展需求。这类课程实现了学生课内学习与课外学习的整合，实现学校教育和社会教育的融合，实现接受式学习和体验式、发现式、合作式学习的融合，是学校多元实践课程的一部分。

1. 民族小学春、秋季社会实践活动的定位和思考

民族小学春、秋季社会实践活动课程旨在让学生更多地走进社会、接触自然、参加实践，帮助学生在实践的过程中实现知识整合、全面发展，促进健康良好个性品质的形成。

《中小学综合实践活动课程指导纲要》明确指出，综合实践活动课程的总目标为“学生能从个体生活、社会生活以及大自然的接触中获得丰富的实践经验，形成并逐步提升对自然、社会和自我之内在联系的整体认识，具有价值体认、责任担当、问题解决、创意物化等方面的意识和能力”。民族小学春、秋季社会实践活动作为社会实践的一种重要方式，在设计和实施的过程中，努力以综合实践课程理念为指引，精心设计活动方案，努力让学生在实践的过程中有所学、有所收获。

春、秋社会实践活动的落脚点应该是“实践和学习并重”，实践的过程既是学生欣赏大自然、参与体验的过程，又是学生在实践的过程中要用自己的眼睛观察、用自己的方式探究，学习的目标则是希望学生在社会实践的经验中提升团队合作能力，磨炼意志品质，帮助学生在自然、社会和自我的互动中进行自我建构，促进自我的全面发展。

2. 春、秋季社会实践活动设计与实施

(1)前置调研，激发学生的探究兴趣

为了使学生的社会实践活动更为充实、有意义，教师要组织学生在活动前做好准备。在前往“北京蟹岛绿色生态科普教育基地”之前，教师设计了如下题目：“你对这次绿色生态科普之行最期待的、最想研究的问题是什么？依据前期调查，你想提醒同伴注意的事项是什么？”这样的问题可以激发学生的探究兴趣，训练学生的问题意识，助力学生在实践的过程中开展深入研究。部分学生在搜索了相关资料后，提出了“黑天鹅的腿是什么样的？”“沼气是如何形成的？有什么作用？”“地热是如何产生的？”“污水怎么循环利用？”等一些非常有研究价值和意义的课题。在

需要提醒同伴注意的事项中，很多学生提到了要保护动物，保护生态环境，注意安全和秩序等有关生态文明和参观礼仪的事项。

在学生思考好相关问题后，教师还会引导学生把问题归类，形成一些研究子课题。例如，有关沼气作用的，有关污水循环利用等子课题，学生依据兴趣，自主选择研究课题，并制定相关的研究方案，包括研究内容、研究方法、研究分工、研究预期、预计困难和解决办法等内容。学生通过活动前一些基本的探究和方案的制定，对社会实践的兴趣度更高。研究方案的设计和制定将引导学生在实践中开展深度探究，落实“实践与学习并重”的理念。

(2)设计实践学习单，引导学生深入探究

教师作为课程开发的主体，春、秋季社会实践活动前，要去实践地点进行踩点，并依据学生的年龄特点、认知发展规律，团队共同研发，为学生设计好社会实践学习单，作为学生进行社会实践学习的支架性材料。在实践学习的过程中，教师会引导学生仔细阅读学习单的题目，通过记笔记、访问、考察、小组讨论等多种形式获得多种多样的一手材料。

从而促进自我实践体验的建构，完善学生的知识经验建构，并促进学生自主学习能力和合作能力的提升。

(3)展示交流互学习，多元评价促成长

春、秋季社会实践的发挥不能仅仅靠学生自主的学习和探究，要想让学生真正学有所获，还需要组织策划展示交流和评价活动，助推活动进一步深化。

春秋季社会实践展示交流活动为学生交流实践体验和收获，展示研究成果提供了平台。在参加完蟹岛绿色生态科普基地后，学生在交流感受的时候，有的学生说道：“本次实践活动中最有意义的是我和小动物们的亲密接触，这让我更加喜欢小动物，要保护小动物。”还有同学提道：“参观完污水厂和发电厂之后，我明白了地球资源是有限的，我们要爱护环境、保护环境。”同学们在交流中，相互启发、学习，逐渐深化实践体验。

在整个活动过程中，教师要做好评价工作。不同于学科课程的评价，社会实践活动的评价更加关注学生的情感、态度、价值观的维度，关注学生在实践体验中的情感体验、意志品质、做事态度和参观礼仪等方面的评价，设计合理的过程性评价表，通过评价促进学生反思、成长，实现评价的导向、激励、促进和提升的作用。

（二）研学旅行课程

1. 研学旅行课程开设的背景和定位

“要么读书，要么旅行，身体和灵魂必须有一个要在路上”，旅行和读书一样，能够让人开阔视野、放松心灵、增长见识。2016 年 11 月，教育部等 11 个部委联合印发的《关于推进中小学生研学旅行的意见》中明确指出：“中小学研学旅行由教育部门和学校有计划地组织安排，通过集体旅行、集中食宿方式开展的研究性学习和旅行体验相结合的校外教育活动，是学校教育和校外教育衔接的创新形式，是综合实践育人的有效途径。”2017 年 8 月，教育部发布的《中小学德育工作指南》指出：“把研学旅行纳入学校教育教学计划，促进研学旅行与学校课程、德育经验、实践锻炼有机融合。要考虑小学、初中、高中不同学段学生的身心发展特点和能力，安排适合学生年龄特征的研学旅行。”2017 年 9 月，教育部颁布《中小学综合实践活动课程指导纲要》，以文件形式把研学旅行纳入了综合实践活动课程的体系中。

在这些政策和文件的指导下，民族小学迅速成立研学旅行领导小组，把研学旅行纳入学校教育计划中，将其归入学校多元实践课程体系中，并对其进行专门的课程研发和体系建设。研学旅行和春、秋季社会实践同属于多元实践课程体系下社会实践课程的领域，两者存在相同与不同的地方。春、秋季社会实践活动和高年级研学旅行都具有集体性、实践性和自主性等特点，两者的区别在于：目标上，研学旅行更重视在旅行过程中的文化输入，更重视学生的研究性学习能力的培养，是一种更为深入的实践教育活动；方式上，研学旅行要求集体出行、集中食宿，在师生交往和生生交往方面更加广泛、深入；范围上，研学旅行活动范围可以是市内、省内、境内也可以是境外，春、秋季社会实践活动更多是学校所在城市内的社会实践基地；时间上，研学旅行走出课堂，出行的时间可能是一周左右的时间，而社会实践往往只是一日内的出行。

2. 研学旅行课程的目标设定

民族小学研学课程引导学生在旅行中开展多元融合式学习，旨在培养学生可持续的学习能力和研究能力，引导学生学习了解中国某一特色地区的自然地理、人文历史、民俗饮食、建筑艺术等内容，激发对祖国大好河山的热爱之情，深入感知并传承中国传统文化精髓，同时在活动中培养学生的集体主义精神、自理能力、协作能力等综合素质，为学生终身发展奠定基础。

3. 研学课程开发与设计的五大原则

《关于推进中小学研学旅行的意见》中指出，要精心设计研学旅行活动课程，做到立意高远、目的明确、活动生动、学习有效，避免“只旅不学”或“只学不旅”的现象。民族小学研学旅行课程在开发和实施的过程中关注到了学生主体性的发挥，其学习内容设计具有开放性，学习方法具有研究性和体验性，学习评价具有多元性。

(1)主体性

研学旅行是一种基于学生主体参与的实践活动，具有较强的主观能动性。如何发挥学生的主体性是课程设计必须考虑的问题。民族小学研学旅行课程开发遵循学生的主体性主要体现在以下两点。

第一，研究问题可以是老师引导下学生提出，也可以是学生自己独立提出。学生前期需要做好知识的收集和整理工作，并带着问题参与其中。

推荐行前阅读

【行前课程】

网易公开课:《徽州文化：中国传统文化的标本》

主讲人：安徽大学卞利教授

【延展阅读】

《皖南古村落》周致远 郭学勤 著 中国旅游出版社

《行走中国：在神秘的北纬 30 度线上 -- 黄山徽州》 潘小平 著 上海画报出版社

《四十自述》胡适 著 民主与建设出版社

《陶行知传》刘锐 著 北京时代华文书局

《胡雪岩》 二月河 著 长江文艺出版社

通过行前说明会及行前阅读，琢磨一下你感兴趣的主题是什么呢？请做个简单的小记录吧！

图 7-3 徽州传统文化研学旅行课程手册之“推荐行前阅读”

第二，研学旅行过程中，学生的管理采取自主管理的模式，这对于提升学生的主体意识、自我管理能力和实践能力非常重要。在徽州研学的行前准备中，老师将项目制引入学生的自我管理中，依据集中乘车和集中食宿活动中涉及的集体行为，设置多种学生职位，以确保学生的自我管理科学到位。在行前教育中，班主任老师会引导学生在班会中集体讨论，在旅行中设置宿舍长、楼层长、餐桌长、车厢长等职位，并引导学生讨论具体的岗位职责，让学生参与到自主管理的整个过程中。项目制的引入给学生的自我管理提供了机制保障，很多学生在旅行中表现出的责任意识、规则意识、团队意识和自主管理意识让随行的老师刮目相看。

一次脱离父母的外出旅行，让我切身感受到了孩子们的成长。

前一分钟还是家长帮忙拿书包拎箱子，下一秒孩子们已经自己收拾行李，把旅行箱放到了火车行李架上；每天吃饭时，不仅自己要吃好，还要照顾好同桌的同学；每天早上都需要父母叫早的孩子们要自己上闹钟，自己收拾、整理；离开徽州的前一晚，自己打包并反复检查行李。

其实对于很多事，孩子们自己都可以做得很好，只是缺少一个机会。这次脱离家长的游学就是很好的机会。阿基米德说："给我一根杠杆，我能翘起整个地球。"现在我想说："给孩子们一个机会，他们能还您一个奇迹！"

——刘佳老师

研学的过程中，孩子们真正走进徽州建筑之中，真实地感受到了徽派建筑的独特与美；面对面与黄梅戏老师学唱，感受黄梅戏的淳朴、流畅和真实；走进茶园，触摸新鲜的茶叶，学习徽茶的文化。

我想研学的意义就在于此，让孩子们真正走进自然和社会，培养孩子们对自然和社会的亲近感；研学的意义也绝不仅仅如此，比如我们在旅行中，听从指挥，遵守规则，明白团体活动中以集体为重等，这些都是对孩子们综合能力的提升。

——王晨阳老师

(2)开放性

研学旅行课程内容的设计要根据研学旅行目的地的不同，开发自然风光、人文特色、科技前沿等不同领域的课程资源。开发的过程可以跟旅行社合作，也可以挖掘家长资源和学生资源，共同设计活动内容。在内容的设计上，要把握好开放性的原则，既有一定的引领性，又能给学生留出探索的空间。研学旅行是一个动态的学习过程，更是一个开放的过程，学生的多种感官都应该参与到学习中。相对于传统学习的方式，学习内容局限于课堂、局限于书本，研学旅行的课程内容则更为开放，旅行中的花草树木、房屋建筑、风土人情都应该成为有形的学习资源。

在徽州传统文化研学旅行中，学生学习的内容涉及方方面面，徽派建筑、传统工艺、徽派园林、地理知识等都成为学生在旅行过程中学习与探究的主题。

三、下面这些图片都是徽派建筑的特色，请你替它们找到名字吧！

徽派建筑以________、________、________最具特色，号称“古建三绝”。

图 7-4　对徽派建筑的研究

徽州三雕是具有徽派风格的地方传统雕刻工艺．“三雕”指的是三种雕刻材料．观察建筑中的雕刻，猜测这三雕分别指__________、__________、__________.

图 7-5　对传统工艺的探究

★任务地二 徽派园林

盖章处

什么是徽派园林？徽派园林涵盖范围较广，既包括存在于徽州土地上的园林，同时也包括存在于徽州地域之外、以徽州文化理念为指导、供客居他乡的徽州人聚会或赏玩之用的具有徽派建筑风格的园林。

为了更好地理解什么是徽派园林，请你找出与以下几个特点对应的景色，将它们利利用简笔画记录下来，并通过简单的语言，说明它们为什么符合徽派园林的特点。

1. 建筑与自然和谐相处，没有突兀的感觉。
2. 景点名称与景色交互呼应，与当地的文化历史相关。
3. 山水迤逦，丘陵起伏，地少形狭，山高水长。
4. 装饰材料单纯洁净，以梅，松，竹，石为主。
5. 园林景色与徽派建筑、精美雕刻相结合。
6. 意境幽远，让人感觉心境平和，身心放松。

____

____

图 7-6 对徽派园林的探究

(3)研究性

小学研学旅行是以研究性学习与旅行体验相结合的校外教育活动。研究性学习强调以科学研究的方式去获取知识、运用知识并解决实际问题。学生在实际研究中，可以运用多种方法，包括观察、调查、实验和设计制作等，研究的结论需要学生对在方法实施的过程中收集的一手资料进行分析、归纳才能得出。

(4)体验性

体验就是亲身经历，在实践中认识事物。小学生的认知特点和身心发展特点使得他们通过亲身体验来获得直接经验，比从书本获取间接知识要深刻得多。学生在研学旅行的过程中，通过亲身体验和自主实践的方式去了解自然、社会以及他人和自我，他们的亲身经历和感受形成了他们独特的感悟，使得学生对人生、对事物以及对世界的看法不断深入，进而形成一种对社会、自然、他人和自我的全新的认识。研学旅行的活动设计应该以体验、活动、感悟为中心，采用动手操

★任务地三 屯溪老街

盖章处

《老街印象·寻味徽物》

各小组将会收到50元“徽物基金”，你们的任务是尽量发挥它的价值，品尝最地道的徽州美食或者购买最具有代表性的物件。看哪个小组能够买到的东西种类最多，所用的钱最少？请记录下来。最后选出小组代表进行“我是小徽商”购物战略分享会。

（小小建议：想一想怎么才可以胜出？你可以试试货比三家，也可以试试和老板讲讲价，但也要注意物品之间的种类搭配喔~）

美食或物品名称	价格	美食什么味道？物品什么作用？

基金总额	美食或物品种类数量	花费	剩余

图 7-7 “我是小徽商”购物研究课题

作、现场观察、现场访问等多种体验式学习方式，这种体验性学习对学生的影响更为深刻、持久、直接，能够从根本上促进学生价值观的形成。以下是学生在徽州研学旅行时写下的体验和感悟。

胡开文墨厂游记（节选）

六(8)丁栎铭

回来三天了，刚刚过去的研学活动仍然历历在目，一闭上眼睛就仿佛又回到了美丽的徽州。

这次研学虽然只有短短的四天，但是老师们精心设计学习路线，带领我们去了很多地方，参加了很多实践活动。其中我最喜欢的当属在胡开文墨厂中描金的环节。

总算把正面描完了，谁知还有反面，光正面就搞得我手忙脚乱，反面不但难，还更细致，我一点一点地描，生怕有什么差错。可惜事与愿违，大概是太紧张了，我的手不受控制地一抖，金漆一下就描出了格。这时，我心生一计，先拿毛笔沾满了金漆，随后便乱涂一气，把描错的那一片全都涂成了金色。旁边的阿姨看了看，说："很有创意。"我心里美滋滋地想，真是因祸得福啊。

这次研学还有诸多有意义又很有趣的活动，像参观黄山市城市展览馆、学唱黄梅戏、"我是小徽商"活动、采茶等，不仅增长了知识，还开阔了视野，令我受益匪浅。徽州固然有宏村、黄山等美丽的风景，但让我印象更深刻的是它历史悠久、细腻厚重的文化。徽州，一个值得再去的地方。

谢裕大茶园品茶(节选)

六(3)张皓轩

更让人吃惊的是茶叶制作的复杂工序。平时我们只知道简简单单地喝茶，却没想到制茶竟然需要四五个小时。从晾晒到脱水，从发酵到风干，一片茶叶从采摘到饮用，需经历无数道程序。这使我更加懂得了"一分耕耘，一分收获"的道理。

在博物馆里，我们知道了喝茶要讲究"清""敬""和""静"。"清"指的是为人要清廉，要像茶一样清；"敬"指尊敬长辈，尊敬朋友，尊敬自己；"和"表示与朋友交往要和谐，与家人交往要和睦，与集体合作要融合；"静"是说人在生气时不要急躁，要努力使自己平静下来，还有在公共场合的礼仪也要注意安静。在这里，我们还品尝了黄山毛峰，并向老师们敬茶，表达我们的感恩之心，同时学会了如何在将来做到"清""敬""和""静"。

旅程是短暂的，记忆是永久的。虽然已经告别了徽州，但是这一定是我们长大后最珍贵的回忆。亲眼见到这里的徽派建筑，亲自学唱地道的黄梅戏，亲手制作农家饺子，亲身体验采茶制茶的工艺等活动，都给我们留下美好的记忆。

(5)评价多元性

研学旅行作为一种实践性课程，很重要的一个方面就是建立健全考核评价的体系。根据泰勒的课程与教学理论，课程实施的效果评价可以用课程及教学计划实现教育目标的程度来体现。评价的内容应该包括目标评价、过程评价以及结果评价，评价的方式应是多元的，既包括传统的书面评价，又包括档案袋评价等形式，评价的主体包括教师、学生，也应该包括家长。

①书面评价

所谓书面评价就是通过书面呈现题目，学生进行作答。徽州研学旅行手册的设计包含了很多相关的题目，一是为了帮助学生带着问题去旅行，学习更有方向；二是可以作为评价学生研学收获的材料支撑。以下是徽州研学手册中的部分题目。

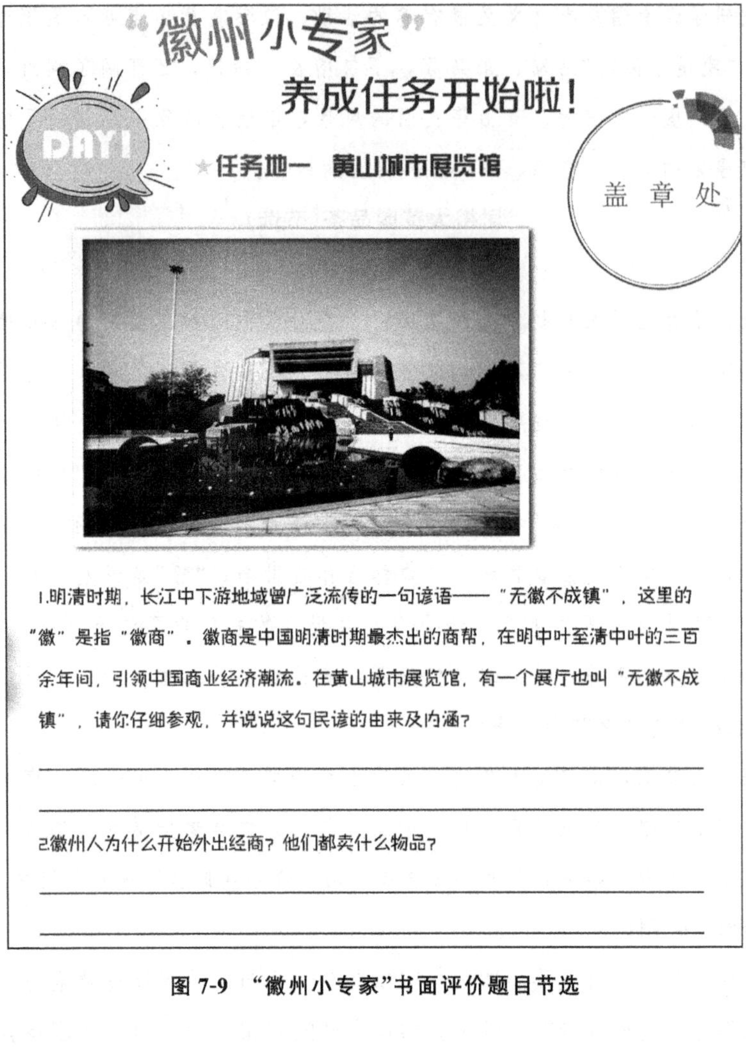
“徽州小专家”

养成任务开始啦！

DAY1

★任务地一　黄山城市展览馆

盖　章　处

1.明清时期，长江中下游地域曾广泛流传的一句谚语——“无徽不成镇”，这里的“徽”是指“徽商”。徽商是中国明清时期最杰出的商帮，在明中叶至清中叶的三百余年间，引领中国商业经济潮流。在黄山城市展览馆，有一个展厅也叫“无徽不成镇”，请你仔细参观，并说说这句民谚的由来及内涵？

2.徽州人为什么开始外出经商？他们都卖什么物品？

图 7-9　“徽州小专家”书面评价题目节选

②档案袋评价

档案袋评价其实很常见，就是将学生有代表性的作品收录在档案袋里，用来评价学生的表现。在徽州研学旅行的过程中，学生实践体验丰富，他们通过录制视频、设计情景剧、作诗、绘画等不同的形式表达自己的收获和体验，这些都是档案袋评价的素材。

徽州研学行

六(1)班唐新锐

城市馆内梦立方，拍照摄影手机忙。

黄梅戏曲声流畅，师生装扮驸马郎。

徽州古城访徽商，徽派建筑印心房。

行知名言心中记，胡开文厂墨飘香。

屯溪老街人熙攘，渔梁坝上石磊墙。

世界名村漫走访，桃花掩映马头墙。

南湖月沼成双对，小桥流水绕村庄。

徽派园林寄过往，分组创作真叫棒。

谢裕茶园学茶艺，春雨绵绵采茶忙。

蜀源农家包饺子，自己动手吃得香。

一路欢歌又笑语，临别却又泪两行。

研学活动包万象，此行终生永难忘。

赞胡开文墨厂

六(4)班朱筱妍

墨厂起自胡天柱，

原料采自黄山松。

若问此墨何不同？

松烟黑亮墨香浓！

③活动评价表

通过教师、家长和学生的研学旅行活动评价表，了解他们对研学旅行课程的意见和看法。充分吸收他们的意见，为后续研学旅行课程的开发和完善奠定基础。

自我评价

此次研学活动已经圆满结束，你对自己在研学活动中的表现如何评价呢？请看一看下面 A、B、C 三个选项中哪个最接近于你的表现。

项目	A	B	C	自评
行前课程	我阅读过《手册》中推荐的部分书籍或纪录片，并上网查阅了相关资料。	我阅读过《手册》中推荐的部分书籍或纪录片，没做其他的准备。	我没做任何准备。	
探究思考	对于提出的探究问题我很感兴趣，并进行了认真思考。	对于提出的探究问题我很感兴趣，但不愿意进行思考。	我对提出的探究问题完全没有兴趣。	
小组研究	我积极参与小组主题研究活动，清晰明确地知道自己在小组研究中承担的工作内容，认真完成自己承担的工作，并且喜欢这种小组间的合作学习。	我积极参与小组主题研究活动，但对于自己在小组活动中承担地工作内容并不清楚，也没有积极主动的与小组成员交流，导致自己的工作没有很好的完成。	我不喜欢和别人合作，对于主题研究活动也不感兴趣。	
自我管理	在研学过程中我能听从老师的安排，遵守研学的制度，按时作息，并管理好自己物品。	在研学过程中我能听从老师的安排，遵守研学的制度，但个人物品经常丢失，不能遵守作息时间。	在研学过程中我很难遵守老师的安排和研学要求，经常丢失个人物品，很难遵守作息时间。	

研学报告评价（老师完成）

报告评价	评价要素	完成情况（A、B、C）
准备环节	小组任务分工与安排等	
研学过程	1. 活动记录的完整性	
	2. 团队合作精神	
研学报告	报告的规范与达成度	
总评		

教师评价

在研学的过程中，通过您的观察，请您对每位学生各方面能力的表现进行评价。

项目	A	B	C	评价
观察能力 能够通过观察发现有价值的信息	优秀	良好	有待努力	
理解能力 能够快速领悟任务或事件的核心内容并按要求实施	优秀	良好	有待努力	
分析与应用能力 能够灵活调用积累的知识和生活经验分析并解决现有的问题	优秀	良好	有待努力	
创新能力 能够在运用知识的基础上进行创新	优秀	良好	有待努力	
自我管理能力 能够独立自主地安排自己的生活并管理好自身的物品	优秀	良好	有待努力	

家长评价

评价内容	评价标准（A、B、C）	评价
您的孩子是否同你们讨论过他的研学兴趣主题	A 经常；B 很少；C 没有	
您孩子对他所参与的活动是否非常感兴趣	A 很感兴趣；B 一般；C 不感兴趣	
您觉得孩子最后完成的研学报告怎么样	A 成果显著；B 一般；C 较少	
从您的孩子参与研学活动后，各方面有无进步	A 进步大；B 有进步；C 基本没有进步	

最后，通过这次研学活动，您觉得自己的孩子有了哪些变化呢？

____

____

图 7-9　研学旅行课程评价表

第三节　多元实践课程的效果与愿景

多元实践课程可以说是由教师和学生共同构建的生成性课程，这一特点决定了学生可以参与实践课程的整个过程，在实践中实现全面发展；同时教师在参与课程开发的过程中，其教育教学理念也在不断更新；随着课程实施的推进，学校教育教学质量也逐步提升。同时，在未来的课程发展中，更多关注学生在多元实践课程中的各个方面所发生的变化，并通过这些变化来科学客观地评价课程的质量，可以进一步促进课程自身的不断完善以及教师、学生的不断发展。

一、多元实践课程的效果 >>>>>>>>

(一)促进了学生的全面发展

多元实践课程具有主体性、实操性、创意性、研究性、跨学科性等特点，深受学生的喜欢。在反馈的环节，学生表示在活动过程中受益颇多：既有知识上的收获，还有研究方法上的提升，既有实践能力的提升，又有创新意识的增强。学生拓宽了视野，让学习的发生更加真实，走出学科、走出教室、走出课堂，创新精神和实践能力得到了提升，自主学习能力与自我教育意识增强。学生能够客观评价自己和他人，自我反思能力获得提升。

(二)促进教师的专业发展

在课程开发上面，教师团队相互合作，从课程目标、实施方式、活动设计、学生评价等方面全方位进行设计，在相互学习讨论、相互启发的过程中，教师的课程开发能力有所提升。另外，全体教师积极参与实践活动的开发与实施，发现了活动对于学生培养的重要意义，课程观念逐渐转变了，实践性的课程在教师的脑海中有了新的诠释。在平日的教学里，教师也会有意识地设计实践性的作业而非只是知识性的作业，从而培养学生的实践能力和综合能力。教师的课程观和教学观念有了根本性的转变，并将其落实到了实际教学中。

(三)提升了学校办学质量

多元实践课程体系建构在学校“和”文化的基础上，倡导学生德智体美劳“五育”方面的和谐发展，倡导学生学习方式的多维融和，在课程方面落实了五育融合的理念，丰富了学校发展的内涵，为学校课程文化发展提供了新动力。以人为本、和谐育人、全面发展的理念已经深深扎根在每一名师生心中。同时，这种实践课程的实施全面促进了学生的发展，学校的办学质量进一步提升，家长认同度更高，社会影响力进一步增大。

二、多元实践课程的发展愿景 >>>>>>>>

（一）加强多元实践课程师资建设

尽管教师们参与到了多元实践课程的开发和实施的过程中，但其专业性仍有待提升，尤其是如何进一步提升课程开发和实施的质量，需要对教师进行分层培训。针对多元实践课程的领头教师，要对其进行系统的课程研发的培训，使其熟悉课程的理念、研发的流程，通过培训，帮助他们提升能力，开发出更高质量和水平的综合实践活动课程。针对全体教师，则从多元实践课程的执行方面进行培训，例如活动的基本理念、活动的要求、活动的评价、活动的反思等方面，以此来提升全体教师进行课程实施与反思的能力。

（二）完善多元实践课程体系和管理机制

多元实践的课程实践，取得了阶段性的成果，建构了较为完善的课程体系。在之后的探索中，要努力做到课程体系结构进一步科学规范，既能推动教育目标的实现，又努力做到其与学校整体架构的有机融合，做到与学校育人目标的有机融合。另外，加强课程管理核心领导组统筹与引领作用，完善机制建设。对于各类实践课程，加强监督，对于开发过程中的人员安排、经费问题等进行科学统筹协调，对于实施过程中的问题及时调整反馈，保证课程实施的质量。

（三）全面评价，完善多元实践课程评价体系

从某种意义上来说，评价标准体系直接影响研究的方向和成效。构建立体、多维度的课程综合评价体系是未来进一步的研究方向。

从评价内容看，要从课程本身、课程实施效果等方面，对多元实践课程做出更全面的整体评价。从课程方面，我们指向课程理念的落实、目标的设计、课程资源的开发、课程内容的设计等。从课程实施效果方面，我们指向学生综合素质的发展，包括实践能力、自主研究能力、自我管理能力、小组合作能力等。

从评价的主体上看，包括师生自评、师生互评、同伴评价、家长评价、专家评价等。

多元实践课程体系建构在学校“和”文化的基础上，倡导学生德智体美劳五育方面的和谐发展，倡导学生学习方式的多维融和，在课程方面落实了“五育”融合的理念，丰富了学校发展的内涵，为学校课程文化发展提供了新动力。

多元实践课程的实施以综合实践课程理念为指引，关注学生学习过程的主体性、自主性、研究性、开放性、体验性，实现了学生多种学习方式的融合，让学习真实地发生。课程的实施促进了学生全面的发展，学生的创新精神、实践能力以及自主管理能力和学习能力全面提升。

多元实践课程的发展愿景主要包含以下几点：第一，建立更为专业化的师资队伍。通过师资培训、团队引领、自主发展等过程，培养全体教师开发和实施多元实践课程的能力，进一步转变教师课程观、育人观。第二，完善多元实践课程管理机制。加强课程管理核心领导组织机构建设，加强统筹与引领作用，完善机制建设。对于各类实践课程，加强监督，对于开发过程中的人员安排、经费问题等进行科学统筹协调，对于实施过程中的问题及时调整反馈，保证课程实施的质量。第三，完善多元实践课程评价体系。构建立体、多维度、多元的课程综合评价体系是未来进一步的研究方向。

参考文献

[1]王冀生．现代大学文化学[M]．北京：北京大学出版社，2002.
[2]张健．校园文化论[M]．北京：人民教育出版社，2000.
[3]关成华．北京大学校园文化[M]．北京：北京大学出版社，2001.
[4]张德，吴剑平．校园文化与人才培养[M]．北京：清华大学出版社，2001.
[5]杨正社．大学校园文化建设浅论[J]．西安：陕西师范大学学报，2005(7).
[6][日]笠原仲二．中国古代人的美意识[M]．杨若薇译．北京：生活·读书·新知三联书店，1988.
[7][奥]席勒．审美教育书简[M]．北京：北京大学出版社，1985.
[8]叶培贵．《中小学书法教育指导纲要》解读[M]．北京：书法出版社，2015.
[9]李稚勇．品德与生活、品德与社会课程与教学[M]．北京：高等教育出版社，2006.
[10]刘银珍．品德与生活、品德与社会教学论[M]．长沙：湖南科学技术出版社，2009.
[11][苏联]瓦·阿·苏霍姆林斯基．瓦·阿·苏霍姆林斯基个性和谐发展理论与论著选读[M]．北京师联教育科学研究所编译．北京：中国环境科学出版社，2006.
[12]陈方既．书法艺术论[M]．北京：华文出版社，2003.
[13]李丰意：同年龄阶段儿童的音乐教育[J]．中小学音乐教育杂志，2003(5).
[14]苗秀伟．音乐教育与学生综合素质培养的研究[J]．理论观，2019(1).
[15]蔡粤．浅谈音乐教育在素质教育中的作用[J]．黑龙江教育，1998(Z1).
[16]张帆．浅谈音乐教育与素质教育的关系[J]．数码设计，2017(11).
[17]江钰．浅析音乐教育对学生发展的作用[J]．中国校外教育，2018(13).
[18]孟祥振．音乐教育与生活[J]．课程教育研究，2013(26).
[19]刘慧芳．浅谈“三位一体”音乐教育环境的构建途径[J]．北方音乐，2014(15).
[20]郭琳．音乐教育与小学生心灵教育启发[J]．文教资料，2016(29).
[21]魏然．浅谈音乐教育对特殊儿童成长的重要性[J]．中国音乐教育，2016(12).
[22]许沙．浅谈从少儿歌唱考级中存在的问题及解决方法[J]．北方音乐，2017(6).

[23]李政涛，文娟．“五育融合”与新时代“教育新体系”的构建[J]．中国电化教育，2020(398)．
[24]杨培禾．综合实践活动课程论[M]．北京：首都师范大学出版社，2019．
[25]王楠楠．从实践哲学视野看综合实践活动课程[J]．教育科学论坛，2011(6)．
[26]王华．略论智育与人的全面发展[J]．贵州教育，2012(Z1)．
[27]柯远扬．试析孔子的和合思想[J]．中国哲学史，1998(2)．
[28]华国栋．差异教学论[M]．北京：教育科学出版社，2001．
[29]胡丹．促进深度学习的教学策略研究[D]．辽宁师范大学，2011．
[30][美]Eric Jensen，Le Ann Nickelsen．深度学习的7种有力策略[M]．上海：华东师范大学出版社，2010．
[31]侯红梅，顾建军．我国小学劳动教育课程的时代意蕴与建构[J]．课程·教材·教法，2020，40(2)．
[32]张伟．新时代学校劳动教育质量的时代逻辑、发展要义与评价维度[J]．教育科学论坛，2020(20)．
[33]檀传宝．劳动教育的概念理解——如何认识劳动教育概念的基本内涵与基本特征[J]．中国教育学刊，2019(2)．
[34]唐显良．形成协同育人合力 加强学生劳动教育[N]．贵州日报，2020-05-20(010)．

后　记

“德智体美劳”是五个不同范畴的教育目标融合、联结而成的一个整体教育目标，即培养“全面发展的人”。民族小学依据每个学科的特点，在“和而不同，快乐成长”的办学理念下，围绕着“未来社会合格公民”“幸福人生”的育人目标，遵循党的教育方针，整合了国家、地方、学校三级课程，完成对“和融”课程生态体系的建构，落实“五育”并举教育理念，给学校发展带来了空前的生命力。

十年树木，百年树人，如果把人比作一棵树：

以德立人，“德”是人的树根，是人的根本。民族小学德育工作从未停止探索，经历了一个逐步发展、逐步丰满、逐步清晰的过程，如今的校园文化建设、少先队活动、学科课堂教学、校园融合课程、家校合作等都蕴含着丰富的德育功能，无论校园的何时、何处、何人，都肩负着德育的责任。

以智启人，“智”是人的枝干，支撑人的意志。民族小学智育工作是学校教育的重要内容，围绕着培育学生聪慧之脑的智育目标，实施了“差异教学”和“深度学习”的教学策略改革，形成了以“和合”教学为体，“差异教学”策略和“深度学习”教学策略为翼的“一体两翼”课程教学实施模式，学生在启智之路上尽情奔跑。

以体塑人，“体”是人的叶脉，输送人的能量。民族小学体育工作抓住体育的育人价值与功能，不断提高体育课程质量，同时给予学生选择权，让他们喜欢课堂，喜欢体育，真正实现通过体育塑造每一位学生，培育健康幸福的公民。

以美化人，“美”是人的花朵，装点人的生活。民族小学美育工作根植中华优秀传统文化，着眼于美育的整体化，在注重培养个体感知、理解美的能力的同时，也更加注重对受教育者自身立美能力的发掘，通过审美教育和立美教育的协同培育，使美育成果内化于心、外现于行，循环往复，生生不息，达到“各美其美，美美与共”的美育理想。

以劳树人，“劳”是人的果实，托起人的梦想。民族小学劳育工作以培养正确的劳动观念、弘扬劳动精神为目标，积极构建劳动教育课程，将劳动教育贯穿在整个教育活动当中，注重培养学生的劳动意识、劳动习惯和劳动能力，让学生在身体力行中获得劳动的切身经验，养成劳动习惯，传承劳动精神，为成为全面发展的建设者和接班人奠定基础。

这些理念，是一所学校生存发展的信念、动力和期望，而这些信念、动力和期望，通过脚踏实地的实践与努力，会在教育的方方面面开花结果。

“一百年学府取于古和于今，十六字要求铭于心践于行。”一如民族小学习思堂门前悬挂的对联，督促着民族小学每一位教育同人，深化教育教学改革，全面提高义务教育质量，切实落实五育并举，完成立德树人的教育使命。也督促民族小学的莘莘学子，牢记总书记“记住要求，心有榜样，从小做起，接受帮助”的嘱托。“做最好的我，在我最好的方面”，为践行社会主义核心价值观踏出更加坚实的脚步。

北京市海淀区民族小学校长 马万成

2020年12月1日